新时代跨区划法院探索实践丛书

互联网案件审判参考

主　编　单国钧
副主编　张勤缘

HULIANWANG ANJIAN
SHENPAN CANKAO

法律出版社
LAW PRESS · CHINA
北京

图书在版编目（CIP）数据

互联网案件审判参考 / 单国钧主编 ; 张勤缘副主编. 北京 : 法律出版社, 2024. --（新时代跨区划法院探索实践丛书）. -- ISBN 978-7-5197-9606-8

Ⅰ. D925.05

中国国家版本馆 CIP 数据核字第 20246LG568 号

互联网案件审判参考
HULIANWANG ANJIAN SHENPAN CANKAO

单国钧 主编
张勤缘 副主编

责任编辑 赵雪慧
装帧设计 鲍龙卉

出版发行 法律出版社	**开本** 710 毫米×1000 毫米 1/16
编辑统筹 法规出版分社	**印张** 22 **字数** 340 千
责任校对 晁明慧	**版本** 2024 年 12 月第 1 版
责任印制 耿润瑜	**印次** 2024 年 12 月第 1 次印刷
经　　销 新华书店	**印刷** 北京中科印刷有限公司

地址:北京市丰台区莲花池西里 7 号(100073)

网址:www.lawpress.com.cn　　销售电话:010-83938349

投稿邮箱:info@lawpress.com.cn　　客服电话:010-83938350

举报盗版邮箱:jbwq@lawpress.com.cn　　咨询电话:010-63939796

书号:ISBN 978-7-5197-9606-8　　**定价**:88.00 元

凡购买本社图书,如有印装错误,我社负责退换。电话:010-83938349

初心如磐践行使命　奋楫笃行继往开来

——北京四中院十年改革探索实践纪实

（代序）

设立跨行政区划人民法院是党中央全面推进依法治国的重要部署。2014年12月30日，北京市第四中级人民法院（以下简称北京四中院）作为跨行政区划法院改革的试点应运而生。履职十年来，北京四中院坚持以习近平新时代中国特色社会主义思想为指导，紧紧围绕“努力让人民群众在每一个司法案件中感受到公平正义”的工作目标，立足在“特”字上做文章、在“专”字上下功夫、在职能作用上显风采，不断探索跨区划法院改革发展体制机制创新，努力提升审判质量、效率、效果，坚决护航首都发展大局，践行司法为民初心，以创新实干书写了新时代首都跨区划法院探索和实践的新答卷。

十年砥砺奋进，十年春华秋实

在历史的长河中，十年或许只是短暂的一瞬，但对于北京四中院而言，却是一段充满挑战与机遇、拼搏与奋斗的光辉岁月。十年来，在市委、市委政法委的坚强领导和市高级法院的正确指导下，历届院党组及全院干警同心同德、风雨兼程，执着向前、敢于斗争，锐意进取、勇于创新，推动北京四中院从无到有、从弱到强，改革建设发展各项事业均取得了显著成绩。

——这是政治统领激活改革发展动能的十年

人民法院既是政治性很强的业务机关，也是业务性很强的政治机关，讲政治是根本、是方向、是灵魂。自建院以来，北京四中院始终牢记“政法姓党”是永远不变的根和魂，坚持把党的政治建设摆在首位，牢记人民法院首先是政治机关，出台《党组理论学习中心组学习办法》《“第一议题”学习制度》等一系列学习制度规定，按照党中央、市委工作要求，深入开展党的群众路线教育实践活动、“三严三实”专题教育、党史学习教育、党纪学习教育等各类学习教育，教育引导干警进一步坚定理想信念，增强政治定力，确保深刻领悟“两个确立”的决定性意义，不断增强“四个意识”、坚定“四个自信”、做到“两个维护”。严格落实《中国共产党政法工作条例》《中国共产党重大事项请示报告条例》，制定请示报告清单，严格执行重大事项请示报告制度，切实把党的绝对领导落实到法院工作各领域各方面各环节。严格落实意识形态工作责任制，积极主动做好新闻宣传和舆论引导工作，坚决防范和抵制“三权鼎立”“司法独立”等错误思潮，坚定不移走中国特色社会主义法治道路。

——这是勇毅担当服务中心工作的十年

服务保障新时代首都发展是机遇、是考验，更是北京四中院的职责使命。经过十年的探索实践，涉外审判、行政审判、环境资源审判、涉互联网案件审判、走私类案件审判、涉铁路案件审判已经成为北京四中院独特的职能优势和鲜明特色。北京四中院持续优化跨区划法院案件管辖格局，先后推动北京法院国际商事纠纷一站式多元解纷中心（以下简称中心）、北京国际商事法庭在本院挂牌成立，制定《北京国际商事法庭建设发展规划（2022—2025）》《域外法查明指引手册》等一系列制度文件，全力推进北京国际商事法庭高水平运行，成功审结多起全国首例案件和有影响的案件，为首都更高水平对外开放、北京“两区”

建设提供了优质司法服务保障。积极探索行政审判“四中路径”，妥善审理涉中轴线申遗、大兴机场建设、副中心建设等一系列疏解非首都功能重大项目案件。注重强化互联网案件审判，切实以案件裁判完善互联网案件审理规则，为数字经济标杆城市建设提供优质司法服务保障，多篇案件信息被上级部门采用。紧紧抓住稳定这个关键，重拳出击严打走私犯罪，常态化开展扫黑除恶斗争，推进打击整治养老诈骗等专项行动，全力维护首都安全稳定。2023年，挂牌成立环境资源审判庭，进一步创新公益诉讼案件裁判方法，建立“多元共治”生态保护法治屏障，为深化生态文明体制改革，夯实高质量发展生态基础，打造中国式现代化建设先行区、示范区贡献司法力量。

——这是司法为民做实司法公正的十年

司法审判工作，必须始终把人民群众满不满意作为评判审判质效、改革成效的标准，让人民群众切实感受到公平正义就在身边。一直以来，北京四中院注重优化诉讼服务，持续加强诉讼服务中心建设，出台《涉外、涉港澳台民事案件立案指南》等制度规范，最大限度便利群众诉讼。2021年11月，顺利完成首例跨境当事人网上立案，在院网首页设置诉服工单查询入口的创新举措得到上级法院肯定。大力推进智慧法院建设，深度运用“云谈话”、“云庭审”、电子送达等方式妥善审理系列涉“两区”建设仲裁司法审查案件，得到当事人广泛认可与高度赞誉。积极落实善意文明执行工作理念，针对案款发还不及时问题，制定“1+3”工作法则，案款发还时限大幅缩减，最大限度提升执行事项办理效率。高度重视代表委员联络工作，主动接受人大监督，通过邀请代表委员参与庭审观摩、召开座谈会等方式，听取意见建议，及时回应社会关切，十年来，组织代表委员参与庭审观摩等活动累计达千余人次。加强信息化基础设施及智能化辅助办案系统建设，研发AI助手人工智能系统，搭建全市首家司法数据中台应用体系及涉外案款发还机制，顺利实现全市首例以线上方式通过银行跨境人民币结算服务直接发还案款人民币3000余万元，为全市法院办理该类案件提供参考，进一步提升了人民群众对法院工作的满意度。

——这是锐意进取推进改革创新的十年

作为跨区划改革法院，改革是发展壮大、行稳致远的关键一招。十年来，北京四中院锚定新时代首都发展战略定位，主动识变应变求变，不断深化具有跨区划法院特点的一系列改革举措，建院之初即出台《整建制改革试点框架意见》，以落实司法责任制为重点，优化司法资源配置，探索建立审判工作扁平化管理模式。扎实开展立案登记制改革，积极探索完善有效规制虚假诉讼、恶意诉讼、违法滥诉的制度体系和政策措施，做到有案必立、有诉必理，切实保障当事人的诉讼权利。深入推进以审判为中心的刑事诉讼制度改革，加大认罪认罚从宽制度适用力度，刑事案件当庭宣判率持续保持较高水平。进一步健全完善行政诉讼管辖制度，通过开展同堂培训、政府常务会会前讲法、发布审判白皮书、公开庭审观摩等多种方式，加强与行政机关沟通协调，推动行政机关负责人出庭应诉，促进法治政府建设。2016年12月，荣获第四届"中国法治政府奖"。出台《院庭长办案工作实施方案》，强化院庭长对重大敏感、疑难复杂和新类型案件的审核把关职能。制定《专业法官会议工作规则》《审判委员会工作规则》，充分发挥专业法官会议工作机制在辅助办案决策、统一法律适用等方面的作用。建立健全案件评查工作机制，制定《案件评查工作办法》，深化案件评查结果运用，助推各领域审判质效持续优化，改革成效逐步显现。

十年成果丰硕，十年亮点纷呈

习近平总书记指出，"历史是最好的教科书，也是最好的清醒剂"。经过十年的改革探索，北京四中院逐步形成了具有跨区划法院特色、符合司法审判规律的工作模式和业务格局，一支符合特殊案件审判要求、有力服务首都中心工作的干警队伍逐步建立，社会影响力和公众认可度日渐提升。

第一，坚持“党建引领”是助推改革发展建设的根基。跨区划法院可持续高质量发展，离不开高质量党建的引领和保障。建院以来，北京四中院始终将党建工作置于重要位置，院党组定期听取机关党建工作情况汇报，研究部署机关党建工作。出台《突出党建引领　推动党建与业务工作深度融合的若干措施》《党组书记抓基层党建责任清单》《党建工作手册》等系列制度文件，创新建立党建督导员机制，层层压实党建工作责任，确保将党建工作融入审判执行工作全过程、各方面，以高质量党建引领跨区划法院工作高质量发展。持续推行“一支部一品牌”建设，发布党建品牌矩阵创建方案，开展优秀党课评选、党史知识竞赛活动，举行“传承红色基因，铸就忠诚法魂”“追梦远航青年志　挺膺担当青年行”系列主题宣讲，全面激发干警队伍精气神。行政庭党支部获评“北京市直机关先进基层党组织”称号；杨晋东同志获评“北京市直机关优秀党务工作者”称号；机关党委“创新青年干警思想政治辅导工作法”获评北京法院示范党建创新案例；立案庭荣获北京法院党建工作先进集体称号；民庭党支部“‘五学五创’学创先锋党支部工作法”获评北京法院优秀党支部工作法；综合办党支部第三党小组“活用‘三融合’工作法”、行政庭党支部第三党小组“‘政研行’党小组工作法”分别获评北京法院优秀党小组工作法。

第二，坚持“调研贯穿”是提升干部队伍专业能力的基础。提高法院现代化审判能力，必须坚持以调研开路破题。北京四中院一直高度重视调研工作，尤其是2022年新一届党组班子组建以后，坚持把调研作为科学决策的基础、展示交流的载体、历练人才的平台。牢牢坚持调研工作为大局服务、为审判工作服务、为领导决策服务，制定《关于完善调研工作格局提升调研管理水平的意见》等一系列调研制度文件，探索建立调研联络员“一对一”对接庭室机制，进一步更新调研工作理念，创新调研管理机制，强化调研激励，全院调研热情和调研氛围空前高涨，调研工作全面开花、成果丰硕，为推动跨区划法院工作现代化奠定了坚实基础。多次中标司法部及最高人民法院、中国法学会等司法研究重大课题，获得市级以上优秀调研成果奖励40余次；审理的环境污染民事公益诉讼案，入选第四批联合国环境规划署中国环境司法案例，刊载于联合国环境规划署司法门户网站；干警论文、征文荣获全国法院学术讨论会一等奖、二等奖及其他重要奖项120余人次。

第三，坚持“管理支撑”是促进审判工作提质增效的保证。推动新时代法院工作高质量发展，进一步增强人民群众的司法获得感，必须贯通审判管理与政务管理、队伍管理。北京四中院始终高度重视审判管理工作，将其作为提升审判质效、确保司法公正的重要抓手。通过建立完善的审判管理工作体系，形成分管院领导主抓、审管办（研究室）组织、评查工作人员具体负责的“日常+重点+专项”全覆盖工作体系，明确各主体职责，确保了审判管理工作的有序开展。聚焦审判质效提升，研究制定审判权责清单“1+4+1+1”系列规定、《案件信息与审判数据管理办法》、《“百日攻坚”行动方案》等规章制度，定期组织召开审判执行工作点评会、数据会商会，建立健全节点管理、分类管理和全过程全员服判息诉机制，确保案件从立案到结案的全过程顺畅有序。与此同时，坚持做好收结案调度，强化案件监督管理，积极组织开展庭审观摩活动，常态化组织开展案件评查，进一步提升各审判领域审判质效，切实以审判管理现代化推进审判工作现代化。

第四，坚持“队伍保障”是推动跨区划法院工作现代化的关键。跨区划法院高质量发展，离不开人才支撑和队伍保障。北京四中院始终高度重视人才培养，在干部队伍建设和专业能力提升方面，常态化组织开展干部调整交流工作，实施优秀年轻干部质量提升工程，为高质量发展提供坚实的人才保障。制定完善人才培养发展规划，探索建设“四中知学堂”“四中自学堂”“四中智学堂”等分类培训平台，举办分领域、多层次的教育培训和技能比武活动，有效提升干警的专业素养和履职能力。建立廉政监察员和亲情廉政监督员工作机制，结合正反典型案例开展廉政警示教育，强化监督执纪问责，确保干警干事创业清正廉洁。认真学习贯彻习近平文化思想，建强多元文化阵地，做好关心关爱干警工作，建立健全安全问题“一票否决”机制，健全完善警务相关制度机制，有力提升“三服务”质效。此外，注重强化与高校合作共建，加大先进典型培树宣传，激励全体干警积极向上，营造浓厚干事创业氛围，进一步激发全体干警的工作热情和创造力。

第五，坚持“精品战略”是提升司法效能的抓手。习近平总书记深刻指出“一个案例胜过一打文件”，司法案例在法治建设中具有无法取代的重要作用。北京四中院积极推动司法工作向精品化方向发展，以打造精品案件、精品文书、精品庭审为目标，不断提升司法审判的质量和水平。立足特殊案件管辖与特色职能定位挖掘典型案例，加强对疑难复杂案件的研究和分析，制定《典型案例培育工作方案》，各部门主动加强典型案例选送培育工作，环境污染民事公益诉讼案入选最高人民法院指导性案例，多篇案例获全国法院系统年度优秀案例分析奖项。加强对裁判文书的撰写和审核，提高文书逻辑性、说理性和规范性，使裁判文书成为展示司法公正的重要载体，连续五年组织开展优秀裁判文书评选活动，10余篇文书获评全国法院优秀裁判文书。积极开展庭审规范化建设，组织庭审观摩系列活动，充分发挥优秀庭审在查明事实、认定证据、公正裁判、服判息诉中的示范标杆作用，提升法官驾驭庭审水平，在全国法院“百场优秀庭审”评选活动中斩获佳绩。丰富精品案例转化途径，鼓励法官将精品案例的研究成果转化为法学论文、调研报告等学术成果，推动法学理论发展，充分利用现代媒体手段，将精品案例制作成短视频、漫画等通俗易懂的法治宣传资料，众多案例受到中央及首都各级媒体广泛关注，跨区划法院知名度和影响力显著提高。

十年风华正茂，今朝扬帆起航

站在承上启下的历史关口，书写继往开来的宏伟篇章，面对新时代新征程对跨区划法院工作提出的更高要求，北京四中院将进一步提高政治站位，强化使命担当，立足跨区划法院职能定位和主责主业，紧紧围绕“政治建院、专业立院、人才兴院、改革强院、从严治院、文化铸院”的工作思路，创造性地推动党中央决策部署在司法实践中落地生根，确保跨区划法院工作与新时代同向同行，与党和国家事业同频共振。

一是围绕政治建院，永葆人民法院政治机关鲜明本色。以深入学习贯彻党的二十大和二十届二中、三中全会精神为契机，旗帜鲜明把党的政治建设摆在首位，学深悟透习近平新时代中国特色社会主义思想，准确把握习近平法治思想的丰富内涵和实践要求，切实把思想和行动统一到以习近平同志为核心的党中央决策部署上来。坚持以高水平机关党建为引领，将党建工作融入北京四中院工作的各方面全过程，特别是实现机关党建与重点工作同步提高、相互促进，在国际商事法庭建设、服务“两区”建设和京津冀协同发展等重点工作的开展中，切实以严格公正司法、切实为民履职的实际行动来检验党建工作的实际成效。

二是围绕专业立院，持续推动各业务管辖领域群芳竞艳。全力推进北京国际商事法庭高水平运行，依法公正高效审结涉外商事案件，深入推进涉外商事纠纷多元化解，有效助推北京打造国际商事纠纷解决优选地。依托北京四中院丰富的行政审判实践经验，持续深化府院良性互动，充分发挥行政审判对于法治政府建设的示范效能。持续提升涉互联网案件审判影响力，围绕网络治理深入开展调查研究，总结提炼案件审判规则，为数字经济标杆城市建设提供优质司法服务保障。深化推进环境资源审判“北京实践”，创新公益诉讼案件裁判方法，持续深化区域生态环境协同治理，建立“多元共治”生态保护法治屏障。切实发挥和延伸刑事审判职能，加大对走私类刑事案件审判经验和审判规律的总结，进一步加强与海关、公安、检察院等机关的协商联动，强化对走私刑事案件的审理和宣传。更加注重执行规范化建设，创新执行财产处置方式，深化执行联动机制，着力破解执行难题。

三是围绕人才兴院，着力培养一批高素质、高层次、专家型、复合型审判人才。进一步探索将政治素质、业务素质、职业道德素质融为一体的教育培训机制，深入务实组织开展“四中知学堂”“国商法谈”等特色活动，着力建设完备的梯次化人才队伍。充分发挥“行政审判特色人才高地”的示范引领、辐射带动作用，继续深化与高等院校和科研院所合作培养人才机制，努力推进国际商事审判人才高地建设。着眼未来发展、立足队伍实际、根据干部业绩，开展常态化的人员轮岗调整，最大可能实现人尽其才、才尽其用、用人唯才。以调研联络员工作机制为抓手，定期通报调研工作任务完成情况，切实推动形成人人参与调研、人人主动调研、人人善于调研的浓厚氛围，推动专家型、复合型审判人才不断涌现。

四是围绕改革强院，切实以审判管理现代化促进审判质效全面提升。坚持审判质量优先，进一步调整完善审判权责清单、院庭长监督管理、院庭长办案等相关制度机制，进一步提升评查工作办理制度化、规范化水平，持续强化各审判领域典型案例发掘、培育及发布工作。兼顾审判效率，坚持审判分层管理和精细化管理相结合，持之以恒强化审限监督管理，扩大积案清理成效，切实提高法定审限内结案率，降低延长审限率，缩短审判周期。重视审判效果，持续加大国际商事纠纷一站式多元解纷中心规范化建设力度，加强诉前、诉中全过程调解、和解和释明工作，提升国际商事纠纷“多元调解+速裁”工作成效。

五是围绕从严治院，努力锻造一支堪当重任、敢打敢拼、清正廉洁、业绩一流的干警队伍。注重创新管理方式方法，教育引导广大干警始终保持锐意进取、敢为人先、迎难而上的奋斗姿态，为全院高质量发展贡献力量。持续夯实严管厚爱的认识基础，切实在全院树立“严是爱、松是害”“推动干部成长进步是厚爱，让干部知规矩、守纪律、不犯错误、不受处分、顺利成长、平安生活同样是厚爱”的理性认知。持之以恒推进全面从严治党、从严治院、从严管理，持续抓好防止干预司法“三个规定”等制度执行，认真开展审务督察、督导检查、案件评查，持续巩固深化政法队伍教育整顿成果。持续完善目标责任制考核机制，强化考核结果运用，进一步激励担当作为，营造风清气正的政治生态。

六是围绕文化铸院，不断提升法院文化软实力和影响力。突出培育审判文化，以审判工作现代化服务保障中国式现代化为目标，不断提升司法审判的质量、效率、效果，争取人民群众更广泛的理解和支持，实现政治效果、社会效果和法律效果相统一。推崇廉洁修身，筑牢拒腐防线，“用身边案身边事警示教育身边人”，切实达到反面典型案例的警示、震慑作用，让“按制度办、按程序办、按职责办”的审判文化在广大干警中形成风气。坚持以文育人，提升法院文化传播力影响力，强化舆论宣传和先进典型宣传，讲好法治故事，全面展现跨区划法院良好形象。

潮平两岸阔，风正一帆悬。十来年，北京四中院坚持服务大局、司法为民、公正司法，不断巩固提升、稳中求进、守正创新，立足跨区划法院职能特点，以全面推进法院工作现代化为目标，奋力推进跨区划法院高质量发展。下一步，我们要在全面总结的基础上，传承发展、开拓创新，进一步激发争创一流的志气，锤炼攻坚克难的作风，凝聚上下一心、心齐劲足的强大合力，坚决扛起跨区划法院工作责任担当，以高度的政治自觉、饱满的精神状态、顽强的斗争意志、科学的工作方法做好做实各项工作，持续巩固和增强全院工作“好的基础、进的态势”，努力推动全院工作展现新气象、开辟新境界、实现新作为。

北京市第四中级人民法院党组书记、院长 单国钧

2024年12月30日

目录 CONTENTS

典型案例

经验交流

理论前沿

裁判文书

职能延伸

典型案例

民法典视域下网络服务格式合同变更的审查标准

——吴某某诉某公司网络服务合同纠纷案

【案件基本信息】

1\. 裁判书字号

北京市第四中级人民法院（2020）京04民终359号

2\. 案由：网络服务合同纠纷

3\. 当事人

原告（被上诉人）：吴某某

被告（上诉人）：某公司

【基本案情】

原告（被上诉人）吴某某诉称，原告系某公司的黄金VIP会员。VIP会员服务合同导言第2款约定："双方同意前述免责、限制责任条款不属于《合同法》第40条规定的'免除其责任、加重对方责任、排除对方主要权利'的条款，即您和某公司均认可前述条款的合法性及有效性，您不会以某公司未尽到合理提示义务为由而声称协议中条款非法或无效。"（以下简称涉诉导言条款）第3.1条约定："某公司有权基于自身运营策略变更全部或部分会员权益、适用的用户设备终端。"（以下简称单方变更权条款）第10.2条约定："双方同意，解决争议时，应以您同意的最新《某公司VIP会员服务协议》为准。"（以下简称同意变更条款）第3.3条约定："您理解并同意部分视频出于版权方等原因，视频的片头仍会有其他形式的广告呈现，上述呈现不视为某公司侵权或违约。"（以下简称广告条款）

第3.5条第3项约定："超前点播剧集，根据某公司实际运营需要，就某平台上部分定期更新的视频内容，某公司将提供剧集超前点播的服务模式，会员在进行额外付费后，可提前观看该部分视频内容的更多剧集，具体的点播规则以某平台实际说明或提供为准。"（以下简称付费超前点播条款）吴某某认为被告在自制热播剧《庆余年》播出时，剧前仍然需要观看"会员专属广告"；"热剧抢先看"的权益也被调整为需要额外付费才能观看最新剧集。因此原告诉至一审法院，请求：（1）确认涉案《某公司VIP会员服务协议》（以下简称《VIP会员协议》，下述均为《VIP会员协议》条款）导言第2款约定无效；（2）确认第3.1条约定无效；（3）确认第3.3条约定无效；（4）确认第3.5条第3项约定未生效；（5）确认第10.2条约定无效；（6）判令被告在播放观影内容时自动跳过包括前贴片广告在内的所有广告内容；（7）判令被告取消超前点播功能，向吴某某提前供应包括《庆余年》在内的所有卫视热播电视剧、某自制剧；（8）判令某公司赔偿吴某某公证费损失1500元。

被告（上诉人）某公司辩称：第一，吴某某诉讼请求第1项、第2项、第3项、第5项不成立，所涉及条款均有效；第二，吴某某诉讼请求第4项、第7项不成立，付费超前点播条款已对吴某某生效，付费超前点播服务并未违反"热剧抢先看"权益；第三，吴某某诉讼请求第6项不成立，协议已经明确约定"广告特权"内容，某公司设置符合视频网站的行业惯例以及双方之间的交易习惯；第四，吴某某诉讼请求第8项不成立，该项诉讼请求并无事实依据、合同依据及法律依据。

【案件焦点】

（1）涉诉导言条款是否无效；（2）某公司增加付费超前点播条款是否违约。

【法院裁判要旨】

北京互联网法院于2020年6月2日作出（2020）京0491民初3106号民事判决，判决：（1）确认《VIP会员协议》导言第2款内容无效；（2）确认第3.5条第3项对吴某某不发生效力；（3）于本判决生效之日起10日内，某公司向吴某某连续15日提供某平台吴某某原本享有的"黄金

VIP 会员”权益，使其享有对某公司平台卫视热播电视剧、某优质自制剧已经更新的剧集的观看权利；（4）于判决生效之日起 10 日内，某公司赔偿吴某某公证费损失 1500 元；（5）驳回原告吴某某的其他诉讼请求。

某公司不服一审判决，提起上诉。北京市第四中级人民法院审理认为，结合双方当事人的诉辩意见，本案在二审期间的争议焦点为：（1）涉诉导言条款是否无效；（2）某公司增加付费超前点播条款是否违约；（3）一审法院确定的违约责任是否恰当。二审法院将分别予以论述。

一、涉诉导言条款是否无效

涉案《VIP 会员协议》在吴某某和某公司之间已经成立，涉诉导言条款系涉案《VIP 会员协议》的组成部分，涉诉导言条款是否无效属于合同成立后的效力评价层面的问题，需要结合法律规定进行审查。具体而言，则是审查吴某某主张涉诉导言条款无效是否符合法律的规定。

法院认为，涉诉导言条款符合《合同法》第三十九条第二款的规定，为格式条款。《合同法》第四十条规定：“格式条款具有本法第五十二条和第五十三条规定情形的，或者提供格式条款一方免除其责任、加重对方责任、排除对方主要权利的，该条款无效。”《消费者权益保护法》第二十六条第二款规定，“经营者不得以格式条款、通知、声明、店堂告示等方式，作出排除或者限制消费者权利、减轻或者免除经营者责任、加重消费者责任等对消费者不公平、不合理的规定，不得利用格式条款并借助技术手段强制交易”。第三款规定，“格式条款、通知、声明、店堂告示等含有前款所列内容的，其内容无效”。涉案《VIP 会员协议》系某公司预先拟定并面向 VIP 会员重复使用的条款，是消费者与经营者之间缔结的合同，因此涉诉导言条款不仅适用《合同法》的规定，也适用《消费者权益保护法》的规定。《消费者权益保护法》对格式条款有特别规定的，应该适用该特别规定，《消费者权益保护法》基于有利于保护消费者的考虑，对格式条款无效情形作了特别规定，即格式条款中“排除或者限制消费者权利、减轻或者免除经营者责任、加重消费者责任等对消费者不公平、不合理的规定”，应当认定为无效。不公平、不合理的格式条款主要指经营者违背诚实信用原则单方制定的对消费者明显不利的条款，具体到本案，涉诉导言条款拟制格式合同提供方已尽到提示义务，并约定排除适用《合同法》第四十条关于法定无效的规定，其意图在于通过格式条款排除对法律强制性条款的适用，这一安排设计限制甚至排除消费者权利的意图明显，属于对消费者不公平、不合理的规定，应当认定为无效。一审法院以涉诉导言条款违反《合同法》第四十条的规定而认定其无效，属于未完整适用法律，二审法院对一审法院的法律适用予以补充，但是一审法院对涉诉导言条款的效力认定并无不当，二审法院予以确认。

某公司主张一审法院关于涉诉导言条款的事实认定和法律适用均有错误，二审法院在此予以回应。首先，涉诉导言条款本身系格式条款，当事人主张该格式条款无效的，人民法院应当依照法律规定审查其效力。从整个涉案《VIP会员协议》来看，涉诉导言条款的确系指引性条款，但是指引性条款并不意味着不是格式条款，也并不意味着其中指向的条款的效力有效则该条款就有效。其次，涉诉导言条款的效力属于合同效力评价的问题，应当就该条款的内容进行审查。从涉诉导言条款的表述来看，该条款对缔结合同双方的权利义务的约定是清晰的，要求消费者放弃其权利或者排除其权利的意图也是明确的，涉诉导言条款对双方当事人权利义务产生影响，因此在缔结合同的一方当事人主张该条款无效时，人民法院有必要对该条款的效力进行审查。最后，仅从探讨《合同法》关于格式条款效力的有关规定的法律适用来看，《合同法》第三十九条和第四十条均是与格式条款有关的规定，但是《合同法》第四十条系针对所有格式条款的规定，也就是说任何格式条款，如果符合该条规定，无论格式条款提供一方是否履行提示说明的义务，均属于无效条款。某公司主张格式条款在违反《合同法》第三十九条规定的同时违反《合同法》第四十条规定的情形下才会导致无效系对《最高人民法院关于适用〈中华人民共和国合同法〉若干问题的解释（二）》第十条的规定理解有误，该规定系对提供格式条款一方违反合理提示说明义务时的法律后果的解释，而并不是《合同法》第四十条必须与第三十九条共同适用才产生无效的法律后果。综上，某公司对一审法院关于涉诉导言条款无效认定错误的上诉主张，于法无据，二审法院不予支持。

二、某公司增加付费超前点播条款是否违约

关于某公司增加付费超前点播条款是否违反了其与吴某某之间的合同约定，应当从两个层面进行认定：一是黄金 VIP 会员享有的“热剧抢先看”的权益内容的解释问题，二是某公司增加的付费超前点播条款的性质及效力问题。

（一）“热剧抢先看”的权益内容的解释

关于“热剧抢先看”的权益内容，吴某某主张其享有的黄金 VIP 会员“热剧抢先看”的“权益内容”为：“卫视热播电视剧、某优质自制剧您可享受提前观看，不用再等待蜗牛般的更新速度，其他人还在等待更新时，你已看完大结局！”一审法院查明，双方一致认同“热剧抢先看”权益以吴某某提供的公证书“VIP 特权展示页面”中的“热剧抢先看”内容为准，某公司否认一审法院对该事实的查明，主张“热剧抢先看”的“权益内容”为：不仅限于“VIP 特权展示页面”的 53 字的权益说明，还应结合协议约定、实际提供服务时的相关文字说明和标识、双方交易习惯、互联网行业交易习惯等因素综合理解和确定。法院认为，某公司也认可“VIP 特权展示页面”的 53 字的权益说明系黄金 VIP 会员权益内容的组成部分，双方争议的实质在于实际提供服务时的具体剧集页面中的文字说明是否为合同内容。首先，结合具体案情来看，53 字的权益说明是双方订立合同时关于会员权益最基本的原则性约定，实际提供服务时的具体剧集页面中的文字说明作为会员权益的解释，应以不违反“热剧抢先看”的原则性规定为前提；其次，实际提供服务时的具体剧集页面中的文字说明是动态变动的，对用户是否具有约束力也应根据实际情况而定，本案的实际情况是用户在缔结合同时并不存在超前点播的服务项目以及相关页面说明，用户基于特权展示页面的基本会员权益作出了缔约的意思表示，而后更新的实际提供服务时的具体剧集页面中的文字说明与 53 字的权益说明中的权益不一致时，更新的实际提供服务时的具体剧集页面中的文字说明对之前缔结合同的用户是否发生效力，应当考察其是否符合合同变更的相关

规定。

关于对“热剧抢先看”的“权益内容”的理解，即“卫视热播电视剧、某优质自制剧您可享受提前观看，不用再等待蜗牛般的更新速度，其他人还在等待更新时，你已看完大结局!”吴某某认为应当解释为：其作为黄金VIP会员，可以免费观看某平台提供的卫视热播电视剧、某优质自制剧的最新剧集。在二审中，经当庭询问，某公司认为应当解释为：对于卫视热播电视剧、某优质自制剧，VIP会员相比非VIP会员有提前观看的权利，并没有排除部分VIP会员通过额外付费可以获得更快的观看权利。本院认为，关于对“热剧抢先看”的“权益内容”的理解应按照《合同法》第四十一条的规定解释，当事人若对格式条款的理解发生争议的，应当按照通常理解予以解释；对格式条款有两种以上解释的，应当作出不利于提供格式条款一方的解释。一审法院适用《合同法》第一百二十五条和第四十一条的相关规定，将“热剧抢先看”的“权益内容”解释为“所有VIP会员比非VIP会员，享有在先观看所有的已经更新的卫视热播电视剧、某优质自制剧的会员权益。具体到本案中，这是某公司向含吴某某在内的VIP会员提供优先权利的承诺，即不得赋予其他人优先于含吴某某在内的VIP会员提前看剧的权利”符合法律规定。结合一审法院查明的事实来看，“关于额外付费的特别说明”是双方缔结合同之后才更新的条款，当时黄金VIP会员的权益并没有被其他VIP会员超越。一审法院依据双方缔约时的状态，对“热剧抢先看”的权益内容进行解释符合实际情况，二审法院予以确认。某公司作为提供格式条款一方固然有权利对格式条款进行解释，但是某公司的解释实质上是通过分级的方式将既有的黄金VIP会员权益进行分割，这种解释超出了会员在缔约时的合同预期。故本院认为某公司的解释不符合《合同法》第四十一条和第一百二十五条之规定，不予采纳。

关于涉案电视剧《庆余年》是否属于“卫视热播电视剧、某优质自制剧”范畴，在二审中某公司提交的证据只能证明某公司获得了案外人对《庆余年》的不可转授权的非独家信息网络传播权，该证据无法推翻某公司参与该剧的制作的事实，亦无法推翻一审代理人关于某公司自制剧的陈述以及一审法院当庭勘验确认的事实。结合一审法院查明的事实，即该剧剧集列表的 VIP 标识和海报宣传，以及从有利于消费者的角度出发，一审法院认定涉案电视剧《庆余年》属于“热剧抢先看”的权益内容亦有根据，二审法院予以确认。

综上所述，一审法院关于“热剧抢先看”的权益内容解释及《庆余年》属于“热剧抢先看”的权益的认定具有事实与法律依据，二审法院予以确认。某公司对“热剧抢先看”的权益内容解释于法无据，二审法院不予支持。

（二）某公司增加付费超前点播条款的法律性质及效力

结合一审法院查明的事实，2019 年 6 月，在吴某某开通黄金 VIP 会员时，当时的 VIP 会员协议中并不包含有“关于额外付费的特别说明”条款；2019 年 7 月，修订后的 VIP 会员协议中出现了“关于额外付费的特别说明”；2019 年 12 月 8 日的 VIP 会员协议中对“关于额外付费的特别说明”条款进行了修订，增加“（3）超前点播剧集，根据某公司实际运营需要，就某平台上部分定期更新的视频内容，某公司将提供剧集超前点播的服务模式，会员在进行额外付费后，可提前观看该部分视频内容的更多剧集，具体的点播规则以某平台实际说明或提供为准”（付费超前点播条款）。

二审中某公司关于付费超前点播条款应当对吴某某发生效力的理由有两个，二审法院作以下评价。

第一，某公司主张一审法院在认定涉案 VIP 会员服务协议中关于单方变更权条款有效的情况下，其享有单方变更权，付费超前点播条款系某公司行使单方变更权。法院认为，合同公平原则与合同自由原则系合同法的基本原则，消费领域里的网络服务合同作为较为典型的格式合同，应当妥善处理好合同公平原则与合同自由原则的关系。基于互联网服务业态的多变性，为了适应不断变化的网络环境，满足多样化的需求，在网络服务合同中拟定单方变更权条款本身无可非议，一审法院并未否认涉案《VIP 会员协议》第 3.1 条的效力，这本身也是合同自由原则在网络服务合同中的体现。但是采用格式条款订立合同的，提供格式条款的一方应当遵循公平原则确定当事人之间的权利和义务，这也意味着单方变更权条款亦需要遵循公平原则合理确定权利义务，公平原则的适用应当考察具体的合同变更对当事人权利义务的影响是否公平。具体到本案，某公司增加付费超前点播条款系对格式合同的变更，付费超前点播条款赋予了黄金 VIP 会员付费超前观看剧集的权利，这一变化实质上变相将黄金 VIP 会员再次进行分级，吴某某所享有的“不用再等待蜗牛般的更新速度，其他人还在等待更新时，你已看完大结局”的权益变为了“通过额外付费可以获得更快观看剧集的权益”。这一变化实质上是减损了黄金 VIP 会员的既有权利，因此付费超前点播条款限制了吴某某的权利，对吴某某是不公平、不合理的规定，付费超前点播条款不应纳入单方变更权条款的调整范围内。

二审法院注意到，某公司认为一审法院关于单方变更权条款适用前提的认定是完全否定格式条款提供方的单方变更权。二审法院认为，一审法院以不得损害相对方利益作为单方变更权行使的前提，是对缔约后形成的缺乏合意性的格式条款进行必要的规制，其目的是在尊重互联网产业发展的前提下，对用户权益进行更加周延的保护，互联网服务提供者作为格式合同的提供方可以制定符合法律规定的单方变更权条款，但是单方变更权的行使应以基于提升用户体验、适应技术革新等实现互联网服务提供者与用户之间共赢为目的，而非限制或者减损用户的实质权益。

第二，某公司主张吴某某继续使用黄金 VIP 会员服务的行为应视为其已经同意付费超前点播条款是对合同的变更。二审法院认为，增加付费超前点播条款不产生单方变更合同的效力，该条款如果能够通过双方协商一致变更，亦可以产生合同变更的效力。《合同法》第七十七条第一款规定，“当事人协商一致，可以变更合同”，第七十八条规定“当事人对合同变更的内容约定不明确的，推定为未变更”。在本案中，某公司增加付费超前点播条款是否产生协商变更的效力应当考察吴某某是否作出了同意的意思表示。如前文所述，《VIP 会员协议》系格式合同，其范围涵盖了合同的缔结、变更、履行及合同的解释方法和争议的处理机制等各个环节，在增加付费超前点播条款后，吴某某登录并使用黄金 VIP 服务能否认定为其对付费超前点播条款的同意，也需要结合整个合同来考察。根据已经查明的事实，《VIP 会员协议》第 6.2 条约定，“如协议发生变更，但您不同意变更的内容，您有权选择停止使用 VIP 会员服务。如您在变更后的协议生效后仍继续使用 VIP 会员服务，则视为您已经同意变更的全部内容”。结合涉案《VIP 会员协议》第 2.3 条和第 4.4 条的规定内容，“服务费用在您支付完成后，不可转让，且不予退还（如因 VIP 服务存在重大瑕疵导致您完全无法使用等除外）”。从上述条款中可以看出某公司在黄金 VIP 会员不同意付费超前点播服务时并没有提供退还 VIP 会员费等解除合同的救济途径，也就是说，上述条款约定不同意变更可以行使解除权，但实际并未提供解除权行使的有效途径，故二审法院认为此种约定属于合同变更的内容约定不明确的情形，应推定为未变更。因此吴某某在未购买付费超前点播的情景下继续使用黄金 VIP 会员服务的行为只能推定为其同意按照增加付费超前点播条款前的协议履行合同，并不能推定其已经同意了某公司对付费超前点播条款的变更。同时某公司未经对方当事人同意改变合同的内容亦构成对原合同义务的违反，某公司应当承担违约责任。

关于一审法院对《VIP 会员协议》第 6.2 条的论述，主要阐述的是该条为什么不能对吴某某产生变更合同条款的效力，并未在判项中明确该条款的效力，不存在某公司认为的超出诉讼请求裁判的问题。需要着重指出的是，网络服务合同格式条款中与消费者有重大利害关系的内容，要求格式合同提供方尽到显著提示义务，简单地登录即同意变更并不是一个有效的提示，一审判决倡导的明示同意的变更方式，意在引导格式合同提供方通过从基于不充分通知和被迫同意的方式转变为基于充分通知和真实合意的方式来实现对网络环境下用户权益的保护与互联网产业发展的平衡。

对于一审判决说理部分关于“上述便捷的技术能力和实践能力，完全可以同时运用到 VIP 会员在订立合同、变更合同、解除合同等各环节中去”等诸如此类的阐述，二审法院认为，这是对互联网行业目前的问题和情况提出的建议，是人民法院参与网络社会治理的体现，意在稳定社会预期，而且一审法院在说理部分并未超出当事人的诉讼请求范围进行论述，因此某公司对一审法院说理部分提出的上诉请求，二审法院不予支持。

综上所述，一审法院认定某公司增加付费超前点播条款既不成立单方变更合同，又不成立协商一致变更合同，某公司 2019 年 12 月 8 日增加的付费超前点播条款对吴某某不发生法律效力并无不当，二审法院予以确认。某公司的主张于法无据，二审法院不予支持。

二审法院还注意到，某公司在一审和二审过程中强调某公司的涉案《VIP 会员协议》符合网络服务特性和行业惯例并列举了数十个热门 App 的会员或用户服务协议或者热门网站服务协议条款予以佐证。对此，学理上的通说认为，惯例或习惯都是一种行为模式，是为了达到一定的利益诉求。惯例通常是既有利于自己的利益，又与其他利益相关者的正当利益不相冲突，在此前提下，惯例是一种经济上节约、法律上又合法的行为模式，只有符合既便捷又合法的惯例，才具有法律效力。因此，二审法院认为涉案《VIP 会员协议》是否符合网络服务特性并形成行业惯例并不是以已经存在、用得多为判断标准，而应以符合法律规定、维护各利益相关方合法权益、具有行业一致性、符合行业发展方向为判断标准。

三、一审法院确定的违约责任是否恰当

依据《合同法》第一百零七条和第一百一十三条的规定，某公司构成违约，应当承担继续履行、赔偿损失的违约责任。关于继续履行一节，一审法院判令某公司在法院酌情确定延长的会员期限内承担继续履行原合同的义务系综合考量吴某某受到的实际影响、吴某某在一审中的诉讼请求、本案的具体情况等因素作出的，符合法律规定，二审法院予以确认。某公司主张技术上无法实现针对吴某某定制会员权益，该判项不符合互联网商业实践，无法实际履行的上诉理由没有事实与法律依据，二审法院不予支持。关于赔偿损失一节，吴某某支出的公证费属于某公司违约行为造成的损失，于法有据，二审法院亦予以确认。

综上所述，某公司的上诉请求不能成立，应予驳回；一审判决认定事实清楚，适用法律正确，应予维持。依照《民事诉讼法》（2017 年）第一百七十条第一款第一项的规定，判决如下：驳回上诉，维持原判。

【法官后语】

本案入选 2020 年全国法院十大商事案例。近年来，我国互联网平台经

济迅速发展，新业态、新模式层出不穷。本案中涉及的“超前点播”模式是互联网企业探索创新经营模式的一次尝试，在刚推出时曾引发社会广泛关注。本案表面上系网络服务提供者与消费者因格式合同的变更引发的纠纷，实质上折射出在互联网经济快速发展的情况下合同自由与合同公平的冲突，是社会问题与法律问题糅合的集中反映，需要人民法院树立裁判规则，既促进互联网行业有序发展，又使消费者合法权益得到有效保护。本案审理时《民法典》已经颁布但尚未实施，本案生效判决虽依据《合同法》但采用目的解释等方法得出了与《民法典》规定一致的结论。在《民法典》正式施行后，网络服务格式合同的效力认定及格式合同变更等问题依然是司法实践中的难点。笔者以本案为基础，在《民法典》视域下对网络服务格式合同的效力及合同变更的效力进行解构，建立符合互联网经济的格式合同法律适用规则和合法性审查规则，为数字经济发展和技术创新明晰规则，引导新技术、新业态、新模式在法治轨道上健康有序发展。

一、网络服务格式合同效力规制路径：一种规范论的视角

网络服务格式合同是伴随互联网行业的发展产生的，互联网行业的开放性和动态性传导到网络服务格式合同中，使网络服务格式合同也呈现出开放性和动态性。有学者就曾指出，“在保险业、银行业以及互联网行业等行业领域，格式条款的单方更新时常发生”。与传统行业的格式合同相比，网络服务格式合同提供者在格式合同中一般会预先保留将来单方变动合同、无须再次单独与用户达成合意的条款，这种单方变更权条款的效力如何认定，依据单方变更权对格式合同的内容进行变更的效力如何认定，就需要深入考察《民法典》关于格式合同的规范意旨并建立符合互联网特性的网络服务格式合同效力认定规则。

（一）《民法典》对格式条款的三阶控制

从法律角度分析，格式条款的消极作用非常明显，其与契约自由原则在一定程度上相背离，对契约正义造成了冲击，故对其弊端应予以规制和防范。对格式条款的规制，我国民法理论上一般认为由订入控制规则、内容控制规则和解释控制规则组成。《民法典》对格式条款规制进行了体系

化的规定，也采取了订入控制规则（第四百九十六条第二款）、内容控制规则（第四百九十七条）、解释控制规则（第四百九十八条），同时为了准确界定格式条款的内涵，引入了概念控制规则（第四百九十六条第一款）。相比《合同法》及司法解释，《民法典》关于格式条款的立法结构和规范内容均有显著进步。笔者认为，按照三阶控制理论，格式条款的判断要经历三个阶段：第一阶段，判断合同条款是否属于格式条款，即从概念控制认定格式条款；第二阶段，判断格式条款是否订入合同，即通过订入控制履行对与对方有重大利害关系的条款的提示说明义务以达到实质合意的效果；第三阶段，通过内容控制判断格式条款是否有效，在这一环节既包含适用法律行为一般效力的审查路径，也包括适用格式条款效力特别规定的审查路径。在运用三阶控制审查格式条款效力时，第一阶段概念控制和第二阶段订入控制属于事实判断，只有第三阶段内容控制涉及价值判断，三阶控制规制构成了具有“三道闸门”的倒金字塔形的审查结构，对格式条款的效力控制层层把关。

（二）网络服务格式合同中格式条款的效力控制

从概念控制的意旨来看，格式条款应同时具备三个特征：一是事先拟好；二是反复使用；三是未经协商。网络服务格式合同是格式条款在互联网领域的具体实践，相比其他格式条款，网络服务格式合同呈现出更为明显的格式条款的特征。就概念控制阶段而言，网络服务合同中的条款均可以判断为格式条款，因此笔者认为，网络服务合同可以明确称为格式合同。也就是说，对于网络服务格式合同而言，其效力控制可以跳过概念控制这一阶段，直接进入订入控制和内容控制的审查范围。就司法适用的具体进路而言，展现出以下的模型。

就本案而言，原告在诉讼请求中对被告提供的网络服务格式合同中的五条格式条款提出异议，我们需要具体看上述格式条款是否符合订入控制，是否符合效力控制。订入控制主要审查格式条款提供者是否履行了提示与说明义务。相对其他格式条款，网络服务格式合同的缔约过程是颠覆性的，全程信息化、无纸化，一般由用户点击确认并同意就可以实现。对于如何认定网络格式条款提供者在此过程中履行了提示与说明义务，司法实践较为混乱，有的法院就认为“网络消费者应有充分的理性和意志力，从而认定其自愿点击同意的行为即视为对相关条款达成了合意”。

本案一审法院在判断争议格式条款的效力时并未按照上述二阶控制进行判断，尤其是在认定涉诉导言条款效力时认定“某公司在涉案《VIP会员协议》中为履行提示义务而标注下划线的文字，比不标注下划线的文字多出一倍，无法认定其已经尽到合理的提示义务”。在认定其他争议格式条款的效力时法院并未以此为理由认定某公司未尽到提示义务，而是直接进入效力控制阶段认定其他格式条款有效，如此就产生了一个逻辑上无法解释的悖论：既然整个网络服务格式合同未履行提示说明义务，那就无须进行效力控制的判断，也就谈不上格式条款有效性的认定。

笔者认为，网络服务格式合同的信息外观和内容均有特质性，与传统的格式条款有较大差别，人民法院在认定网络服务格式合同提供者是否履行了提示说明义务存在争议时，不妨在订入控制阶段漏过对格式条款的规制，从内容控制阶段进行干涉，毕竟内容控制是价值判断的过程，结合解释规则对格式条款效力进行控制也符合格式条款效力认定的三阶控制的初衷。按照上述思路演绎，上述争议条款除付费超前点播条款外，涉诉导言条款、单方变更权条款、同意变更条款、广告条款均可以进入内容控制阶段判断。在内容控制阶段，可以按照以下步骤确定格式条款的效力：第一，考察上述争议条款是否符合《民法典》关于法律行为无效的条件，上述条款均不存在法律行为无效情形；第二，考察其是否符合格式条款效力的特别规定，既包括《民法典》关于不合理地免除或者减轻其责任、加重对方责任、限制对方主要权利、排除对方主要权利的规定，也包括《消费者权益保护法》关于“排除或者限制消费者权利、减轻或者免除经营者责任、加重消费者责任等对消费者不公平、不合理的规定”的规定。具体而言，涉诉导言条款以格式条款本身宣称格式条款的合理性，以拟制的形式排除了格式条款相对方的权利，不仅不符合《民法典》的规定，而且属于《消费者权益保护法》中的对消费者不公平、不合理的规定，该条款在内容控制阶段应当被判定为无效。至于单方变更权条款、同意变更条款、广告条款，从性质上来看并非合同的核心给付条款，属于合同附随条款，内容并未明显违反法律的特别规定，在内容控制阶段应当判定为有效。

二审法院在审理本案时即秉持了上述观点，一审法院和二审法院虽思路不尽一致，但对上述格式条款效力的判断是一致的。在《民法典》正式实施后，人民法院对格式条款效力控制应该进行体系性的干预，以体系化的思维体现契约正义对契约自由的限制的裁判理念。

二、公平原则的具化：依单方变更权条款进行变更的合理性审查路径

（一）单方变更权条款在网络服务格式合同中的作用

单方变更条款广泛存在于与互联网行业相关的合同中，这与互联网交易的持续性与互联网技术的创新性是密不可分的。本案的超前点播模式可以看作因互联网技术发展而进行的模式创新。本案原告主张付费超前点播条款对原告不生效，被告主张该条款系网络服务提供者依据网络服务格式合同中的单方变更权条款作出的合同变更。这其中涉及两个问题，一是单方变更权条款的效力问题；二是依据单方变更权条款进行变更的合同条款的效力问题。

就单方变更权条款的效力而言，前述通过格式条款的效力控制判断已经得出肯定的评价。而且从合同变更的角度来看，单方变更权条款亦有理论基础。从《民法典》第五百四十三条“当事人协商一致，可以变更合同”的规定来看，《民法典》对当事人协商一致的时间并未进行限制，通常的协商一致应当理解为事后协商一致，但是在合同订立时即协商变更合同的也是合同自由的体现，在不触发《民法典》关于法律行为无效规定的情形下，应当承认其有效。在学理上，合意变更包括依据合同订立时约定变更权的变更和事后协议变更。因此网络服务格式合同中的单方变更权条款是有效的合同条款，而且从法律性质上应当认定为合意变更。

单方变更权条款既有法律依据又有存在的现实基础，则依据单方变更权条款进行变更的合同条款的效力如何认定，本案在审理时有效的《合同法》及司法解释并未规定，《民法典》中对此部分也未进行明确的规定。在本案二审过程中，二审合议庭在合议和召开法官会议讨论时就此形成三种观点：第一种观点认为，网络服务提供者单方变更合同会损害不特定用

户的合法权益，损害社会公共利益，因此变更后的合同应当无效；第二种观点认为，网络行业有其特殊性，合意变更是合同当事人意思自治的体现，因此为实现互联网产业发展的必要应当认定变更后的条款有效；第三种观点认为，依据单方变更权条款可以进行合同变更，但并不意味着没有限制，人民法院应当对变更后的条款内容进行合理性审查，这既体现出司法对格式合同在缔约合意度低的情况下对合同公平与正义的维护，又体现出在法律没有明确规定的情况下，变更后的条款是否生效要看其是否符合合同解释的规则。第一种观点在学者中占有较高比例，有学者明确指出，“保留合同变更权的约定虽属于合同条款，但应当属无效条款，可以将其认定为部分无效，来保护原告之利益”。持第二种观点的法官列举了《最高人民法院公报》2002年第6期刊发的“来某鹏诉北京四通利方信息技术有限公司服务合同纠纷案”。本案一审法院判决采用了第三种观点。二审法院经过专业法官会议和合议庭的多次研究讨论，最终在兼顾互联网产业的未来发展与用户权益保护的基础上采纳了第三种观点，并在公平原则具体化的基础上作出了生效判决。

（二）公平原则的具体化路径

公平原则是《民法典》规定的基本法律原则，公平原则的抽象性使人民法院在适用公平原则裁判时显得格外慎重。法律原则的适用应当具体化，《合同法》的公平原则也应当依照合同解释规则进行具体展开。

笔者认为，依据单方变更权条款进行合同变更后的合同条款是否对合同当事人有效，应当着重从以下三个方面考虑。

一是合同变更的形式是否符合格式条款效力控制。基于互联网行业的特性，网络服务格式合同变更后的合同条款依然应当被定义为格式条款，其效力要以格式条款效力控制为标准进行审查。首先，需要明确变更后的合同条款是否符合订入控制规则。如前文所述，订入控制规则的核心就在于如何认定格式条款提供一方履行了提示与说明义务，对此笔者认为，格式条款虽在一定程度上降低了合同缔结时的合意度，但是格式条款的缔结依然需要遵循要约承诺一致的模式，因此当部分格式合同的内容变更时，提示说明义务的信息内容和显著性的要求显然要更高，其力度和广度应该不低于网络服务格式合同缔结时的力度和广度。本案中被告主张其对《VIP会员协议》进行变更推出付费超前点播条款后，通过软件升级的形式告知了用户增加了超前点播模式，用户继续使用会员服务的行为应视为用户已经同意付费超前点播条款对合同的变更，这种告知模式无法达到能够使付费超前点播条款符合订入控制，因此另一方当事人主张该条款不成为合同的内容是符合《民法典》规定的。其次，若变更后的合同条款能够通过订入控制规则的审查，则需要在内容控制规则下对变更后的合同内容进行审查，这涉及变更后的合同条款有效或无效的问题，前述对该问题的阐述在此依然适用，在此部分就不再展开讨论。

二是合同变更的内容是否发生实质变更的法律效果。合同变更要与成立新合同区分。合同的变更应使变更后的合同关系与原合同关系保持同一性，这是合同变更的应有之义。《民法典》第四百八十八条和第四百八十九条关于承诺对要约的实质性变更和非实质性变更的规定对于判断合同变更是否是实质性变更具有一定的参考意义。若变更后的合同条款涉及合同标的、数量、质量、价款或者报酬、履行期限、履行地点和方式、违约责任和解决争议方法等，就要考虑是否涉及实质性变更，实质性变更属于合同的更新，不能依单方变更权条款进行合同的更新。

三是合同变更后是否赋予格式合同相对方解除合同的权利。合同变更后相对方解除合同是合同自由的体现，“意思自治”“用脚投票”也可以充分保护格式条款另一方的利益。我国法律对于网络服务提供者与消费者之间格式合同变更的退出机制没有规定，但是《电子商务法》第三十四条第二款赋予电子商务平台经营者格式合同的单方变更权和平台内经营者的解除合同退出机制。笔者认为，网络服务格式合同变更的合同内容是否属于不利益变更可以参考《电子商务法》第三十四条的规定考察该变更是否赋予消费者解除合同并退出合同的权利。从理论上讲，对单方修改合同条款问题应以诚信和公平交易为原则，为消费者提供没有成本的积极的退出机制。本案中在网络服务格式合同中虽明确约定消费者不同意变更可以行使解除权，但实际并未提供行使解除权的有效途径，二审法院以此种约定属于合同变更的内容约定不明确并推定其合同未变更。笔者认为，二审法院的这一认定采用整体解释和目的解释的方法将合同公平原则具体化，并对该种类型的网络服务格式合同的效力认定提供了一种符合法律解释路径的审查思路，是恰当的也是值得提倡的。

三、结语：司法裁判对契约正义的维护

契约自由与契约正义是契约的一体两面。契约的意思自治固然需要维护，但正如学者阐述的，无限制的契约自由引发经济强者相对于弱者的不平等缔约地位，决定了“自由意志”不过是压迫与剥削弱势缔约主体的“合法性”掩护。从2002年的来某鹏诉北京四通利方信息技术有限公司服务合同纠纷案到2020年的某公司超前点播被判违约案，人民法院一直在尝试面对不断迭代创新的商业模式尤其是在技术不断发展变化的互联网领域积极发挥司法裁判的引领作用，稳妥处理互联网行业的有序发展与消费者权益保护之间的平衡关系。

《民法典》颁布后，法律规定和法律体系更加科学，人民法院就应当在实施《民法典》的过程中通过司法裁判既保护多数相对人的合法权益又对互联网行业涌现的新问题及时回应，规范商业模式创新，保护用户合法权益。

编写人：北京市第四中级人民法院　杨宗腾　张勤缘

非典型网络侵权责任纠纷的法律适用与价值衡量

——何某某诉A公司网络侵权责任纠纷案

【案件基本信息】

1. 裁判书字号

北京市第四中级人民法院（2019）京04民终139号

2. 案由：网络侵权责任纠纷

3. 当事人

原告（被上诉人）：何某某

被告（上诉人）：A公司

【基本案情】

原告何某某诉称：吴某某为其儿子，是本案的受害人，曾经在浙江横店影视城担任演员，从2017年开始在被告旗下的网络平台“某直播”等各大主流网络平台发布大量的徒手攀爬高楼等具有高度危险性的视频，并因此拥有上百万粉丝，其在各大网络平台发布的视频总浏览量超过3亿人次，其本人成为网络名人。2017年11月8日，吴某某在攀爬长沙华远国际中心时，失手坠落身亡。被告明知吴某某发布的视频都是冒着生命危险拍摄的，明知其拍摄过程中很可能会发生意外导致生命危险，但被告为了提高其网络平台的知名度、美誉度以及用户的参与度、活跃度等从而获取更大的盈利，不但不对吴某某的行为予以告诫和制止，反而予以鼓励和推动，被告实质上是以吴某某的生命为代价而获取更大的自身利益。被告应当对吴某某发布的系列危险动作视频不予审核通过，并采取删除、屏蔽、断开链接等必要措施，但是被告却没有尽到上述义务，被告的行为侵犯了吴某某的权益，应当承担侵权责任。因此诉至一审法院，请求：（1）被告赔偿原告共计6万元；（2）被告对原告赔礼道歉；（3）被告承担全部诉讼费用。

被告A公司辩称，第一，某直播平台提供信息存储空间的行为不是侵权行为；第二，吴某某上传的视频内容非法律法规禁止内容，被告没有应当处理的法定义务，不作处理不具违法性；第三，被告与吴某某之间就某直播软件新版本的推广合作不是加害行为；第四，被告前述行为与吴某某高坠身亡不具法律意义上的因果关系；第五，被告前述行为不具有主观侵权过错。

【案件焦点】

（1）A公司对吴某某是否负有安全保障义务；（2）A公司的行为是否构成侵权；（3）A公司能否依据自甘冒险规则减轻或免除自己的民事责任。

【法院裁判要旨】

北京互联网法院于2019年5月21日作出（2018）京0491民初2386号民事判决，判决：（1）被告A公司赔偿原告何某某3万元；（2）驳回原告何某某的其他诉讼请求。

A公司不服原审判决，提起上诉。北京市第四中级人民法院审查认为，本案有以下争议焦点：（1）A公司对吴某某是否负有安全保障义务；（2）A公司的行为是否构成侵权；（3）A公司能否依据自甘冒险规则减轻或免除自己的民事责任。

关于争议焦点一，A公司对吴某某是否负有安全保障义务。《侵权责任法》第三十六条规定了网络侵权责任。该条第一款针对的是网络用户、网络服务提供者利用网络侵害他人民事权益的情形。这里的“他人”显然是网络用户、网络服务提供者之外的人。具体到本案，吴某某是某平台的注册用户，A公司是某平台的运营主体，是网络服务提供者。本案争议的是作为网络服务提供者的A公司对网络用户吴某某本人是否构成侵权，并非二者单独或共同侵犯他人民事权益，故不应适用《侵权责任法》第三十六条第一款之规定。《侵权责任法》第三十七条第一款规定了违反安全保障义务的侵权责任。该条规定的安全保障义务是宾馆、商场、银行、车站、娱乐场所等公共场所的管理人或者群众性活动的组织者负有的保障他人人身、财产安全的注意义务。本案中物理空间的安全保障义务人现实存在，且已经承担了相应的民事责任。网络空间具有开放性、公共性的场所特征，网络服务提供者是否也应适用上述规定，承担相应的安全保障义务？事实上，网络空间作为虚拟公共空间，其与现实物理公共空间还是存在明显差异，能否扩大解释《侵权责任法》第三十七条第一款，将有形物理空间的安全保障义务扩张到无形网络空间，适用网络侵权责任的内容来确定网络服务提供者的安全保障义务，尚存争议。但是网络空间不是法外之地，网络作为一个开放的虚拟空间，网络空间治理是社会治理的重要组成部分，应当进行必要的规制。在目前的侵权责任法体系下，当案件事实处于两个或多个规范涵盖范围之内时，应当考虑的是适用何种法律规范更有利于提高事实与法律规范的契合度，从而更好地体现法律正义，维护社会公平正义。具体到本案，在适用《侵权责任法》第六条第一款规定的过错责任原则能够归责的情况下，不必扩大解释《侵权责任法》第三十七条第一款的适用范围。故二审法院认为一审判决适用法律有误，应当予以纠正。

关于争议焦点二，二审法院认为，吴某某拍摄视频的行为不仅对自身具有危险性，还存在坠落伤及无辜以及引发聚众围观扰乱社会秩序的风险。这种行为于己于人都有巨大的潜在危险，是社会公德不鼓励和不允许的。A 公司作为网络服务提供者应当根据吴某某上传的视频是否违反社会公德进行规制，但 A 公司却未进行处理，因此其对吴某某的坠亡存在过错。上诉人不仅对吴某某的视频未进行处理，还在其坠亡的两个多月前，借助吴某某的知名度为某平台进行宣传并支付其酬劳。故上诉人对吴某某持续进行该危险活动起到了一定的诱导作用。一审判决认定上诉人的行为与吴某某的死亡结果之间存在因果关系，并无不当。

关于争议焦点三，A 公司能否依据自甘冒险规则减轻或免除自己的民事责任。吴某某从事的高空建筑物攀爬活动并非一项具有普通风险的文体活动，而是对他人和自己都存在巨大安全风险的活动。况且《侵权责任法》并未规定自甘冒险规则，A 公司亦非活动的参加者，故无法援引自甘冒险规则免除责任。但是吴某某自愿进行该类高风险的活动，其对该类活动的风险是明知的，因此吴某某本人对损害结果的发生存在明显过错，A公司可以根据吴某某的过错情节减轻责任。

综上，二审法院认为，一审判决虽适用法律有误，但认定事实清楚，裁判结果正确，因此判决驳回上诉，维持原判。

【法官后语】

本案与一般网络侵权责任纠纷案件不同，是一个非典型的网络侵权责任纠纷，是在互联网行业尤其是网络直播行业发展过程中出现的新问题、新情况。这个案件最显著的特点是加害行为（包括不作为）发生在网络空间，而损害结果发生在现实空间。这就导致了一个最直接的问题：这类非典型侵权案件的侵权责任应当如何界定。该问题表面上是一个法律适用问题，实质上却是互联网社会问题和法律问题的集合体，更涉及如何在现行的法律制度下对网络空间进行有效治理这一深层次问题。该类案件的司法裁判，将会对网络空间治理产生重大的影响。因此，人民法院在审理该类案件时，应当将价值衡量融入司法裁判过程中，在严格遵循法律适用规律的基础上，正确合理地“找法”“释法”，抑制司法者“造法”的冲动，实现各方利益冲突的平衡，为引导安全的网络行为、营造风清气正的网络空间提供了强而有力的司法保障。

一、适法的困境：法官“找法”“释法”的思维进路

在本案审理过程中，一审承办法官、法官会议对网络服务提供者的安全保障义务的界定、被告是否承担侵权责任等问题存在极大的争议。一审判决认定被告作为网络服务提供者应当承担安全保障义务并据此认定侵权责任，但是二审生效判决在裁判过程和法律适用过程中并不认可一审判决的认定。笔者认为，一审判决在解释法律的过程中有扩张“造法”的嫌疑，虽有一定的创新，但在未遵循司法规律的基础上作出了不恰当的价值判断。

（一）扩张造法：一审判决法律发现的失范

寻找裁判大前提的行为被有的学者形象地称为“找法”[①]，应该认定

① 梁慧星：《裁判的方法》，法律出版社2012年版，第48页。

"找法"是司法裁判中法律的发现，本质上应当是"司法三段论"的一个环节。法律的发现对司法裁判至关重要，"找法"的思维方法是通过"在事实与规范间往返流盼"最终找到大前提。① 司法裁判中的"找法"应当着眼于整个法律体系，根据案件事实的不同，尝试涵摄于不同的法律规范。

从本案来看，一审法院在"找法"的过程中往返流盼，将法律规范定位于《侵权责任法》第三十六条和第三十七条。《侵权责任法》第三十六条规定的是网络侵权责任，第三十七条规定的是宾馆、商场、银行、车站、娱乐场所等公共场所的管理人或者群众性活动的组织者的安全保障义务。一审法院将要件事实与法律的发现融合之后进行逻辑推演，得出这样的结论：网络服务提供者作为网络空间的管理者、经营者、组织者，在一定情况下，对网络用户负有一定的安全保障义务，在现实生活中，网络服务提供者有可能因未尽到安全保障义务而产生网络侵权责任，但需要特别指出的是，网络空间下的安全保障义务的具体内容有别于传统实体空间下的安全保障义务内容。囿于网络空间的虚拟性，网络服务提供者采取的措施首先应符合网络空间的自身特点，其次应在网络服务提供者的能力范围内，因此网络服务提供者的安全保障义务的内容一般应仅包含审核、告知、删除、屏蔽、断开链接等措施。

可以看出，如此推演的逻辑有三个步骤：第一，将安全保障义务的主体扩张到网络空间，被告作为网络服务提供者，是网络空间的管理者、经营者、组织者；第二，根据《侵权责任法》第三十六条关于网络侵权责任的内容确定网络服务提供者的安全保障义务的内容；第三，结合《侵权责任法》第三十六条的规定确定被告是否侵权。

上述法律发现的失范造成的解释论上的困境是显而易见的。第一，从《侵权责任法》的体例来看，第三十六条和第三十七条位于《侵权责任法》第四章"关于责任主体的特殊规定"，是关于两种不同种类的责任主体的例外规定，二者之间不存在隶属或者交叉适用的关系。第二，从条文体系来看，二者并列，即使存在交叉适用的情形，如何适用依然应当按照法律

① 参见［德］伯恩·魏德士：《法理学》，丁晓春、吴越译，法律出版社 2013 年版，第 296-297 页。

解释的基本规则确定，但是上述演绎在从第三十七条过渡到第三十六条时存在明显的悖论，即同样是关于特殊主体的责任，为何以安全保障义务为因，以网络侵权责任为果？第三，从立法目的来看，《侵权责任法》第三十六条的立法渊源是“避风港原则”和“红旗原则”，是知识产权保护在互联网领域的具体实践，因此该条规定的“删除、屏蔽、断开链接等”也是针对信息网络传播权的，针对其他人身权和财产权直接适用上述规定有法律适用僵化之嫌。

（二）抑制“造法”，回归“找法”：二审判决的纠偏

二审法院的作用不仅在于回应上诉人的诉求，更在于对案件的审判监督和裁判规则的树立，因此在一审法院涉嫌“造法”，不当地扩张解释法律时，二审应该予以纠偏。本案二审中，合议庭和专业法官会议对本案的法律适用持有不同观点，一种观点认为，一审判决的法律适用正确，而且观点较为新颖，是对互联网行业快速发展的一种回应，应当支持；另一种观点认为，一审判决的法律适用存在明显不当之处，应当予以纠正。

笔者认为，抛开一审的判决结果，二审应当重新寻找法律规范。被告系网络服务提供者，受害人系网络视频的上传者，受害人的死亡如何与被告之间产生关联？被告是否负有相关注意义务？按照“找法”的一般逻辑，本案在寻找法律规范时，受害人的死亡与被告产生侵权法上的关联的，应当适用的是《侵权责任法》第六条和第七条的规定，也就是要明确归责原则是过错责任、过错推定责任抑或无过错责任。从本案来看，没有法律规定应当承担过错责任或者过错推定责任，那么在本案在责任构成上适用的法律规范应当是过错责任。在此基础上去讨论能否适用特殊主体侵权责任，也就是在法律规范上有没有适用《侵权责任法》第三十六条和第三十七条的余地。《侵权责任法》第三十六条是关于网络用户与网络服务提供者的网络侵权责任的规定，责任主体与本案的情形并不相符，受害人虽是网络用户但又是被侵权人，该条规定免除了网络服务提供者的事前审查义务。[①]《侵权责任法》第三十七条是关于安全保障义务的规定。关于安

① 参见最高人民法院侵权责任法研究小组编著：《〈中华人民共和国侵权责任法〉条文理解与适用》，人民法院出版社2016年版，第264页。

全保障义务的责任主体，法律规定的是宾馆、商场、银行、车站、娱乐场所等公共场所的管理人或者群众性活动的组织者，虽然有“等公共场所”的措辞，但是按照文本解释和目的解释来看，公共场所限定在物理场所应当无疑。从学理上来看，目前有三种通说，分别为“占有者或所有者意志说”“公众自由出入说”“公众自由活动说”。三种学说把物理性、公开性、公共性、参与主体的不特定性等作为公共场所的基本特征。因此法律规范在本案中的适用余地将大打折扣。所以，本案中适用的法律规范应当回归到《侵权责任法》第六条，该条是关于侵权责任的责任构成的基本规则，并非法律原则，在具体的案件中可以适用，至于如何具体适用，笔者将在下文详细展开。

二、法律适用的回归：价值衡量的正当化路径

本案在适用过错责任的归责原则来确定侵权责任时，由于法条规定得过于原则，形式逻辑推理无法推导出正确结论，需要运用法律解释、漏洞补充等方式进行演绎，在演绎过程中就需要结合价值衡量对法律适用进行细化和阐明。

（一）价值衡量演绎被诉侵权行为的性质

行为的性质对于判断是否构成侵权具有重要的意义。本案中被诉的行为内容是未对受害人上传的视频或者直播内容进行审核及禁止播出。正如前文所述，网络侵权行为中网络服务提供者的注意义务不包括事前审查义务，这是由技术中立原则决定的，也是为了进一步促进互联网行业的发展。但是，《侵权责任法》的调整涉及两种基本利益，一是受害人民事利益的救济；二是他人行为自由的维护。① 本案就涉及受害人的权利救济与网络服务提供者的技术中立豁免事前审查义务这两种利益的衡量。这两种利益衡量涉及的是民法制度利益和民法基本原则的解释。

从民法制度利益来说，对潜藏于法律制度背后的制度利益作深入剖析，一方面要厘清核心利益，即法律制度蕴含的能体现其本质属性的制度

① 参见张新宝：《侵权责任法立法的利益衡量》，载《中国法学》2009 年第 4 期。

利益；另一方面要以制度涉及的社会广泛性为依据，对制度所涉具体利益进行广泛的铺陈与罗列，即结合具体的法律情境探寻抽象的制度利益。[①]就本案来说，受害人的生命健康权所代表的利益与技术中立所代表的自由价值相比，显然生命健康权为核心利益，侵权责任法制度的根本亦在于实现受害人合法权益与加害人行为自由的平衡，从法益位阶理论来看，生命权在价值衡量中无疑处于更优先的位置。但是，即便生命权处于优先的地位，是不是所有的价值就应当让位于生命权，而不论其他？答案显然不是肯定的。民法的价值判断问题大多属于自由及对自由的限制问题。[②]单就利益位阶原则演绎的结论无法为裁判结论提供最有利的支撑，还需要进一步结合具体的案件事实去讨论技术中立原则的自由及对其限制的问题。

结合整个互联网行业的发展来看，网络直播行业方兴未艾，随便一系列热点事件发生，互联网直播平台的社会责任就会被屡屡提及。本案要论证被诉行为的性质，就需要回头去审视受害人上传的视频究竟为何内容。根据法院查明的事实，受害人上传的视频大部分为徒手攀爬高楼的视频，受害人在拍摄相关视频时的危险性是不言而喻的，网络服务提供者要不要因为视频的内容具有危险性就应该负有注意义务并主动作为？这种技术中立的自由与个体权利保护之间的交叉背后实质上蕴含着是否对某种权利进行限制或者强化保护的价值衡量。在行政监管法规未有明确禁止的情况下，在民法层面被告的行为是否侵权，我们只能付诸对基本原则的解释。公序良俗原则是民法中的重要原则，该原则在《民法典》第八条有明确规定，是民事主体在进行民事活动时对公共秩序（社会公共秩序和生活秩序）和善良风俗（社会公共道德，由全体成员所普遍认可、遵循的道德准则）的遵循。公序良俗原则的主要意义在于对私法自治进行必要的限制，弘扬社会道德，建立稳定的社会秩序。被告作为网络服务提供者，提供的服务内容是互联网文化的重要组成部分，我国互联网行业监管部门虽秉持技术中立原则，但是亦要求网络服务提供者不得提供危害社会公德或者民

---

① 参见梁上上：《利益的层次结构与利益衡量的展开——兼评加藤一郎的利益衡量论》，载《法学研究》2002 年第 1 期。

② 参见王轶：《民法价值判断问题的实体性论证规则——以中国民法学的学术实践为背景》，载《中国社会科学》2004 年第 6 期。

族优秀文化传统的文化产品。基于此，技术中立原则的自由应当被限制，当他人上传的视频或者直播内容有违公序良俗时，网络服务提供者的注意义务应当适当加重，这种注意义务的加重并非遏制技术中立原则，恰恰相反，网络服务提供者可以考虑依托先进的技术创新手段寻求解决方案，履行该等加重的注意义务。在相关联的案件中，其他直播平台采取的一定的技术手段实现了对相关危险动作视频的甄别，事实上已经履行了该等加重注意义务，以最大限度地满足各方利益诉求，一审法院在另案判决中也确认并赞赏了该行为。由此，基于价值衡量的多个角度，可以推演出被诉行为在本质上不作为，构成了本案侵权行为的要件之一。

（二）利益衡量的必要限度：责任比例的确定

价值衡量是法官行使自由裁量权的主要体现，但是利益衡量也应当保持一定的克制，遵循一定的比例原则，不能超越一定的限度，如此在路径上方能保证对具体利益的细微衡量不至于丧失与整个法律制度的协调和契合。本案的法律关系较为复杂，受害人坠亡后，物理空间中有明确的安全保障义务的相关人员应当承担安全保障义务，网络服务提供者未尽注意义务，严格来说应该属于无意思联络数人侵权，同时受害人对损害的发生具有明显过错。以上多个因素交织，对于确定网络服务提供者的责任承担比例是一个巨大的挑战。为此，在酌定网络服务提供者的责任比例时应当充分考虑因果关系的紧密性。显而易见，被告的不作为与受害人死亡这一结果虽然具有法律上的因果关系，但是该因果关系是次要的，由此在确定责任比例时应当综合上述所有因素确定。本案最终酌定被告应当承担的责任比例为3%，笔者也认为这是比较恰当的。

三、结语：网络治理中司法裁判的指引与示范作用

综上所述，互联网案件的裁判思维要在严格遵循司法过程的法律方法基础上，充分考量各方当事人之间、法律规范与互联网技术发展之间等各类利益冲突，考量制度利益中的核心利益原则、技术中立的自由与限制、公序良俗原则的适用、利益衡量的比例原则等价值衡量的方式，实现规则适用与价值判断的统一，正确规范互联网行业有序发展，全面提升网络治

理能力。

党的十九届四中全会提出，“建立健全网络综合治理体系，加强和创新互联网内容建设，落实互联网企业信息管理主体责任，全面提高网络治理能力，营造清朗的网络空间”。网络空间不是法外之地，网络作为一个开放的虚拟空间，网络空间治理是社会治理的重要组成部分，应当进行必要的规制。

互联网行业发展日新月异，实定法的滞后性、非周延性在互联网行业显得尤为突出。人民法院在审理互联网案件时，应当摒弃就案审案的思维，切实发挥司法裁判在互联网治理中的指引与示范作用。尤其是对社会关注度高、疑难复杂、新类型的案件，要准确地“找法”，将价值衡量融入司法裁判的过程，树立裁判规则，促进互联网行业的健康发展。笔者认为，一件互联网案件的审结，就是确立一个明确的互联网活动规则。该案为引导安全的网络行为，营造风清气正的网络空间提供了强而有力的司法保障，具有极强的示范意义和指导意义。

编写人：北京市第四中级人民法院　杨宗腾

“履行合同必需”在电商平台利用平台规则处理个人信息中的适用规则

——蔡某某诉北京××叁佰陆拾度电子商务有限公司信息网络买卖合同纠纷案

【案件基本信息】

1. 裁判书字号

北京市第四中级人民法院（2022）京04民终601号

2. 案由：信息网络买卖合同纠纷

3. 当事人

原告（上诉人）：蔡某某

被告（被上诉人）：北京××叁佰陆拾度电子商务有限公司（以下简称××公司）

【基本案情】

原告（上诉人）蔡某某诉称，其于2019年8月13日在××App中下单购买了由××自营的商品大米3袋，付款金额28.62元。下单后，该订单在蔡某某账户内被隐藏了，付款金额被退回，被告××公司也没有任何说明。蔡某某认为××公司的此行为为“大数据杀熟”，且侵害了其知情权和公平交易权，根据《消费者权益保护法》第五十五条的规定，请求法院判令：（1）××公司在蔡某某账户内公开订单编号为1013692808××的订单信息；（2）××公司赔偿订单金额的3倍金额或500元。

被告（被上诉人）××公司辩称：（1）蔡某某的××账号存在大量异常订单，多次出现下单不及时付款的“非法占库存”行为，其购买行为模式异于普通消费者，通过购买商品进行转卖盈利的目的明显；（2）××平台规则对于违规订单、违规行为有明确的约定，综合涉案××账号的下单记录，××公司认为蔡某某构成违规；（3）依据平台规则，××公司有权对涉案账号进行限制，蔡某某违约在先，××公司不应承担任何责任。综上请求法院依法予以驳回。

法院经审理查明，2019年8月13日，蔡某某在金龙鱼××自营旗舰店购买“金龙鱼甄选长粒香大米10kg”3袋，实付款28.62元，订单编号：1013692808××，收货地为福建省漳州市。在蔡某某下单后，涉案订单在蔡某某账户内无法显示，付款金额被退回。

××公司于2017年5月17日和12月15日分别发布了违规订单处理规则、违规行为规则。违规订单处理规则规定违规订单的情况包括：“1. 一人或多人合意使用一个或多个××账户下单不支付、不完全支付或者选择延迟发货等方式违规占库存”“4. 代购、中间商、零售商或批发商等人员或群体、公司等，以再销售或商业使用为目的的订购行为”。同时违规订单处理规则约定“用户承诺自愿接受××或商家对违规订单进行以下任一项或多项操作：1. 取消订单；2. 不发货”等。

另查明，蔡某某在2019年8月13日8次下单涉案同款商品金龙鱼大米，订单的商品数量较大，且针对该日的前两次订单（订单编号：1014950231××、1014930829××），蔡某某下单后均未及时付款并自行申请退款，该操作被××平台风控系统识别为“非法占库存”行为，××平台对蔡某某的后续下单行为（包括涉案订单）进行了限制。蔡某某在2019年1月至8月13日多次下单洗发水、清洁用品、食用油等生活消费品，数量较大，收货地址均为“福建漳州市平和县城区×××路××超市”。

【案件焦点】

（1）××公司是否有权依据违规订单处理规则、违规行为规则取消涉案订单；（2）蔡某某是否有权要求××公司恢复涉案订单信息；（3）××公司取消涉案订单是否构成欺诈。

【法院裁判要旨】

北京互联网法院于2022年9月19日作出（2021）京0491民初36189

号民事判决：驳回原告蔡某某的全部诉讼请求。

蔡某某不服原审判决，提起上诉。北京市第四中级人民法院审理认定，本案的争议焦点为：（1）××公司是否有权依据违规订单处理规则、违规行为规则取消涉案订单；（2）蔡某某是否有权要求××公司恢复涉案订单信息；（3）××公司取消涉案订单是否构成欺诈。

关于争议焦点一。××公司作为电子商务平台经营者，为规范电子商务平台经营秩序，在其运营的电子商务平台上发布违规订单处理规则、违规行为规则。蔡某某与××公司签订《××用户注册协议》《××隐私政策》成为××平台用户。根据商务部《网络零售第三方平台交易规则制定程序规定（试行）》第三条的规定，违规订单处理规则、违规行为规则属于电子商务平台经营者制定的交易规则，上述规定适用的对象包括电子商务平台经营者、电子商务平台内经营者、消费者等。上述规则对使用电子商务平台的各类主体发生法律效力的原因在于各类主体就接受该交易规则形成了一致的意思表示。关于电子商务平台经营者制定、修改交易规则，《电子商务法》有相应的规定。《电子商务法》第三十三条和第三十四条规定，电子商务平台经营者制定的交易规则应当予以公示，修改时应当征求意见，并赋予平台内经营者不同意时的退出权利。违规订单处理规则、违规行为规则在蔡某某成为××平台用户时已经予以公示，蔡某某并未对上述规则提出反对意见，亦未退出××平台，应当视为蔡某某同意接受上述交易规则的约束。蔡某某提交订单后，涉案合同即成立，蔡某某和××公司在履行买卖合同时受到违规行为规则和违规订单处理规则的约束。违规订单处理规则约定的××公司对违规订单处理的措施等内容系对合同解除权及违约后果的约定，上述约定在性质上属于格式条款，内容并未违反市场竞争秩序及消费者权益保护方面的强制性规定，应当认定合法有效。××公司结合蔡某某下单的品类、次数、未付款情形、收货人地址等信息由平台风控系统判定蔡某某存在“非法占库存”行为且该下单行为超出了正常的生活消费需要，进而依据上述交易规则行使合同解除权并取消涉案订单，有相应的合同依据。

关于××公司在取消涉案订单时是否侵害蔡某某的个人信息权益。二审法院认为，涉案行为发生时，《民法典》及《个人信息保护法》虽未颁布实施，但是依据相关司法解释的规定，《民法典》和《个人信息保护法》对法律概念的定义及相关规范精神可以在本案中作为裁判说理依据。《民法典》第一千零三十五条确立了个人信息处理规则的基本框架，即合法、正当、必要原则和“知情—同意”原则。《个人信息保护法》对“知情—同意”的法定例外情形和同意的有效性判断标准进行了明确，取得个人信息处理合法性基础的具体情形主要分为两类：一是基于同意的处理，即告知并取得信息主体的同意；二是基于法定许可的处理，一般指在法律、行政法规另有规定的情况下，无须取得同意即可实施个人信息处理活动。基于同意的处理因相关事实无法明确，本案主要探讨××公司是否存在法定许可的例外事由。《个人信息保护法》第十三条第一款第二项规定，为订立、履行作为一方当事人的合同所必须，可作为处理个人信息的合法事由之一。可见，订立、履行合同所必须，符合《民法典》作为“知情—同意”例外事由的规定。同时结合《常见类型移动互联网应用程序必要个人信息范围规定》中关于网上购物类 App 必要个人信息的收集范围等相关行业规范和产品功能设置等规定，可以判定××公司处理用户上述个人信息系为履行网络购物需求之必要，同时其处理用户上述个人信息亦为履行违规订单处理规则、违规行为规则之必要，因此××公司处理上述个人信息属于履行合同之必要范围，××公司取消涉案订单并不违反法律规定，蔡某某的该项上诉请求不能成立，二审予以驳回。

关于争议焦点二。订单信息既属于个人信息，也属于电子商务平台经营者的数据，双方对涉案订单信息享有的权益均应当予以保护。蔡某某作为××平台用户，对其个人信息有查询、补充更正的请求权。蔡某某要求××公司恢复其订单信息的诉讼请求，符合上述规定，二审法院予以支持。

关于争议焦点三。××公司隐藏或者删除涉案订单的行为虽有不当，但不存在告知虚假情况或隐瞒真实情况，诱使对方作出错误意思表示的情形。××公司的行为不构成欺诈，蔡某某的上诉请求于法无据，二审法院不予支持。

【法官后语】

随着数字经济的蓬勃发展，电子商务交易中扰乱正常交易秩序的现象时有发生。电子商务平台经营者依据平台规则认定用户存在违规行为，已经成为平台维护电子商务交易秩序、履行平台管理职责的重要手段。本案例是《个人信息保护法》实施后人民法院适用“履行合同必需”规则处理个人信息合法性的典型案例。本案例的典型之处在于平台处理用户个人信息并以此作为违规依据进而依据平台规则取消用户订单。本案例涉及两个典型问题：第一，平台是否有权依据平台规则取消用户的订单；第二，平台处罚用户时处理个人信息的合法性基础如何认定。在电子商务场景下，平台规则将平台取消用户订单和平台处理用户个人信息衔接起来，因此有必要从平台规则效力的司法审查、利用平台规则处理个人信息的合法性认定方面进行探讨。

一、平台规则效力的认定：游走在公益与私益之间

《电子商务法》实施后，为妥善处理平台内各主体的关系，平台通过制定用户服务协议、隐私政策或者发布平台规则对平台内的经营者和消费者等平台用户进行规制。无论是用户服务协议、隐私政策，抑或公示的平台规则，均为平台单方制定。近年来，平台规则设置引发公众质疑的事件屡见不鲜。①

（一）司法实践对平台规则效力的处理路径

我们可以通过平台处理个人信息后依据平台规则进行处罚而引发争议的案例来窥视目前司法实践中对平台规则效力审查的不同路径（见表1.1）。

① 参见刘敏娟：《考拉海购被曝擅自取消订单，平台规则及功能设计合理性遭质疑》，载微信公众号“蓝鲸 TMT”2020 年 3 月 18 日，https：//mp. weixin. qq. com/s/CAkmzAgiTkgtPjn28fe_ cQ；吕倩、王珍：《爱奇艺更改会员投屏收费标准，还有谁在悄悄拒投“大屏”》，载微信公众号“第一财经”2023 年 1 月 12 日，https：//mp. weixin. qq. com/s/2gD4D9pK4A3BnGnXky iwLw。

表 1.1 涉及个人信息处理的平台规则案件统计

审理法院及案号	平台规则	是否处理个人信息	是否对处理个人信息行为进行司法审查	平台规则效力认定
上海市长宁区人民法院（2021）沪0105民初12788号	平台对退款订单收取技术服务费	否	否	有效
浙江省杭州市中级人民法院（2020）浙01民终6393号	出售假冒商品认定和处罚规则与实施细则	是，处理账号、商品、交易、物流等信息	否	有效
上海市长宁区人民法院（2020）沪0105民初23228号	发货规则及处罚规则	是，处理账号、商品、交易、物流等信息	否	认定平台规则有效，调整处罚措施
上海市第一中人民法院（2019）沪01民终258号	假货规则及违约金规则	是，处理账号、商品、交易、物流等信息	否	有效
广东省佛山市中级人民法院（2016）粤06民终3872号	退货、投诉及处罚规则	是，处理账号、评价、退货申请等信息	否	退货、投诉规则有效，处罚规则属于平台自治不属于法院审查范围
北京市第四中级人民法（2021）京04民终602号	假货规则及违约金规则	是，处理账号、商品、交易、物流等信息	否	有效
浙江省杭州市中级人民法院（2016）浙01民终7362号	违规账户查处及处罚规则	是，处理账号、交易、物流等信息	否	有效

注：本表中案例均来自北大法宝，系笔者以“平台规则”“个人信息”“数据”为关键词搜索所得的典型案例。

目前对于平台规则的效力认定有两种处理思路，第一种是直接从合同角度出发，认为平台规则属于当事人之间缔结的合同，性质上属于格式条款，按照格式合同进行审查；① 第二种是在格式合同的基础上考量平台规则的管理功能，对平台规则的合理性和合法性进行审查，② 只是关于合理性审查的限度不同。有的法院认定平台规则具有合理性，但应遵循公平原则，合理确定各方的权利和义务；③ 有的法院则认为，平台规则属于平台自治的范围，其合理性不属于法院审查范围。④ 与此同时，上述案件均未对利用平台规则处理个人信息的合法性进行评价。

笔者认为，《电子商务法》赋予平台电子商务市场管理的功能，⑤ 司法实践对平台规则的处理思路总体反映出司法机关对于平台自治的公益性质的认可，但是关于平台规则的效力审查思路还是存在不周延之处。第一，服务协议或者隐私政策等是平台与经营者、消费者之间的双方法律行为，但是公示在平台的规则并未经用户同意，如何对当事人发生效力？服务协议中的“引致条款”⑥ 是否理所应当？第二，平台规则多涉及处罚措施，其法律本质究竟为何？第三，平台在依据平台规则认定用户存在违规行为时，势必要对平台内的数据进行分析，其处理个人信息的合法性基础应当如何认定？

（二）对平台规则司法审查路径的再思考

关于平台规则的性质，现行法律并未明确规定。有观点认为，平台以双方合意的方式实现了自我赋权，这种合意外在表现为以格式合同形式出

① 参见上海市长宁区人民法院（2021）沪0105民初12788号民事判决书；浙江省杭州市中级人民法院（2020）浙01民终6393号民事判决书。

② 参见上海市长宁区人民法院（2020）沪0105民初23228号民事判决书。

③ 参见上海市第一中级人民法院（2019）沪01民终258号民事判决书。

④ 参见广东省佛山市中级人民法院（2016）粤06民终3872号民事判决书。

⑤ 全国人大财经委员会电子商务法起草组曾撰文指出：“共管共治是互联网治理理念在电子商务领域的具体体现。互联网治理的基本原则是多方共治。为此，电子商务经营者特别是电子商务平台经营者通过制定交易规则和信用管理制度，实现对电子商务交易当事人的管理和约束。”参见电子商务法起草组编著：《中华人民共和国电子商务法条文释义》，法律出版社2018年版，第44页。

⑥ 例如，在本案涉及的××公司的服务协议中有“××有权对本协议条款及相关规则不时进行修改，修改后的内容一旦以任何形式公布在本网站即生效并取代此前相关内容”的约定。

现的用户协议和配套规则。[①] 还有观点认为，网络交易平台所制定的交易规则既不是交易习惯，也非单纯的格式条款，而是基于参与者的意思表示一致成立的自治性规则，其效力的根源为在平台中从事交易活动的经营者和消费者的同意。[②] 笔者认为，虽然法律赋予平台一定的管理权限，但是基于平台规则由单方制定，其具有的“软法”性质，必然要接受司法审查，对于平台规则效力的司法审查，应当兼顾公法和私法的双重限制，从程序和实体着手，既审查其合法性，又以比例原则审查其合理性。

第一，平台规则对用户发生效力应符合《电子商务法》的规定。平台规则一般由平台在网站公示，无法简单套用《民法典》中关于格式条款的订立规则。司法审查可以参照适用《电子商务法》第三十三条、第三十四条关于平台交易规则制定、修改、公示及平台内经营者救济的程序性规定，即平台应当对平台规则在首页持续公示，修改前需要征求意见，如不同意规则修改的，用户可以退出平台。

第二，对平台规则进行有限度的实体审查。平台在履行上述程序后，平台规则即转变为平台与用户之间的双方协议，《民法典》第四百九十七条关于格式条款效力的规定以及第一百五十三条关于法律行为一般性无效事由的规定可以适用于平台规则的效力审查。有观点认为，“惩罚措施”的法律本质其实是合同违约责任。[③] 笔者认为，在平台治理中灵活运用违约责任，应当予以认可，但是也应当秉持一定的限度。就合理性而言，可以从是否维护平台用户的共同利益、采取手段的必要性、平台规则体现的公益性与用户的私益是否予以平衡等角度进行衡量。

本案中，在蔡某某成为××平台用户之前，订单处理规则、违规行为规则等规则就已在××平台公示，蔡某某对此知情且并未对上述规则提出反对意见，亦未退出××平台，应当视为蔡某某同意接受上述交易规则的约束。订单处理规则规定的“对违规订单取消订单或者不发货”，本身是对合同

① 参见刘凯湘、刘晨：《互联网第三方平台服务协议效力的判断原则及其意义——评蔡振文诉淘宝案》，载《中国应用法学》2017年第3期。

② 参见程啸：《网络平台交易规则的性质与效力》，载《法治日报》2022年6月8日，第9版。

③ 参见王琦：《电商平台经营者的市场治理者角色及其法律规制——以中小企业保护为视角》，载王利明主编：《判解研究》第3辑，人民法院出版社2021年版。

解除权的约定，未违反法律的强制性规定。从合理性方面考虑，××公司的该项举措是为了维护平台用户的共同利益，维护正常的电商交易秩序，该项规则既维护了电商平台、商家的权益也维护了消费者的权益，体现了平台的管理职能，有一定的公益性。因此法院认定上述平台规则合法有效，蔡某某应当予以遵守。

二、利用平台规则处理个人信息合法性基础的探寻

《个人信息保护法》确立以“告知—同意”为核心的个人信息处理规则，[①] 同时考虑到经济社会生活的复杂性和个人信息处理的不同情况作出了例外规定。[②] 因此我国《个人信息保护法》关于个人信息合法性基础的规定是“基于个人同意”和“基于法定许可”的二元模式。实践中，有的法院在利用平台规则处理个人信息纠纷中对平台处理个人信息的事实进行了认定，[③] 但是并未对此种行为进行评价。

笔者认为，“告知—同意”规则在利用平台规则处理个人信息的场景落地中存在一定的问题。以本案为例，第一，××公司隐私政策中关于个人信息处理的条款为“我们还会使用您的订单信息来判断您的交易是否存在异常以保护您的交易安全”，依此条款无法认定用户对平台利用平台规则处理其个人信息是知情并同意的。第二，蔡某某明确否认同意过××公司的隐私政策，××公司提供的隐私政策并非蔡某某注册时的版本，法院对此事实的认定存在障碍，此种情形在司法实践中经常会遇到。[④] 笔者认为，隐私政策披露的内容相较于整个信息处理活动只是冰山一角，将“告知—同意”规则作为平台对个人信息处理的合法性基础并非最优选择，依据《个

① 参见《关于〈中华人民共和国个人信息保护法（草案）〉的说明》，载中国人大网 2021 年 8 月 20 日，http：//www. npc. gov. cn/npc/c2/c30834/202108/t20210820_ 313092. html。

② 参见刘俊臣：《关于〈中华人民共和国个人信息保护法（草案）〉的说明——2020 年 10 月 13 日在第十三届全国人民代表大会常务委员会第二十二次会议上》，载申卫星主编：《个人信息保护法手册：条文梳理与立法素材》，中国政法大学出版社 2022 年版，第 322 页。

③ 参见上海市长宁区人民法院（2019）沪 0105 民初 17771 号民事判决书、上海市第一中级人民法院（2019）沪 01 民终 258 号民事判决书、浙江省杭州市中级人民法院（2016）浙 01 民终 7362 号民事判决书。

④ 参见上海市嘉定区人民法院（2020）沪 0114 民初 909 号民事判决书。

人信息保护法》第十五条的规定，基于个人同意处理个人信息的，个人有权撤回其同意。个人行使撤回权后，平台规则将处于“名存实亡”的状态。

平台利用平台规则处理个人信息并据此进行处罚是围绕服务协议和平台规则展开，平台和用户就个人信息处理之间的关系符合“履行个人作为一方当事人的合同”的条件，因此在该场景下，诉诸法定许可中的“履行合同必需”的合法性基础成为可能。

三、履行合同必需规则在“场景理论”下的展开

履行合同必需规则是指个人一方作为当事人与作为另一方当事人的处理者履行已经成立的合同时，处理者只有处理与该个人的某些个人信息才能与之履行合同，此种例外情形仅适用于处理者向个人提供产品或者服务而与个人履行合同。①

（一）履行合同必需规则的场景化构建

笔者认为，基于信息流动与隐私保护具体适用场景不同，传统的法律解释方法囿于实定法的局限性、滞后性可能无法适应信息处理活动场景的千变万化。因此可以将“场景理论”② 引入履行合同必需规则的构建，将“场景理论”三要素进行改造：第一步判断合同的类型，第二步结合合同目的、合同内容、信息处理活动的限制、双方当事人的合理期待等要素判断在此种合同类型中个人信息的处理是否为履行合同所必需。

1. 合同类型

合同类型决定平台提供给用户的产品或者基本服务功能，而产品或者基本服务功能决定需要处理的个人信息内容。平台与用户之间形成的合同如果能够落入《民法典》合同编有名合同的范围内，则可以依据有名合同的相关规定来处理，如互联网借贷合同，平台提供的基本服务为通过互联网平台进行个人申贷服务，在履行合同中必然要处理借款人的证件信息、银行卡信息等；若无法落入《民法典》合同编的相关规范内（如无名合同或者

① 参见程啸：《个人信息保护法理解与适用》，中国法制出版社 2021 年版，第 127 页。

② 海伦·尼森鲍姆提出的“场景理论”模型包括信息类型、参与主体、传输原则三要素。

多个合同联立），则需要借助法律解释的方法对提供的产品或者基本服务进行解释，例如，本案中用户与平台之间是服务合同和买卖合同联立。

2. 合同目的

合同的目的首先应当依据当事人之间的约定确定；若无约定，则可以尝试探究理性当事人于合同订立阶段，为追求何种利益而决定订立合同。[①]可以从合同的性质及合同类型出发综合判断合同目的，对于合同的目的的判断，更多的取决于法官的自由裁量权。

3. 合同内容

合同内容也是合同必备的要素，因涉及个人信息处理，除了《民法典》第四百七十条列举的合同内容条款外，还需要有确定个人信息处理的内容，就此可以结合法律、行政法规或者规范性文件的规定确定不同类型合同所包含的个人信息处理的内容。例如，国家互联网信息办公室等四部门于2021年3月12日发布的《常见类型移动互联网应用程序必要个人信息范围规定》（以下简称《必要个人信息规定》）以场景化分类列举了39类App的必要个人信息范围，上述规定可以作为不同类型的平台履行合同所必需处理的个人信息的范围。

4. 信息处理活动的限制

信息处理活动的合法性基础只是解决信息处理活动的合法与否问题，信息处理活动还需要满足《民法典》和《个人信息保护法》关于处理个人信息的合法、正当、必要、诚信原则以及目的限制和影响最小化原则的规定，即不能超出目的必要范围对个人信息进行收集和处理，而且即使无须取得个人同意，个人信息处理者也要依照法律规定履行告知义务。但是"缔约或履行之必需"的规定将成为绝大多数业务场景下收集信息的依据，因此其必需受目的限制原则的约束，不得利用这一条款进行个性化营销。[②]

5. 双方当事人的合理期待

合理期待一般指的是在特定场景下信息处理是否是必不可少的，是否

① 参见贺栩栩：《〈合同法〉第40条后段（格式条款效力审查）评注》，载《法学家》2018年第6期。

② 参见江必新、郭锋主编：《〈中华人民共和国个人信息保护法〉条文理解与适用》，人民法院出版社2021年版，第131页。

存在个人信息处理活动中在无法取得个人同意的情况下无法进行，导致合同无法履行的情形，一般结合行业规则或者商业惯例予以判断。

（二）履行合同必需规则在本案的证成

将图1.1的规则适用于本案，可以得出以下推导过程：

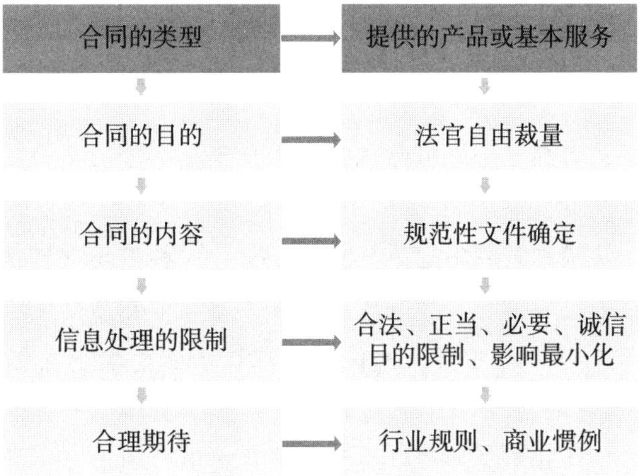

图1.1　履行合同必需规则的裁判思路

第一步，从合同的类型来看，本案是服务合同和买卖合同联立，××平台提供的基本功能为搭建交易平台并提供商品，通过合同类型尚无法判断履行合同必需的内容。

第二步，从合同目的来看，买卖合同中处理用户的手机号、收件人信息等个人信息是合同之必需，处理用户个人信息是平台为了执行平台规则维护正常交易秩序，是管理职能的体现。从合同内容来看，参考《必要个人信息规定》的规定，网上购物类App收集的必要个人信息包括：电话号码、收货人信息、支付信息。从信息处理活动限制来看，××公司在对用户进行处罚时确实对用户的手机号、收件人信息等进行了处理，诉讼中××公司提交的系统后台明细也可以佐证这一点，结合电子商务的惯例及行业实践来看，平台依据平台规则对用户信息进行处理是电子商务治理的一项重要举措，××公司处理的个人信息范围并未超过购物类App收集的必要个人信息范围，处理上述信息的目的未超过履行平台规则的范围，并未超过用户一方的合理期待。因此在利用平台规则处理个人信息的场景中，××公司依据有效的平台规则处理用户的个人信息符合履行合同必需的规则。

与此同时，在无法避免个人信息被处理的情况下，××公司处理的方式对用户的影响最小，本案中××公司对订单信息予以隐藏或者删除的行为对用户明显产生了影响，不符合目的限制和影响最小原则，超过了履行合同必需的范围，因此××公司应当恢复隐藏或者删除的订单信息。

四、结语

在数字经济时代，个人信息保护和数据流通之间的平衡越发重要。作为《个人信息保护法》中的一项重要规则，履行合同必需规则在理论上少有探讨，司法实践中的判例也不多见。对于如何具体适用履行合同必需规则，尚无具体规定可循。正如有学者所言，基于该规则，处理者能够基于有效的合同而无须信息主体同意便直接取得合法处理个人信息的法律地位。[①] 因此确立履行合同必需规则的司法审查就显得十分重要。本案例明确了平台规则的司法审查路径以及利用平台规则处理用户信息合法性基础的判断标准，结合具体场景对履行合同必需规则的司法实践进行了有益的探索，进一步丰富了《个人信息保护法》的司法实践。

编写人：北京市第四中级人民法院　杨宗腾　张勤缘

北京互联网法院　武　欣

① 参见杨旭：《个人信息处理中履行合同必需规则的限制适用》，载《法学》2023年第6期。

网络服务提供者侵权责任的认定

——A 公司与 B 公司网络侵权责任纠纷案

【案件基本信息】

1. 裁判书字号

北京市第四中级人民法院（2022）京 04 民终 193 号

2. 案由：网络侵权责任纠纷

3. 当事人

原告（上诉人）：A 公司

被告（被上诉人）：B 公司

【基本案情】

A 公司经营了一家室内壁球馆，并在 B 公司经营的网络点评平台注册上线。室内壁球馆开业不久，A 公司发现在涉案点评平台上出现了 4 条言语尖锐的用户评论，评论指出该壁球馆存在教练水平不专业、场馆设施破旧、工作人员服务态度不佳等问题，并且评论中直接对壁球馆的教练是否具有教练资格以及壁球馆的服务水平和能力提出了质疑。A 公司经营者认为评论内容与实际情况并不相符，该室内壁球馆教练都是有资质的，而且服务态度很好。A 公司便通知经营管理该点评平台的 B 公司对涉案评论进行删除，并向其披露在点评平台给予差评的用户的姓名、手机号、身份证号等注册信息。点评平台经营者 B 公司以涉案消费评价是消费者实际消费后作出的，该平台已经通过预设数据系统自动屏蔽敏感词语，但作为点评平台无权删除用户差评，并基于网络服务提供者个人信息保护的责任更无法提供用户个人信息，因此，B 公司拒绝了 A 公司上述要求，故 A 公司向法院提起诉讼。

【案件焦点】

（1）消费者在网络平台上针对商家的产品或服务进行评价是否侵害商家的名誉权；（2）网络服务提供者对侵权结果扩大承担连带责任的具体适用条件；（3）若评价行为不构成侵权，网络服务提供者是否具有披露网络用户的个人信息的法定义务。

【法院裁判要旨】

在网络平台上对商家的产品或服务进行客观评价，是消费者的正当权利。只有在消费者的评价存在诋毁、诽谤并损害商家名誉的情况下，才会构成对商家名誉权的侵害。电子商务平台不得删除消费者对商品或服务作出的符合法律强制性规定、社会公序良俗且不违背电子商务平台信用评价规则的评论。本案中涉案平台上的 4 条用户评论均指向 A 公司提供的服务，系消费者针对服务产生的主观感受及个人体验作出的评价。涉案评论内容主要是对 A 公司及部分员工提供的服务水平和质量的批评和质疑，虽然这种批评、质疑可能存在一定的主观性或者在言语的修辞和表达上有不当之处，但综合考虑评论的言辞表述、评论内容与服务的关联性等因素，涉案用户评论尚未达到对 A 公司侮辱、诽谤的程度。A 公司作为服务提供者对此应当给予必要的容忍，既不能苛求所有消费者的评价绝对精准、完全不带主观情绪，也不能要求每一位消费者都必须给予好评，更不能要求电子商务平台评价体系仅向社会大众展现好评。因此，A 公司称点评平台中的用户评论侵害了其名誉权，缺乏事实和法律依据。关于点评平台是否应向 A 公司披露发表涉案评论的用户信息的问题，鉴于在案的证据不能证明涉案评论构成对 A 公司名誉权的侵害，从保护消费者的批评建议权利的角度考虑，对于该公司主张披露相关用户信息的诉讼请求，不应予以支持。据此，北京市第四中级人民法院依照《民事诉讼法》第一百七十条第一款第一项的规定，判决驳回上诉，维持原判。

【法官后语】

一、消费者有权在网络平台上对商家的产品或服务进行客观评价，应当审慎认定侵权的成立

法人享有名誉权，即对其自身属性和价值所获得的社会评价享有保护和维护的权利，这种权利受到法律的保护。法人的商誉是法人人格权的重要内涵之一，代表着社会公众对法人的商业道德、经营能力、产品质量、服务水平等综合评价和认可程度，具有较高的经济价值。商誉的载体是多元的，特别是在数字经济高度发达的今天，在线点评网站的大量出现能够将无形的商誉以定量化的评价指标进行精准表达和广泛展现，这种评价指标得分的高低也影响其他民事主体与该法人进行交易的主观意愿。同时，消费者对其所购买的商品或接收的服务享有评价权，即有权根据商品质量和接受服务的情况自主决定是否给予经营者评价及给予好评或差评。消费者的评价权源于我国《宪法》中规定的公民所享有的言论自由权，《消费者权益保护法》对此明确予以规定。通过评价权的行使，能够解决互联网新业态中"经营者—消费者"信息不对称的问题，在维护消费者合法权益的同时也极大地制约了经营者，及时矫正经营者的不当行为，显著降低了其他消费者的试错成本。消费者评价权既是消费者本身享有的固有权利之一，也具有一定公共利益的属性。因此，法人的名誉权在与消费者评价权的行使相冲突时，法人名誉权应当受到一定程度的限制。经营者对消费者的评价亦具有一定的容忍义务，在判断消费者行使评价权是否构成对经营者名誉权的侵害时，应当审慎认定。只有在消费者的评价存在诋毁、诽谤并损害经营者名誉的情况下，才会构成对经营者名誉权的侵害。诚然，对经营者的限制和容忍也存在限度，消费者评价权的行使不能超越必要限度，在判断消费者的言论是否属于侵权行为时，应当根据言论的具体内容而确定。

言论可区分为"事实陈述"和"意见表达"两部分，前者的内容指向"是什么"，后者的内容指向"怎么看"。事实陈述是指现在或过去的具体历程或状态，可以验证其真伪之性质。意见表达是指消费者表示自己的见

解或立场，无论是纯粹的价值判断或单纯的意见表述，无真伪之区别。判断消费者的某种言论是否侵害经营者的名誉权，对于事实陈述，消费者需举证证明其所言为真实，或经合理查证，有相当理由确信其所言为真实。这种真实并非苛责消费者发布的全部言论与客观事实一丝不差，消费者并非专业机构，往往不具备相应的法律素养，只要消费者发表的言论与客观事实大体属实就不构成诽谤。对于意见表达，消费者的观点正确与否并非法律评价的范围，但其言语上不得存在侮辱他人的情形。需要注意的是，消费者在作出负面评价时往往情绪激烈，表达的言辞激烈，容易出现贬损性语言。在判断是否构成侮辱时，除了注意这种言论是否超越社会认知或偏激到无法容忍的程度，也应注意言论与商品或服务的关联程度。

在本案中，经营者A公司主张消费评价的“差评”内容并不真实，对公司的商誉造成了负面影响，并提供了场馆教练的资格证书、场馆环境视频等证据。但消费者所作出的4条差评均指向A公司提供的服务，系消费者针对服务产生的主观感受及根据个人体验作出的评价，应当属于意见表达的范畴，评论内容主要是对A公司及部分员工提供的服务水平和质量的批评和质疑。虽然这种批评、质疑可能存在一定的主观性或者在言语的修辞和表达上有不当之处，但综合考虑评论的言辞表述、评论内容与服务的关联性等因素，其尚未达到对A公司侮辱、诽谤的程度，并未超出经营者应当容忍的范围。

二、网络服务提供者对侵权结果扩大承担连带责任的前提是其他网络用户存在侵权行为

随着信息技术的发展，网络侵权行为的样态呈现出多样性的特点。互联网并非法外之地，网络服务提供者在发现、制止和预防网络侵权行为方面具有显著优势。因此网络服务提供者不仅自身不得实施侵害他人民事权益的行为，而且对于接受其服务的网络用户的行为也具有一定程度的注意义务。但由于信息数据是海量的，从技术上难以做到对所有用户网络活动的实时监控和预警。因此，在确定网络服务提供者应当承担的过错责任时，应当结合《民法典》中的通知规则综合判定。

根据通知规则，被侵权人通知网络服务提供者采取删除、屏蔽、断开链接等必要措施后，如网络服务提供者未转通知以及采取必要措施则可能承担造成侵权结果扩大的责任。但是，通知规则成立的前提是网络用户存在侵权行为。虽然现行法律法规要求在通知阶段网络服务提供者不得对通知的内容进行实质性审查，也不得自行设定条件提升通知“门槛”，被侵权人只需要提供侵权行为存在的初步证据即可。然而，网络服务提供者未及时采取必要措施而承担侵权结果扩大的责任的前提必须是客观上存在侵权行为。特别是点评网站作为一类特殊的网络服务提供者，具有健全信用评价制度的特殊功能，如果对任意的投诉信息都不加以辨别核实就采取删除、屏蔽等措施，将失去信用评价体系的客观性。因此，网络服务提供者仍对通知内容合法性、准确性具有识别、判断、处理的权利，应根据其服务功能、管理能力、经营性与非经营性、采取必要措施是否直接产生不可逆的后果等因素，综合确定其与侵权行为初步成立的关联程度。对于给不同消费者提供产品或服务评价信息的网络服务提供者而言，其核心的服务功能就是综合不同消费者的评价信息并通过数据手段将其汇聚、分析、展现。不得随意删除消费者的评价既是法律的强制性规定，也是点评网站赖以存在的价值基础。因而，对于此类网络服务提供者，在被侵权的商家主张其他网络用户的评论构成侵权时，除了对不可容忍的侮辱性言论以及显而易见的诽谤言论应立刻采取必要措施，对于消费者给予的以事实陈述为主或言辞略微过激的评论，网络服务提供者可要求商家进一步举证证明涉案言论构成侵权或向人民法院申请人格权禁令后进而采取相关措施。人民法院在判断网络服务提供者采取必要措施的及时性方面，也应结合案涉言论发表的现实场景，以及被侵权人向网络服务提供者的通知中是否进行初步举证等因素综合考量。

三、如评价行为不构成侵权，网络服务提供者不具有披露网络用户的个人信息的法定义务

网络用户在网络活动中往往采取匿名的方式，导致被侵权人在实践中难以确定侵权人的真实身份，因此《最高人民法院关于审理利用信息网络

侵害人身权益民事纠纷案件适用法律若干问题的规定》第三条第一款规定了网络服务提供者以涉嫌侵权的信息系网络用户发布为由抗辩的，人民法院可以根据原告的请求及案件的具体情况，责令网络服务提供者向人民法院提供能够确定涉嫌侵权的网络用户的姓名（名称）、联系方式、网络地址等信息。根据该规定，网络服务提供者在以侵权行为是否由其他网络用户实施为由抗辩时便负有信息披露义务，以便被侵权人及时向侵权行为实施者主张权利。点评网站中的网络用户通常通过手机号码或电子邮件号码注册账号，即理论上网络服务提供者无法做到直接识别出具体网络用户的姓名、住址、身份信息。一方面，消费者在点评网站所公开发布的是具有IP地址的评价信息，且不少网站通过与用户签订隐私协议的方式获取用户设备的实时位置权限。结合数据算法技术，网络服务提供者甚至可以明确网络用户的实际居住或工作单位地址。另一方面，手机号码、个人电子邮箱号码本身也属于《民法典》《个人信息保护法》等法律中所规定的个人信息权益。因此，点评网站的网络服务提供者负有对网络用户的个人信息保密的义务，非因履行法定职责或者法定义务所必需的情况下不应处理或向第三人透露网络用户个人信息。实践中，当客观上存在某个侵权行为时，人民法院可以责令网络服务提供者提供能够确定涉嫌侵权的网络用户的个人信息，相关信息往往同时转达给被侵权人（原告），以便其及时申请追加被告或另行起诉。但如果侵权行为本身并不成立，网络服务提供者就不具备提供相关信息的义务，人民法院也不应当再责令网络服务提供者披露网络用户的具体信息。在本案中，人民法院经过审查认为点评平台中的用户评论行为本身并不构成侵权，也并无必要将网络用户追加为被告。为了保护消费者的个人信息安全，人民法院驳回了原告要求被告披露在点评平台给予差评的用户的姓名、手机号、身份证号等个人信息的诉讼请求。

编写人：北京市第四中级人民法院　王远哲

网络消费仲裁协议效力的“二维三阶”审查路径

——李某某诉某公司网络服务合同纠纷案

【案件基本信息】

1. 裁判书字号

北京市第四中级人民法院（2021）京04民辖终5号

2. 案由：网络服务合同纠纷

3. 当事人

原告（被上诉人）：李某某

被告（上诉人）：某公司

【基本案情】

原告李某某诉称，原告于2020年8月9日晚22：45分左右通过盖世可儿装备备用群担保交易了价值3200元的游戏装备。被告以异常物品为由，于2020年8月17日，对原告的《热血江湖》的游戏账号停权封号，造成原告游戏账号及账号内有价的游戏装备损失合计13 000元。因此诉至一审法院，请求：（1）判令被告解封原告游戏账号并归还所有装备（价值3200元）或补偿原告损失13 000元及利息，共计13 140元；（2）本案诉讼费用由被告承担。

被告某公司在提交答辩状期间提出管辖权异议，某公司认为，本案为网络服务合同纠纷，根据原告提供的涉案游戏《最终用户使用许可协议》第二十一条“法律适用及解决纠纷”第二款明确约定“如双方就本协议内容或其执行发生任何争议，双方应尽量友好协商解决；如协商不成，任何与本服务协议有关的争议均由北京仲裁委员会管辖，其仲裁裁决为终局裁决，对任何一方都有约束力”。由于《最终用户使用许可协议》中约定了仲裁条款，该仲裁条款符合法律规定，故对原告的起诉，依法应予驳回，请求法院裁定驳回原告的起诉。

【案件焦点】

网络消费争议解决条款尤其是网络消费仲裁协议的效力审查。

【法院裁判要旨】

北京互联网法院于2021年1月6日作出（2020）京0491民初35325号民事裁定，裁定驳回某公司对本案管辖权提出的异议。

某公司不服原审裁定，提起上诉。北京市第四中级人民法院经审查认为：《最高人民法院关于适用〈中华人民共和国民法典〉时间效力的若干规定》第九条规定，《民法典》施行前订立的合同，提供格式条款一方未履行提示或者说明义务，涉及格式条款效力认定的，适用《民法典》第四百九十六条的规定。《民法典》第四百九十六条规定，格式条款是当事人为了重复使用而预先拟定，并在订立合同时未与对方协商的条款。采用格式条款订立合同的，提供格式条款的一方应当遵循公平原则确定当事人之间的权利和义务，并采取合理的方式提示对方注意免除或者减轻其责任等与对方有重大利害关系的条款，按照对方的要求，对该条款予以说明。提供格式条款的一方未履行提示或者说明义务，致使对方没有注意或者理解与其有重大利害关系的条款的，对方可以主张该条款不成为合同的内容。本案中，涉案的《最终用户使用许可协议》为采用格式条款订立的合同，其仲裁条款系与合同相对方有重大利害关系的条款，某公司作为格式合同提供方，未采取标注足以引起对方注意的文字、符号、字体等特别标识的方式提醒用户注意，系未尽到合理提示义务。依据李某某的主张，二审法院经向最高人民法院报核，认定涉案格式合同的仲裁条款未成立。

因双方无协议管辖约定，故本案应当适用法定管辖的相关规定。《民事诉讼法》（2017年）第二十三条规定，因合同纠纷提起的诉讼，由被告住所地或者合同履行地人民法院管辖，北京互联网法院集中管辖本市辖区内应当由基层人民法院受理的签订、履行行为均在互联网上完成的网络服务合同纠纷第一审案件。本案一审被告住所地位于北京市朝阳区，根据以上规定，一审法院对本案具有管辖权。综上，生效裁定认为，一审裁定适用《最高人民法院关于适用〈中华人民共和国民事诉讼法〉的解释》第三十一条确有错误，二审法院予以纠正，但其裁定结果正确，因此裁定驳回上诉，维持原裁定。

【法官后语】

本案属于程序性案件，案情虽不复杂，但是涉及网络消费争议解决条款尤其是网络消费仲裁协议的效力审查。本案法律适用既涉及《民事诉讼法》等程序法的适用，也涉及《民法典》《消费者权益保护法》《电子商务法》等实体法的适用，程序法与实体法交织，司法实践中对此亦有不同观点。笔者以本案为基础，针对目前司法实践中存在的困境进行分析，对建立符合互联网经济下的网络消费仲裁协议效力审查的路径进行解构，建立跨越实体法和程序法的“二维三阶”审查路径，以期为数字经济发展和电子商务业务开展明晰规则，引导新技术、新业态、新模式在法治轨道上健康有序发展。

一、网络消费仲裁协议的法律适用困境

随着网络交易的快速发展，网络消费纠纷也日益增长，消费者在维权时因网络消费合同中设置的仲裁条款导致维权困难的情形屡见报端。[①] 互联网行业的开放性和动态性对网络消费合同的缔结与履行也产生了重大的影响，与普通消费合同明显不同的是，网络消费合同通过信息网络缔结，而且网络服务提供者提供的是“一对多”的格式合同，消费者在缔结合同时既没有面对面磋商，也没有选择的机会。网络消费合同的争议解决条款关涉消费者维权的程序性选择，因此如何规制网络消费仲裁协议的效力就成为司法不得不面对的一个问题。

（一）网络消费争议解决条款的类型

据笔者不完全统计，网络消费合同约定的争议解决条款主要有以下类

① 例如小黄车退押金曾引发广泛关注，参见《退押金先交六千仲裁费？清华女生起诉 ofo 期待二审改判》，载澎湃网 2020 年 8 月 11 日，https：//www. thepaper. cn/newsDetail_ forward_ 8678508。

型：第一类是约定仲裁协议，此类多见于娱乐服务合同或者是某些自营的电子商务平台；第二类是约定合同签订地并约定由合同签订地法院或者平台经营者所在地法院管辖，此类多见于电子商务平台；第三类是约定由境外仲裁机构仲裁或者由外国法院诉讼，此类主要见于跨境电子商务中；第四类是平台内经营者在其经营的店铺主页或者是具体商品详情下展示协议管辖条款。具体类型如表 1.2 所示。

表 1.2 网络消费争议解决条款类型

类型	协议内容	来源
类型一	用户在使用网易严选服务过程中，就平台服务产生任何纠纷的，应与杭州网易妙得科技有限公司友好协商；如就自营商品出现纠纷，应在平台的协调下与杭州网易严选贸易有限公司友好协商；若协商不成，应提交中国国际经济贸易仲裁委员会，由其 3 名仲裁员根据其现行有效的仲裁规则仲裁	网易严选
	如您在使用本条款项下服务中出现纠纷，您同意将纠纷交由中国国际经济贸易仲裁委员会仲裁解决，并由 3 名仲裁员审理，仲裁裁决是终局的，对双方都有约束力	网易云音乐
类型二	本协议的签署地点为中华人民共和国北京市海淀区，若您与公司发生任何争议，双方应尽量友好协商解决，协商不成，您同意将争议提交至北京市海淀区人民法院诉讼解决	抖音
	本协议签订地为中华人民共和国广东省深圳市南山区；您和腾讯之间因本协议发生的任何纠纷或争议，首先应友好协商解决；协商不成的，您同意将纠纷或争议提交至本协议签订地有管辖权的人民法院管辖	腾讯游戏
	因通过携程平台预定任何产品或使用任何服务导致的争议，双方可协商解决；协商不成的，任何一方均可向上海市长宁区人民法院提起诉讼	携程网

续表

类型	协议内容	来源
类型三	凡因本协议引起的或与之相关的争议、纠纷或索赔，均应根据提交仲裁通知时有效的《香港国际仲裁中心机构仲裁规则》在香港仲裁解决	天猫国际
	您同意下表中所列适用法律和争议解决（其详细规定见适用的使用条件）将适用，并放弃因任何原因可能适用的其他司法管辖权。在该页面中部的表格中载明，某海外网站 Amazon. com 对应的某海外实体为 Amazon Export Sales LLC，对应的争议管辖为华盛顿州金县法院	某海外购
类型四	对于本公司网上所销售的产品以及产品页面描述介绍，买家如有争议，由双方协商解决，或提交卖方所在地吉林省蛟河市人民法院诉讼解决；如不同意本特别约定请勿购买，所有购买者本公司视为已同意本约定	某网商户

（二）网络消费仲裁协议法律适用的分歧与困境

从表 1.2 可以看出，网络消费仲裁协议是网络消费争议解决方式之一，但是司法实践中对于网络消费仲裁协议的效力如何进行审查存在较大的分歧和争议。

网络消费仲裁协议既属于实体法上的格式条款，又属于程序法中的争议解决方式条款，因此在网络消费仲裁协议效力审查中，规制格式条款的规定和规制仲裁协议效力的规定都有适用的可能。《民法典》第四百九十六条①、第四百九十七条②对格式条款效力进行了规定；《仲裁法》第十六

① 《民法典》第四百九十六条："格式条款是当事人为了重复使用而预先拟定，并在订立合同时未与对方协商的条款。采用格式条款订立合同的，提供格式条款的一方应当遵循公平原则确定当事人之间的权利和义务，并采取合理的方式提示对方注意免除或者减轻其责任等与对方有重大利害关系的条款，按照对方的要求，对该条款予以说明。提供格式条款的一方未履行提示或者说明义务，致使对方没有注意或者理解与其有重大利害关系的条款的，对方可以主张该条款不成为合同的内容。"

② 《民法典》第四百九十七条："有下列情形之一的，该格式条款无效：（一）具有本法第一编第六章第三节和本法第五百零六条规定的无效情形；（二）提供格式条款一方不合理地免除或者减轻其责任、加重对方责任、限制对方主要权利；（三）提供格式条款一方排除对方主要权利。"

条[1]对仲裁协议的有效要件进行了规定，第十七条[2]、第十八条[3]对仲裁协议无效要件进行了规定。同时考虑到网络消费合同系消费者和经营者签订的，《消费者权益保护法》第二十六条[4]对消费合同格式条款的效力有进一步的规定。而《最高人民法院关于适用〈中华人民共和国民事诉讼法〉的解释》（以下简称民事诉讼法解释）第三十一条[5]对于消费者与经营者之间的格式管辖协议的效力也进行了规定。在电子商务领域，《最高人民法院关于审理网络消费纠纷案件适用法律若干问题的规定（一）》第一条[6]规定了电子商务经营者提供的格式条款无效的情形，《最高人民法院关于互联网法院审理案件若干问题的规定》第三条第二款[7]则对电子商务经营者、网络服务提供商等采取格式条款形式与用户订立管辖协议的审查规则进行了细化。

由此可以看出，网络消费仲裁协议的审查不仅涉及诉讼法、仲裁法等

---

① 《仲裁法》第十六条："仲裁协议包括合同中订立的仲裁条款和以其他书面方式在纠纷发生前或者纠纷发生后达成的请求仲裁的协议。仲裁协议应当具有下列内容：（一）请求仲裁的意思表示；（二）仲裁事项；（三）选定的仲裁委员会。"

② 《仲裁法》第十七条："有下列情形之一的，仲裁协议无效：（一）约定的仲裁事项超出法律规定的仲裁范围的；（二）无民事行为能力人或者限制民事行为能力人订立的仲裁协议；（三）一方采取胁迫手段，迫使对方订立仲裁协议的。"

③ 《仲裁法》第十八条："仲裁协议对仲裁事项或者仲裁委员会没有约定或者约定不明确的，当事人可以补充协议；达不成补充协议的，仲裁协议无效。"

④ 《消费者权益保护法》第二十六条："经营者在经营活动中使用格式条款的，应当以显著方式提请消费者注意商品或者服务的数量和质量、价款或者费用、履行期限和方式、安全注意事项和风险警示、售后服务、民事责任等与消费者有重大利害关系的内容，并按照消费者的要求予以说明。经营者不得以格式条款、通知、声明、店堂告示等方式，作出排除或者限制消费者权利、减轻或者免除经营者责任、加重消费者责任等对消费者不公平、不合理的规定，不得利用格式条款并借助技术手段强制交易。格式条款、通知、声明、店堂告示等含有前款所列内容的，其内容无效。"

⑤ 《民事诉讼法解释》第三十一条："经营者使用格式条款与消费者订立管辖协议，未采取合理方式提请消费者注意，消费者主张管辖协议无效的，人民法院应予支持。"

⑥ 《最高人民法院关于审理网络消费纠纷案件适用法律若干问题的规定（一）》第一条："电子商务经营者提供的格式条款有以下内容的，人民法院应当依法认定无效：（一）收货人签收商品即视为认可商品质量符合约定；（二）电子商务平台经营者依法应承担的责任一概由平台内经营者承担；（三）电子商务经营者享有单方解释权或者最终解释权；（四）排除或者限制消费者依法投诉、举报、请求调解、申请仲裁、提起诉讼的权利；（五）其他排除或者限制消费者权利、减轻或者免除电子商务经营者责任、加重消费者责任等对消费者不公平、不合理的内容。"

⑦ 《最高人民法院关于互联网法院审理案件若干问题的规定》第三条第二款：电子商务经营者、网络服务提供商等采取格式条款形式与用户订立管辖协议的，应当符合法律及司法解释关于格式条款的规定。

程序法规定，还涉及《民法典》《消费者权益保护法》等实体法规定，如何一体化适用是裁判者不得不面对的问题。

据笔者不完全统计，关于网络消费仲裁协议效力如何认定，目前司法实践中有不同的观点和裁判思路。有部分法院只引用《仲裁法》规定对仲裁协议的有效性进行认定；[①] 有部分法院先是援引原《合同法》关于格式条款效力规定，认为仲裁条款虽为格式条款，但并不涉及当事人权利义务约定内容，仅属于确定争端管辖及争议解决方法的条款，不存在免除经营者单方责任、加重对方责任、排除对方主要权利的情形，继而又援引《仲裁法》规定对仲裁协议的有效性进行确认；[②] 有的法院在引用仲裁法规定的基础上又排除《消费者权益保护法》第二十六条的适用，对仲裁条款的有效性予以确认；[③] 有的法院援引原《合同法》关于格式条款效力规定和《消费者权益保护法》第二十六条规定，认定经营者未尽提示义务且协议管辖格式条款严重不合理加重了消费者在管辖方面的负担，进而认定仲裁协议无效；[④] 有的法院援引《民事诉讼法解释》第三十一条规定认定经营者未对格式仲裁条款进行提请注意进而认定仲裁协议无效；[⑤] 有的法院则认为《民事诉讼法解释》第三十一条规定系诉讼中的地域管辖协议，并不包括仲裁协议，经营者无须提醒，进而依据仲裁法规定认定消费仲裁协议有效。[⑥]

（三）由本案引起的争议与讨论

本案二审审理过程中关于如何适用法律审查涉案网络消费仲裁协议的效力，法官会议在讨论中曾形成三种观点：第一种观点认为，涉案条款符合格式条款的定义，可以适用《民事诉讼法解释》第三十一条的规定，经

---

① 参见北京市第四中级人民法院（2020）京04民特376号民事裁定书。

② 参见广东省广州市中级人民法院（2014）穗中法民二终字第1170号民事裁定书；江苏省苏州市中级人民法院（2015）苏中民终字第04989号民事裁定书；北京市第一中级人民法院（2012）一中民终字第8677号民事裁定书；广东省广州市中级人民法院（2017）粤01民终23583号民事裁定书；浙江省杭州市中级人民法院（2016）浙01民终7402号民事裁定书。

③ 参见北京市第二中级人民法院（2017）京02民终10940号民事裁定书。

④ 参见广东省广州市中级人民法院（2017）粤01民辖终1533号民事裁定书；河北省廊坊市中级人民法院（2017）冀10民辖终132号民事裁定书。

⑤ 参见北京市第一中级人民法院（2021）京01民辖终131号民事裁定书；湖南省岳阳市中级人民法院（2017）湘06民辖终120号民事裁定书。

⑥ 参见广东省深圳市中级人民法院（2018）粤03民终511号民事裁定书。

营者未尽提示义务的，该条款无效，一审法院的法律适用并无太大问题；第二种观点认为，涉案条款为格式仲裁条款，不能适用《民事诉讼法解释》第三十一条的规定，应当既考虑仲裁协议的审查规则又考虑格式条款的审查规则，《民法典》对格式条款的订入规则有规定，根据该规定，争议解决方式应该是对对方有重大利害关系的条款，格式条款提供一方未进行说明的，应当认定涉案条款不成为合同的内容；第三种观点认为，《民法典》属于一般法，消费者领域应当优先适用《消费者权益保护法》的规定，因此本案应当适用《消费者权益保护法》第二十六条的规定，涉案条款属于对消费者不公平、不合理的规定，应当认定涉案条款无效。

三种观点可以反映出网络消费仲裁协议司法审查的困局，本案因涉及认定仲裁条款无效的情形，依照司法解释的规定，二审法院在采纳法官会议的第二种意见的基础上逐级向最高人民法院报核，最高人民法院对此问题亦进行了相关的座谈，最终采纳了本案生效裁定认定的意见，同意涉案仲裁条款未成为合同内容，仲裁协议不成立。

二、网络消费仲裁协议效力规制的“二维三阶”展开

网络消费仲裁协议的法律属性决定了对其规制路径需要联结程序法有关仲裁协议的规定和实体法有关格式条款的规定，但是其既不同于传统的格式条款，又不同于传统的仲裁协议。笔者认为，就其法律属性而言，网络消费仲裁协议兼具诉讼契约①与实体契约的双重属性。基于意思自治达成的仲裁协议确实仅事关选择争议解决的主管机构这一程序性事项，但是格式协议的缔结又恰恰可能存在意思不自由的情况。因此对网络消费仲裁协议的审查也应当从程序和实体两个维度三个阶段展开。

（一）程序维度的展开

根据《仲裁法》的规定，自愿达成、书面形式及请求提交仲裁的意思表示是仲裁协议的三大核心要素。② 结合前述案例，在司法实践中对仲裁

① 仲裁条款与协议管辖条款均是为了选择争议解决的主管机关，从这个意义上来看，仲裁条款也可以看作特殊的诉讼契约。

② 王小莉：《仲裁协议效力扩张的主要表现形式及其问题研究》，载陈忠谦主编：《仲裁研究》第22辑，法律出版社2010年版。

协议效力的审查，一般按照《仲裁法》及司法解释的相关规定进行形式上的审查。此外，司法实践中在对网络消费仲裁协议进行形式审查时还适用了《民事诉讼法解释》第三十一条。笔者认为，类推适用《民事诉讼法解释》第三十一条的规定对网络消费仲裁协议的效力进行审查有待商榷。从立法目的上来看，《民事诉讼法》第三十五条关于协议管辖的规定中并未规定格式协议管辖，属于立法漏洞，《民事诉讼法解释》第三十一条是对该立法漏洞的补充，因此该条应当结合《民事诉讼法》第三十五条的规定进行体系化理解和适用，虽然仲裁协议或管辖条款均规定由当事人通过约定来选择相应的争议解决主管机构，是对当事人程序主体权及程序选择权的贯彻，但是协议管辖条款与仲裁协议并不完全趋同，在法律解释框架下可以解决时，应当谨慎类推适用上述规定。

因此，从程序维度来看，对网络消费仲裁协议的审查应当从是否符合仲裁协议的形式要件方面来进行，即重点审查是否采用书面形式、是否有仲裁的意思表示、是否有法律规定的无效情形等。

（二）实体维度的展开：订入控制和内容控制的依序审查

一般而言，对基于意思自由达成的仲裁协议进行形式审查即可，但是基于网络交易的特性，网络消费合同缔结的自由会大打折扣。正当程序是实现实体正义的前提，若不对未基于实质合同自由而达成的诉讼契约给予救济，会直接侵害消费者的程序利益，继而影响实体正义的实现，[①] 因此对网络消费仲裁协议的实体维度审查就显得十分有必要。

对于格式条款的规制，我国民法理论上一般认为由订入控制规则、内容控制规则和解释控制规则组成。[②]《民法典》对格式条款规制进行了体系化的规定，也采取了订入控制规则（第四百九十六条第二款）、内容控制规则（第四百九十七条）、解释控制规则（第四百九十八条），同时为了准确界定格式条款的内涵，引入了概念控制规则（第四百九十六条第一款）。就网络消费仲裁协议这一典型的格式条款而言，其效力控制可以直接跳过概念控制这一阶段，直接进入订入控制和内容控制的审查范围。

---

① 胡安琪、李明发：《网络消费格式管辖条款三维规制体系论：方式、对象及逻辑顺位》，载《河北法学》2020年第11期。

② 参见苏号朋：《格式合同条款研究》，中国人民大学出版社2004年版，第10-11页。

1. 订入控制阶段的审查路径

订入控制阶段，也就是判断格式条款是否订入合同，在此阶段通过订入控制要求格式条款提供方履行与对方有重大利害关系的条款的提示说明义务以达到实质合意的效果。就网络消费合同而言，“应当先适用《消费者权益保护法》的规定，没有规定的再适用《民法典》合同编的规定，如第四百九十六条第一款对于格式条款的定义以及同条第二款关于提供格式条款的一方未履行提示或说明义务，致使对方没有注意或者理解与其有重大利害关系的条款的，对方可以主张该条款不成为合同的内容的规定”①。仲裁协议是争议解决条款，属于《民法典》第四百七十条规定的合同一般应包括的条款，属于与对方有重大利害关系的条款。② 因此网络消费仲裁协议是否符合订入控制的要求，应当依据《民法典》的规定予以判断。也就是说，需要审查网络消费合同中格式条款提供方是否以合理的方式对仲裁协议进行了提示。

《全国法院贯彻实施民法典工作会议纪要》第七条对采取合理的方式限定为“在合同订立时采用足以引起对方注意的文字、符号、字体等特别标识”并要求格式条款提供方承担已尽合理提示义务的举证责任。笔者认为，订入控制仅涉及事实判断，关于合理的方式的判断，也应当以事实判断为宜，合理的方式应当达到“足以引起对方注意”的程度即可，因此在订入控制阶段，人民法院一般结合网络消费合同订立的特殊性，从缔结过程中是否有超链接显示、是否弹窗、是否需要完整阅读条款、条款是否与其他条款有区别等角度进行论述和判断。③

2. 内容控制阶段的审查路径

网络消费合同的信息外观和内容均有特质性，与传统的格式条款有较大差别，在认定格式条款提供方是否履行了提示说明义务存在争议时，不妨在订入控制阶段漏过对格式条款的规制，从内容控制阶段进行干涉，毕

---

① 程啸：《网络消费活动中格式条款的三层次规范》，载《法治日报》2022 年 6 月 1 日，第 9 版。

② 最高人民法院民法典贯彻实施工作领导小组主编：《中华人民共和国民法典合同编理解与适用（一）》，人民法院出版社 2020 年版，第 246 页。

③ 参见湖北省汉江中级人民法院（2016）鄂 96 民辖终 24 号民事裁定书、北京市第三中级人民法院（2017）京 03 民特 286 号民事裁定书、四川省成都市中级人民法院（2018）川 01 民辖终 89 号民事裁定书。

竟内容控制是价值判断的过程，结合解释规则对格式条款效力进行控制也符合格式条款效力认定的三阶控制的初衷。

笔者认为，在内容控制阶段，可以按照以下步骤确定网络消费仲裁协议的效力：第一，考察是否符合《民法典》关于法律行为一般效力无效的条件的规定；第二，考察是否符合格式条款效力的特别规定。鉴于网络消费合同的特殊性，应当优先适用《消费者权益保护法》关于“排除或者限制消费者权利、减轻或者免除经营者责任、加重消费者责任等对消费者不公平、不合理”的规定，如果网络消费仲裁协议的提供者是电子商务经营者，还应当优先适用《网络消费规定》第一条关于“排除或者限制消费者依法投诉、举报、请求调解、申请仲裁、提起诉讼的权利的条款”的规定。但是在内容控制审查阶段，由于网络消费仲裁协议的审查目的是保障消费者的知情权和选择权，内容控制在司法适用时应该保持一定的谦抑性，发挥兜底作用。正如有学者所言，“若信息规制能够确保意思自治在更大范围内得以实现，则可以减少内容控制的介入频率和范围，使之仅对信息规制失灵起补缺作用”①。

网络消费仲裁协议的“二维三阶”审查路径可以如图1.2所示。

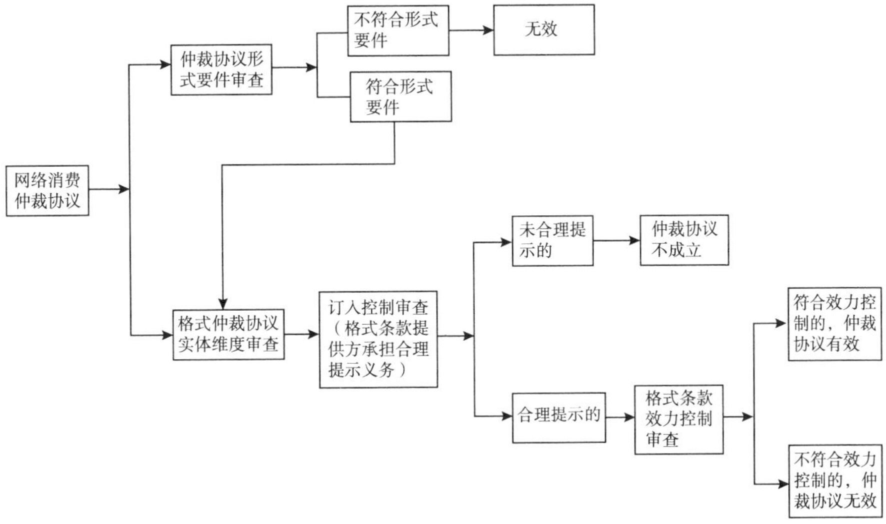

图1.2 “二维三阶”审查路径

① 马辉：《格式条款信息规制论》，载《法学家》2014年第4期。

就本案而言，涉案游戏的《最终用户使用许可协议》第二十一条“法律适用及解决纠纷”第二款约定“任何与本服务协议有关的争议均由北京仲裁委员会管辖”。上述条款符合《仲裁法》关于仲裁协议的规定，因此需要进入实体维度的审查。上述条款作为格式条款，格式条款提供方应当证明其已尽到合理提示义务，但是本案中格式条款提供方并未证明其在合同缔结过程中进行了合理提示而且上述条款与其他协议内容均为常规字号和颜色，因此就订入控制角度而言，李某某作为消费者有权主张该条款不成为合同的内容，涉案仲裁协议应当被认定为未成立。

三、结语：司法裁判对网络消费活动审查的限度

随着网络消费成为数字经济时代广大消费者最主要的消费方式，网络消费者权益保护也成为司法实践中的重点问题。司法裁判的导向对网络消费活动的影响是显而易见的。近年来，随着行为法律经济学的发展，传统民法的法律人像开始从将所有主体不加区分地均视为理性经济人，逐渐转变为通常主体的完全行为能力假定在《消费者权益保护法》领域的倒塌。[①]网络消费仲裁协议虽然不会对消费者的实体权利产生影响，但是由于消费者在网络消费活动中处于弱势地位，人民法院应该对上述条款的效力进行审查，通过司法裁判规则对网络消费者仲裁协议的效力进行合理审查并限制，预先公平分配争议解决利益和法律风险，为网络服务提供者、经营者和消费者合理设定义务，倒逼网络服务提供者、电子商务经营者等格式条款提供方设计更合理的争议解决条款，设定更为合理的管辖协议或者仲裁协议，提升消费者对仲裁协议的理性程度，促进网络消费活动正向有序发展。

编写人：北京市第四中级人民法院　杨宗腾　张勤缘

---

① 参见徐国栋：《民法私法说还能维持多久——行为经济学对时下民法学的潜在影响》，载《法学》2006年第5期。

电子商务平台嵌套经营模式下外层平台的性质及内外层平台混淆自营商品标识的法律责任认定

——上诉人王某与被上诉人 A 电商公司、A 信息技术公司信息网络买卖合同纠纷案

【案件基本信息】

1. 裁判书字号

北京市第四中级人民法院（2023）京 04 民终 217 号民事裁定

2. 案由：信息网络买卖合同纠纷

3. 当事人

上诉人（原审原告）：王某

被上诉人（原审被告）：A 电商公司

被上诉人（原审被告）：A 信息技术公司

【基本案情】

王某于 2021 年 8 月 24 日从 A 电商平台经营的 App 上下单购买了标注为“自营”的某品牌游戏机一台。王某称收到商品后商品外包装盒破损严重，游戏手柄操作面板有污渍，怀疑该商品为退换货的二手商品，要求 A 电商平台提供该商品的产地信息、版本信息、溯源信息等商品详细信息，均被拒绝。王某起诉至一审法院，主张退一赔三，并由 A 电商平台向其提供上述商品详细信息等。A 电商公司认为，涉案商品是王某从 A 国际电商平台购买，款项也是由 A 国际电商平台的经营者即境外注册的 A 国际公司收取，二者不是同一平台，A 电商平台只是为王某进入 A 国际电商平台提供了通道，不属于网络交易平台提供者。A 信息技术公司称，该公司既非

销售者，亦非平台经营者，不是适格主体。

【案件焦点】

A 电商公司是否需要就内嵌的 A 国际电商平台中销售的自营商品向消费者承担销售者责任。

【法院裁判要旨】

一审法院经审理认为，用户点击 A 电商平台首页的“A 国际”栏目，即可跳转至 A 国际电商平台，A 电商公司实际为用户提供了进入 A 国际电商平台的渠道，符合网络交易平台提供者的构成要件，因此，A 电商公司属于本案适格被告。但涉案商品属于 A 国际电商平台的自营商品，而非 A 电商平台的自营商品，王某主张 A 电商公司承担销售者责任缺乏依据，不予支持；A 信息技术公司既非销售者，又非平台提供者，王某要求其承担责任缺乏依据。综上，一审法院判决驳回王某的诉讼请求。

王某不服一审判决，提出上诉。北京市第四中级人民法院在二审中调解无果，后经审理认为，用户通过 A 电商公司经营的 A 电商平台进入 A 国际电商平台销售的商品链接，A 电商公司在事实上为用户提供了平台服务，为平台内的 A 国际电商平台中的经营者提供了发布信息等服务，最终促使电子商务交易的当事人通过自己的平台达成交易，且 A 电商公司负责交易秩序的维护与管理，符合网络交易平台提供者的构成要件，应被认定为网络交易平台提供者。A 国际电商平台销售的涉案商品名称前标注的“自营”字样与 A 电商平台自营的商品前标注的“自营”字样的字号大小、颜色、位置及背景外观完全一致。电子商务平台经营者虽未实际开展自营业务，但其所作标识等足以误导消费者，使消费者相信该商品系电子商务平台经营者自营，消费者主张电子商务平台经营者承担商品销售者或者服务提供者责任的，人民法院应予支持。A 国际电商平台的经营者为 A 国际公司，与 A 电商平台系不同的经营主体，但在 A 电商平台的嵌套经营模式下，A 国际电商平台销售的涉案商品使用了与 A 电商平台自营商品外观一致的“自营”字样，即便涉案商品上方标以“A 国际进口超市”等字样，该等字样亦不足以向消费者表明 A 国际电商平台与 A 电商平台无关，不足以表明 A 国际不是 A 电商平台中的一个子项目或子类别而是完全不同的平台或经营者，不足以表明A国际电商平台经营的商品不属于A电商平台的自营商品。综上所述，涉案商品的标识足以误导消费者，使消费者相信涉案商品系A电商平台经营者自营，A电商公司应就涉案商品对消费者承担商品销售者的责任。一审法院认定A电商公司不应承担销售者责任有误。王某质疑涉案商品存在来路不明、以次充好等情形，A电商平台构成欺诈，并主张退一赔三等请求，其请求所依据的相关事实是否成立，一审法院未予查清。综上，一审判决认定基本事实不清，发回重审。王某与A电商公司在发回重审后的一审审理中达成调解协议，A电商公司给付王某相应金额的和解款项，双方与本案相关的争议就此一次性解决，再无其他争议。

【法官后语】

本案涉及两个问题的争议，一是在电子商务平台的嵌套经营模式下，外层平台是否属于网络交易平台经营者，进而决定其是否需要承担平台经营者的相应法律责任；二是当内嵌平台的自营商品与外层平台的自营商品标识区别不明显、导致混淆时，外层平台的法律责任如何认定。

对于外层平台的性质，有观点认为，在平台嵌套经营模式下，销售商品所在的内嵌平台应为网络交易平台提供者，外层平台仅为消费者进入内嵌平台提供端口或通道，不符合网络平台交易提供者的构成要件，无须承担任何网络平台交易经营者的责任。根据《电子商务法》第九条第二款的规定可知，判断某平台是否为网络交易平台经营者，可以从四个要件进行分析，一是提供网络经营场所，即依托互联网、移动互联网等信息网络，为网络经营者和消费者之间的商品销售和服务提供稳定、可持续及具备配套交易规则的交易活动场所；二是交易撮合，即平台经营者向交易双方反馈整合后的商品或者服务的信息以实现促成交易的目的；三是提供信息发布服务，即平台为经营者提供商品或服务的信息展示服务和交易信息服务；四是供交易双方或者多方独立开展交易活动，即平台通过自己提供的服务，促使交易双方在自己的平台上达成交易。由于涉案平台的经营模式是内外平台嵌套经营模式，其中内嵌平台当然属于网络交易平台经营者无疑，但就外层平台的性质界定而言，其与仅提供商品或服务介绍或广告链接，点击后跳转到网络交易平台的其他类型网络服务提供者的情况并不相同，后者本身不是网络交易平台，与跳转后的网络交易平台提供的网络服务分属不同类型，跳转提示明显，平台经营内容区别显著。而在嵌套经营模式下，无论是外层平台还是内嵌平台，其均符合上述网络交易平台经营者的四个要件。内嵌平台在外层平台界面中，往往与平台内设栏目等难以区分，消费者浏览商品或服务、选购下单、交付款项、订单信息及售后服务等活动，均在嵌套平台中发生或进行，消费者无从或是难以区分二者，因此，无论从法律规定的内涵分析还是从保护消费者合法权益的角度分析，内外平台均可以被认定为网络交易平台经营者。根据《消费者权益保护法》第四十四条的规定，网络交易平台经营者在不能提供销售者和服务者信息、作出更有利于消费者的承诺以及明知或应知销售者或服务者利用其平台侵害消费者合法权益而未采取必要措施的三种情况下，需要向消费者承担相应的法律责任。

内嵌平台的自营商品使用与外层平台的自营商品相同的标识，造成难以区分，消费者向外层平台经营者主张承担销售者责任的，法院应予支持。网络交易平台经营者本来是电子商务交易法律关系之外的第三方，是提供网络交易平台供平台内经营者与消费者进行交易的服务者，但若其在自己的网络交易平台从事销售商品或者提供服务的经营活动，就超出了其提供网络交易平台服务的职责范围，这种自行经营的业务，即为网络交易平台经营者自营业务。网络交易平台经营者在自己的网络交易平台中销售自营商品，其法律地位就是商品销售者，对自己销售的商品负有瑕疵担保义务；若商品存在瑕疵，给消费者造成损害，其需要承担加害给付责任、售后责任等系列法定责任。因网络交易平台经营者在混业经营的情形下承担的责任显著不同，为了保护消费者的合法权益，《电子商务法》第三十七条规定，电子商务平台经营者在其平台上开展自营业务的，应当以显著方式区分标记自营业务和平台内经营者开展的业务，不得误导消费者。电子商务平台经营者对其标记为自营的业务依法承担商品销售者或者服务提供者的民事责任。电子商务平台经营者虽非实际开展自营业务，但其所作标识等足以误导消费者，使消费者相信该商品系电子商务平台经营者自营，消费者主张电子商务平台经营者承担商品销售者或者服务提供者责任的，人民法院应予支持。因此，外层平台的经营者明知或应知内嵌平台经营者的自营商品使用与其自营商品相同或相似难以区分的标识，会误导消费者的，其完全有能力采取措施制止或予以规制，但其不予作为，对内嵌平台的自营商品进行标识误导消费者，使消费者相信该商品系外层平台经营者自营商品，消费者主张外层平台经营者承担商品销售者责任的，人民法院应予支持。本案一审判决确认了外层平台经营者属于网络交易平台提供者，但忽略了内嵌平台自营商品标识与外层平台自营商品有关“自营”的标识一致，足以误导消费者的事实，导致得出外层平台经营者无须承担商品销售者责任的错误结论。由于王某主张涉案商品销售存在以次充好等欺诈情形，而一审法院对此部分内容未予审理，在涉案商品销售中是否存在欺诈情形，需要进一步审理。一审法院认定基本事实不清，故此，发回重审。

编写人：北京市第四中级人民法院　于颖颖

互联网信息服务提供者被行政罚款后的民事可追偿性认定

——某电子商务公司诉某商家网络服务合同纠纷案

【案件基本信息】

1. 裁判书字号

北京市第四中级人民法院（2023）京 04 民终 322 号

2. 案由：网络服务合同纠纷

3. 当事人

原告（上诉人）：某电子商务公司

被告（被上诉人）：某商家

【基本案情】

2017 年，某商家与某电子商务公司签订《在线店铺服务协议》，约定在某电子商务公司运营的电子商务平台上设立店铺销售涉案商品，当商家存在侵犯第三方权益、违反国家法律法规或其他违反协议的行为时，某商家应向某电子商务公司支付违约金 2 万元，同时赔偿某电子商务公司的损失，该损失包括某电子商务公司被执行行政处罚的金额。2019 年该商家在线发布图文广告时对未取得药品批文的涉案商品以“清热解毒”“中医常用药”等易与药品混淆的用语进行广告宣传，该广告宣传违反了《广告法》第十七条之规定。某电子商务公司因未对包括某商家在内的十余家入驻商家发布的 22 条违法广告行为予以制止，违反了《广告法》第四十五条之规定。市场监督管理部门依据《广告法》第六十三条的规定对某电子商务公司罚款 66 万元。某电子商务公司缴纳上述罚款后，依据《在线店铺服务协议》起诉，要求某商家赔偿行政处罚罚款3万元并支付违约金2万元。

【案件焦点】

互联网信息服务提供者因未制止违法发布广告的行为被行政罚款后，是否可以通过民事诉讼进行追偿。

【法院裁判要旨】

北京互联网法院认为：市场监督管理部门对某电子商务公司的罚款总额66万元涉及包括涉案商品广告在内的22个广告，各个广告的违法情形和情节均有不同，行政处罚决定书亦未显示各违法广告的具体处罚金额。该电子商务公司的证据并不能直接证明其因某商家的违法行为而受到3万元的处罚，某电子商务公司主张损失的计算方式缺乏事实与法律依据。但当事人可以约定一方违约时应当根据违约情况向对方支付一定数额的违约金。某电子商务平台在店铺入驻协议等合同中对违约金作出了明确约定，相关条款系当事人意思自治范畴，且不违背法律、行政法规的强制性规定，应为有效。在行政机关认定涉案商品广告违反《广告法》后，某电子商务公司依据约定要求某商家支付违约金2万元，应当予以支持。因此一审法院判决某商家支付某电子商务公司违约金2万元，驳回其他诉讼请求。

宣判后，某电子商务公司不服，提起上诉。北京市第四中级人民法院审理后认为，首先，某电子商务公司因违反《广告法》所规定的行政管理秩序而被苛以的强制性制裁措施，具有人身专属性和不可协商性。其次，该行政罚款也不是某商家和某电子商务公司在订立合同时能够合理预见的因违约可能造成的损失，不符合《民法典》关于合同损失赔偿的可预见性标准的规定。最后，如果某电子商务公司通过合同约定的方式向某商家追偿行政罚款，则会变相否定行政处罚的正当性和权威性，势必会损害行政复议、行政诉讼等合法救济渠道的制度价值。遂判决，驳回上诉，维持原判。

【法官后语】

本案的争议焦点在于互联网信息服务提供者因未制止违法发布广告的行为被行政罚款后，是否可以通过民事诉讼进行追偿。

1. 互联网信息服务提供者负有对所发布广告合法性的注意义务以及对违法广告发布行为的制止义务

互联网信息服务提供者一般是指不参与广告内容设计、制作、修改等活动，而仅为广告主提供信息传输、平台发布的网络平台。与广告主在广告发布过程中的主导作用不同，互联网信息服务提供者为广告提供展示平台，主要起第三方媒介的作用。相对应的，两者在义务职责方面也存在一定的不同。《广告法》第四十五条及第六十三条规定了互联网信息服务提供者的义务和责任，即互联网信息服务提供者明知或者应知利用其信息传输、发布平台发送、发布违法广告的，应当予以制止，明知或者应知广告违法不予制止的，应当承担相应的法律责任。可见，互联网信息服务提供者负有对所发布广告合法性的注意义务以及对违法广告发布行为的制止义务。本案中，某电子商务平台仅通过设置“违禁词”的方式对某商家发布的文字信息进行审核，而未对图片内容和超过“违禁词”范围的涉案商品广告进行审核，且在涉案商品上架至市场监督管理部门违法广告监测反馈期间，某电子商务平台并未对涉案违法广告行为予以制止，违反了《广告法》第四十五条之规定，因此被市场监督管理部门行政罚款。

2. 互联网信息服务提供者因其自身过错被行政罚款的，不应再通过民事诉讼向第三方追偿

虽然《民法典》合同编对违约责任的承担方式进行了明确规定，但对于互联网平台因商家的违法行为被行政罚款，进而是否可以向商家进行民事追偿的问题，目前并无明确的法律规定。对此，就需要权衡《民法典》合同编及《行政处罚法》的不同价值追求。一方面考虑互联网信息服务提供者是否存在过错，另一方面考虑《行政处罚法》的定义和性质。首先，《广告法》第十七条明确规定，除医疗、药品、医疗器械广告外，禁止其他任何广告涉及疾病治疗功能，并不得使用医疗用语或者易使推销的商品与药品、医疗器械相混淆的用语。本案中某商家使用“清热解毒”“中医常用药”等宣传用语显然存在与推销药品相混淆的用语。某电子商务公司未尽必要审核义务亦未及时制止，存在主观过错。其次，《行政处罚法》第二条对行政处罚的定义和性质进行了明确规定，即行政处罚是指行政机

关为维护行政管理秩序，对违反行政法上义务的行政相对人给予的一种法律制裁。可见，行政处罚具有人身专属性和不可协商性。本案中，涉案行政罚款系因某电子商务公司违反《广告法》对互联网信息服务提供者规定的义务性规范而由市场监督管理部门作出不利处分，是该公司违反了《广告法》规定的行政管理秩序而被市场监督管理部门苛以强制性制裁措施，该行政罚款应当由违法行为人承担。最后，违约赔偿损失一般指的是一方当事人违反合同约定给另一方当事人造成的财产等损失。依照《民法典》第五百八十四条的规定，违约一方当事人对其在订立合同时能够合理预见到的损害承担赔偿责任。本案中，某商家的违约行为与产生行政罚款这一损害结果之间缺乏必然、客观的联系，即某电子商务公司主张的行政罚款并不是某商家和某电子商务公司订立合同时能够合理预见到的因违约可能造成的损失，因此某电子商务公司主张行政处罚罚款作为其违约损失不符合《民法典》关于合同损失赔偿的可预见性标准。

3. 互联网信息服务提供者对行政罚款不服的，应当通过合法的行政救济渠道进行救济

《民法典》第一百五十三条第二款规定了民事法律行为不得违背公序良俗的原则。《行政处罚法》第一条、第六条规定了《行政处罚法》的立法目的及行政处罚应遵循的原则，即行政处罚的目的在于纠正违法行为、维护社会秩序；应当坚持处罚与教育相结合的原则。本案中，某电子商务公司通过合同约定将其可能受到的行政处罚罚款责任转移给某商家，实际上变相否定了行政处罚的正当性与权威性，显然不符合行政处罚的立法初衷，而且行政处罚转移后，被处罚主体不再选择通过行政复议、行政诉讼救济，而继受主体无法通过行政复议、行政诉讼救济，势必会损害行政复议、行政诉讼的制度价值，违反行政管理的公共秩序，违背公序良俗，因此某电子商务公司约定将行政处罚罚款转移给某商家负担，于法无据。

编写人：北京市第四中级人民法院　李振凡　杨宗腾

食品经销者无法提供所售商品的合法来源，属于销售明知不符合食品安全的商品

——马某某诉某食品综合商行网络购物合同纠纷案

【案件基本信息】

1. 裁判书字号

北京市第四中级人民法院（2021）京04民终35号

2. 案由：网络购物合同纠纷

3. 当事人

原告（被上诉人）：马某某

被告（上诉人）：某食品综合商行

【基本案情】

2019年8月22日，马某某从某食品综合商行开设的某店铺中购买了名称为“泰国燕窝正品野生屋燕……100g”的燕窝1盒，价格为1899元，2019年8月23日某食品综合商行从杭州发货，马某某于2019年8月25日收到涉案产品。马某某主张涉案产品不符合我国食品安全标准，并提供了涉案产品拍图，证据显示涉案产品外包装为有透明塑封皮的红色金属盒子，金属盒上印有中泰双语的“小泰燕泰国纯天然燕窝”字样，此外未见其他标识。马某某提交的产品页面中“产品参数”显示，生产日期为2019年1月1日至1月3日，厂名为小泰燕燕窝工厂，厂址为泰国春武里府，厂家联系方式为006609 90690028。产品页面详情中，宝贝介绍为，“规格6A天然原盏，产地：泰国，净重：100克，保质期：365天”，并附有厦门出入境检验检疫局检验检疫技术中心出具的检验报告，标注“国内仓库

在江西赣州”。产品页面详情载有包装照片，内部为燕窝并有塑料包装，塑料包装上印有“金色燕窝”“天然正品”字样，外包装为金属包装，上印有小泰燕及泰文字样。在产品页面最末端注明有“海外产品若无质量问题，不退不换”字样。马某某向法院提供与旺旺客服的聊天记录，证明其向某食品综合商行索要涉案产品加工企业的注册信息、原产地证明、兽医证明、进口检验检疫证明及海关通关文书等资料时，某食品综合商行称“燕窝都是我自己联系泰国燕窝加工拿货的，所以是我自己的同名品牌小泰燕”“对燕窝不放心可以退回给我”。某食品综合商行提交店铺页面截图，主张自己的店铺为全球购买手店铺，并提交了泰文资料、4 月 2 日案外人去曼谷的机票、购买记录等证据证明涉案产品为泰国购买的燕窝。某食品综合商行提交某职业索赔联合治理平台截图，平台判定该笔订单为异常索赔，某食品综合商行主张马某某并非消费者。

另查，《关于进口泰国燕窝产品检验检疫要求的公告》（质检总局 2017 年第 66 号）规定：“四、输华燕窝产品检疫审批要求：每一批次的进口燕窝产品（经深加工的燕窝制品除外）应事先办理检疫审批，获得《进境动植物检疫许可证》。五、输华燕窝产品证书要求：泰国政府主管部门应当对输华燕窝产品出具原产地证书、兽医（卫生）证书，证明其符合中国法律法规和相关标准的要求。六、输华燕窝产品标识要求：泰国输华燕窝产品的内外包装上应当用中英文注明品名、重量、燕屋（洞）名称及注册号、加工企业名称、地址及注册号、产品储存条件和生产日期等信息，有关产品信息的标示应当符合中国法律法规及相关标准和要求。”

【案件焦点】

（1）某食品综合商行是否经营明知不符合食品安全标准的食品；（2）马某某是否以生活消费为目的购买商品。

【法院裁判要旨】

北京互联网法院认为：马某某从某食品综合商行购买涉案产品，双方之间形成买卖合同关系。该合同是双方当事人真实意思表示，不违反法律、行政法规的强制性规定，合法有效。某食品综合商行应向马某某提供符合合同要求标准的产品。根据《食品安全法》第九十二条之规定，进口的食品、食品添加剂、食品相关产品应当符合我国食品安全国家标准。进口的食品、食品添加剂应当经出入境检验检疫机构依照进出口商品检验相关法律、行政法规的规定检验合格。进口的食品、食品添加剂应当按照国家出入境检验检疫部门的要求随附合格证明材料。某食品综合商行作为销售者，未按照上述规定为涉案商品附随中文标签及进出口检验检疫证明，不符合食品安全标准，使双方签订的合同目的不能实现，故对马某某要求退还货款的诉求予以支持，与此同时，马某某应当返还所购买产品。依据《食品安全法》第一百四十八条第二款的规定，生产不符合食品安全标准的食品或者经营明知是不符合食品安全标准的食品，消费者除要求赔偿损失外，还可以向生产者或者经营者要求支付价款10倍的赔偿金。但是，食品的标签、说明书存在不影响食品安全且不会对消费者造成误导的瑕疵的除外。某食品综合商行作为经销商，对其销售的食品符合食品安全标准应负有举证责任。本案中，根据网上交易图片，某食品综合商行提交的4月2日案外人的机票及泰国购买记录等在案证据所显示的内容，无法证明与涉案产品相关。根据物流详情和某食品综合商行答辩意见，涉案产品为国内现货销售，马某某与某食品综合商行并不符合代购关系的特征，而应认定为对现货进行交易的买卖合同关系。故某食品综合商行应对其销售的产品提交进货凭证、检疫审批、《进境动植物检疫许可证》等凭证，但本案中某食品综合商行未能提交相应证据，无法证明其进货渠道合法，且无其他证据证明其所售食品质量合格，属于经营明知是不符合食品安全标准的食品而销售的情形。故对于马某某主张某食品综合商行支付价款10倍的赔偿金18 990元的诉讼请求，一审法院予以支持。消费者是相对于生产经营者即生产者和销售者的概念，购买商品者只要不是为了生产经营需要而购买，就应认定为消费者。鉴于某食品综合商行既未能举证证明马某某为生产经营需要而购买涉案商品，亦未能证明马某某并非为生活消费需要而购买商品，故被告某食品综合商行关于原告马某某不属于应当依法保护的消费者的意见，一审法院不予采信。

北京互联网法院判决如下：

(1) 某食品综合商行于判决生效后10日内退还马某某购物款1899

元，马某某于判决生效后10日内返还某食品综合商行“泰国燕窝正品野生屋燕……100g”1件，如未能返还，按原价抵扣货款；

（2）某食品综合商行于判决生效后10日内向马某某支付赔偿款18 990元；

（3）驳回马某某的其他诉讼请求。

某食品综合商行不服一审判决，提起上诉。北京市第四中级人民法院经审理认为，根据当事人双方诉辩情况，本案争议焦点为：①一审关于某食品综合商行经营明知不符合食品安全标准的食品的认定是否正确；②马某某是否以生活消费为目的购买商品。2014年《最高人民法院关于审理食品药品纠纷案件适用法律若干问题的规定》第六条规定，食品的生产者与销售者应当对于食品符合质量标准承担举证责任。某食品综合商行应对其销售的产品提交进货凭证、检疫审批、《进境动植物检疫许可证》等凭证，但本案中某食品综合商行未能提交相应证据，无法证明其进货渠道合法，且无其他证据证明其所售食品质量合格，属于经营明知是不符合食品安全标准的食品而销售的情形。某食品综合商行主张马某某未食用涉案产品，未对其人身造成损害或者影响，不应适用10倍惩罚性赔偿。根据《食品安全法》第一百四十八条第二款的规定，生产不符合食品安全标准的食品或者经营明知是不符合食品安全标准的食品，消费者除要求赔偿损失外，还可以向生产者或者经营者要求支付价款10倍或者损失3倍的赔偿金；增加赔偿的金额不足1000元的，为1000元。但是，食品的标签、说明书存在不影响食品安全且不会对消费者造成误导的瑕疵的除外。2014年《最高人民法院关于审理食品药品纠纷案件适用法律若干问题的规定》第十五条规定，“生产不符合安全标准的食品或者销售明知是不符合安全标准的食品，消费者除要求赔偿损失外，向生产者、销售者主张支付价款十倍赔偿金或者依照法律规定的其他赔偿标准要求赔偿的，人民法院应予支持”。根据上述规定，惩罚性赔偿条款并非建立在消费者实际遭受或者实际需要填补的损失的基础上。故此，一审法院认定某食品综合商行经营明知不符合食品安全标准的食品并判令其支付价款10倍赔偿并无不当，二审法院予以维持。关于某食品综合商行主张马某某不是以生活消费需要而购买商品，其不属于消费者。某食品综合商行对该主张负有举证责任。但是某食品综合商行提交的某职业索赔联合治理平台截图等证据仅能说明某平台针对本案所涉商品订单判定为异常索赔，不能证明马某某并非以生活消费需要购买商品。故二审法院对某食品综合商行的上述主张不予支持。综上所述，某食品综合商行的上诉请求不能成立，应予驳回；一审判决认定事实清楚，适用法律正确，应予维持。

北京市第四中级人民法院依照《民事诉讼法》第一百七十条第一款第一项的规定，判决如下：驳回上诉，维持原判。

【法官后语】

某食品综合商行提交的案外人的机票及泰国购买记录无法证明与涉案产品相关。根据物流详情可知涉案产品为国内现货销售，马某某与某食品综合商行的交易并不符合代购关系的特征，应认定为对现货进行交易的买卖合同关系。某食品综合商行应对其销售的产品提交进货凭证、检疫审批、《进境动植物检疫许可证》等凭证，但本案中某食品综合商行未能提交相关证据，无法证明其进货渠道合法，属于经营明知是不符合食品安全标准的食品而销售的情形，应当承担惩罚性赔偿责任。故判决某食品综合商行向马某某支付食品价款的10倍赔偿金。

近年来，进口食品已经成为我国消费者重要的食品来源，尤其是通过网络销售，大量种类繁多的进口食品被送到消费者手中。进口食品必须符合我国食品安全国家标准，经营者违反食品安全法规销售进口食品的，应当承担相应的法律责任。本案中的食品经销商，正是因无法提供所售食品的合法来源，而被判决承担10倍惩罚性赔偿责任。本案的典型意义在于：一是进货查验义务是《食品安全法》明确规定的经营者义务，对保障食品安全至关重要。作为进口食品的经营者，应当知悉并遵守食品安全标准相关法律规定，对其销售产品的采购途径、检验检疫、外包装、标签、产品成分描述尽到法律规定的注意义务，以确保所售食品符合我国食品安全标准。二是提示消费者，惩罚性赔偿责任的适用不以消费者人身遭受损害为前提，只要消费者购买的食品不符合食品安全标准，就可以向销售者或生产者主张惩罚性赔偿。

编写人：北京市第四中级人民法院　张　岩　张　伟

未尽安保义务导致第三人介入的侵权案件裁判方法

——白某某诉某铁路公司、某旅行社、第三人邢某违反安全保障义务责任纠纷案

【案件基本信息】

1. 裁判书字号

北京市第四中级人民法院（2022）京04民终336号

2. 案由：违反安全保障义务责任纠纷

3. 当事人

原告（上诉人）：白某某

被告（上诉人）：某铁路公司

被告（上诉人）：某旅行社

第三人：邢某

【基本案情】

原告（上诉人）白某某诉称，白某某与爱人（年龄68岁）一同参加某旅行社组织的面向老年人出游的“夕阳红”旅行团。该次旅行目的地为额济纳旗。2020年10月2日，白某某等在某旅行社人员组织带领下从北京南站上车到达天津站换乘。由于电动直梯被限制使用，白某某在某旅行社工作人员带领下乘自动扶梯，随后发生事故。在事故发生过程中，电动直梯被限制使用，人流较大，数十名老年人拿大件行李上自动扶梯，工作人员并未劝阻，也未采取有效安全保障措施；事故发生后，工作人员欠缺应急能力，处置失当。某铁路公司作为公共场所管理人未尽到安全保障义

务，同时，某旅行社作为群众性活动组织者，也未尽到安全保障义务。请求法院判令某铁路公司承担医疗费、护理费、营养费、住院伙食补助费、交通费、残疾赔偿金、残疾辅助器具费、被扶养人生活费、精神损害赔偿金、后续护理费及辅助器具费、财产损失共计 3 726 368.75 元，某旅行社对此承担连带责任。

被告（上诉人）某铁路公司辩称，不同意白某某的诉讼请求。事故导致 5 名旅客受伤，某铁路公司第一时间采取相应措施。事发时电梯运行良好，第三人邢某乘坐扶梯时失去平衡摔倒，导致后续旅客受伤，事故是邢某原因导致，其应承担主要责任，某旅行社作为活动组织者没有尽到安全保障义务，应承担责任。白某某没有尽到审慎注意义务，也有责任。

被告（上诉人）某旅行社辩称，第三人邢某乘坐电梯倒地导致后续旅客受伤，白某某不主张对邢某的索赔为对其自身权利的放弃。第三人造成他人损害，应承担责任，管理组织者未尽到安全保障义务承担补充责任，因此第三人邢某与某铁路公司应承担相应责任，某旅行社没有侵权行为，不应承担责任。

第三人邢某述称，其与白某某均为旅客，没有安全保障义务，没有加害行为，其也是本次事故的受害人，某铁路公司和某旅行社未尽到安全保障义务应承担侵权责任。

法院经审理查明：白某某等 5 人参加某旅行社组织的 2020 年国庆期间的额济纳旗—波浪谷专列 7 日旅游线路。第三人邢某与某旅行分社签订旅游合同，属于散客出行。2020 年 10 月 2 日，在某旅行社工作人员的带领下，白某某等旅客乘坐列车到达天津站进行换乘，车站内的直梯被限制使用，仅可上行无法下行，需要联系车站内工作人员刷卡后才能反向下行出站，某旅行社工作人员未带领携带大件行李的老年旅行社成员乘坐直梯出站，而是乘坐扶梯出站，白某某在乘坐下行扶梯时，第三人邢某于扶梯出口处摔倒，某铁路公司的工作人员忙乱搀扶邢某堵住扶梯出口，导致其身后的白某某等多名旅客挤压在扶梯出口处，使白某某受伤。

事发后，白某某被送往天津医科大学总医院，2020 年 10 月 2 日至 2020 年 11 月 18 日住院治疗。2020 年 11 月 18 日至 2021 年 5 月 12 日在首都医科大学附属北京康复医院住院治疗。经鉴定，白某某外伤致胸12椎体骨折，脊髓损伤，导致截瘫，伤残等级为一级；外伤致多发肋骨骨折，伤残等级为九级；外伤致多发横突、棘突骨折，伤残等级为十级；伤残赔偿指数为100%。

【案件焦点】

第三人介入的安全保障义务责任纠纷案件，如何认定第三人及安全保障义务人的责任。

【法院裁判要旨】

北京市海淀区人民法院于2022年3月18日作出（2021）京0108民初11736号民事判决，判决：（1）某铁路公司于判决生效后7日内赔偿白某某619 018元；（2）某旅行社于判决生效后7日内赔偿白某某619 018元；（3）驳回白某某的其他诉讼请求。

白某某、某铁路公司、某旅行社均不服原审判决，提起上诉。北京市第四中级人民法院审查认为，安全保障义务是指宾馆、商场、银行、车站、娱乐场所等公共场所的管理人或者群众性活动的组织者负有的保障他人人身安全、财产安全的注意义务。安全保障义务旨在保护他人的人身安全与财产安全。公共场所的管理人与群众性活动的组织者负有相应的安全保障义务，方能有效地维护公共安全与社会秩序。某铁路公司作为公共场所的管理人，应当尽到安全保障义务。案涉事故发生时，某铁路公司在对直梯的自由使用进行限制，且出行旅客较多的情形下，未能在直梯旁配备值班人员，亦未在自动扶梯口配备工作人员进行人流疏导和安全提示，存在过错。邢某摔倒后，工作人员处置混乱，未能及时按停电梯，未能及时阻止后续旅客乘坐扶梯，导致损害持续发生，存在明显过错。某铁路公司未能对相关公众的安全给予合理的注意，疏于注意造成他人人身损害，应当承担侵权责任。某旅行社作为旅游服务机构，对风险的防范意识应当高于游客，且负有保障游客安全的责任，并应当尽到安全保障义务。在带领老年旅行团出游且团员均携带大件行李的情形下，某旅行社的工作人员应采取协调乘坐直梯出站等有效防范措施，而非放任老年团员携带大件行李乘坐扶梯出站。故某旅行社未尽到安全保障义务，对案涉事故的发生应当承担一定的责任。

关于邢某的责任认定。老年人进行适当的旅游活动可以强身健体，放松身心。社会对于老年人群体应给予更多的关爱。本案中，邢某拿着大件行李在下行扶梯出口处摔倒，摔倒并非过错，且并不必然导致白某某受伤。如某铁路公司的工作人员引导老人乘坐直梯，增加工作人员协助，提前做好安全疏导，安排合理乘梯间隔，则邢某不会摔倒；又如，某铁路公司的工作人员及时按停扶梯而非忙乱搀扶邢某堵住扶梯出口，及时阻止后续人员乘坐出事扶梯，则案涉损害不会发生。邢某并未侵害白某某的民事权益，不应承担侵权责任，故一审法院关于邢某应承担一定责任的认定属适用法律错误，应予纠正。

综上所述，对白某某的损失，某铁路公司、某旅行社应承担侵权责任。关于具体责任比例，一审法院平均承担责任的认定有误，应予调整。某铁路公司对案涉事故存在明显过错，应承担90%的责任；某旅行社承担10%的责任。

关于白某某的损失，一审法院关于数额的认定部分有误，二审法院予以调整，调整后残疾赔偿金的数额为1 690 530元。后续护理费按照10年的护理期予以调整，调整后为525 600元。综上，白某某的损失的总金额为2 587 612元。某铁路公司负担90%，即2 328 851元。某旅行社负担10%，即258 761元。

二审判决：（1）撤销北京市海淀区人民法院（2021）京0108民初11736号民事判决；（2）某铁路公司于判决生效后7日内赔偿白某某2 328 851元；（3）某旅行社有限公司于判决生效后7日内赔偿白某某258 761元；（4）驳回白某某的其他诉讼请求。

【法官后语】

本案最显著的特点是第三人为自然人，第三人的行为是安全保障义务人未尽安全保障义务所致，本案的过错及因果关系认定错综复杂。人民法院在审理此类案件时，既不能机械适用法律“和稀泥”，也不能为回应社会期待而超越法律规定裁判，要在遵循法律适用方法的基础上，将案件事实与法律规范往返对比，在具体场景下运用价值判断、实质考量等方法，平衡调适各方当事人的责任，最终涵摄出法律效果和社会效果相统一的裁判结果。

一、裂痕：案件事实与法律规范之间的鸿沟

民事裁判，是裁判者根据查明/认定的事实，适用现行法律，对原告提出的诉讼请求作出的判定和裁处。① 此种裁判方法以“司法三段论”为人所熟知，即发现“案件事实”→识别“法律规范”→作出“裁判结论”的过程。案件事实和法律规范的适配是正确裁判结论的前提和条件，但是动态开放的案件事实与封闭抽象的法律规范之间的适配并非易事，案件事实与法律规范之间的鸿沟往往造成裁判结果无所适从。

（一）案件事实的发现

发现案件事实是“司法三段论”的第一步。本案的案件事实虽然复杂，但是进行裁剪和提取后，可以分组呈现：

第一组：白某某（年龄在70岁左右）参加某旅行社的旅行团，在天津站换乘时，在工作人员带领下携带大件行李乘坐自动扶梯。

第二组：某铁路公司是天津站的运营主体，出站直梯被限制使用，无法下行出站，直梯无人值守。

第三组：邢某（年龄在70岁左右）系散客出行，携带大件行李乘坐扶梯，白某某等人在其身后乘坐扶梯，邢某在扶梯出口摔倒。

第四组：白某某等人被挤压在扶梯出口，白某某受到伤害。白某某要求某铁路公司、某旅行社赔偿。

上述四组事实对案件事实的主体、行为、损害后果均有清晰的呈现：主体包括受害人白某某、第三人邢某两方自然人以及某铁路公司和某旅行社两方安全保障义务主体。

（二）法律规范的识别

本案是一个非典型的多数人侵权案件，涉及的法律适用问题为第三人

① 参见傅郁林：《判决书说理中的民事裁判逻辑——围绕〈民事诉讼法〉第155条展开》，载《中国应用法学》2022年第1期。

介入下的安全保障义务人和第三人责任承担问题。[①] 将构成要件与法律效果的法律规范结合成为完全性法条进行逻辑推导，第三人介入下的违反安全保障义务的责任形态可能出现以下情形：一是第三人承担侵权责任，安全保障义务人不承担责任；二是第三人承担侵权责任，安全保障义务人承担补充责任；三是第三人和安全保障义务人承担无意思联络数人侵权的按份责任；四是第三人和安全保障义务人承担无意思联络数人侵权的连带责任；五是第三人不承担责任，安全保障义务人承担侵权责任。

（三）一审判决中案件事实与法律规范的裂痕

本案一审判决关于案件事实的认定基本涵盖上述四组事实的全部内容，关于责任承担的法律规范适用的是《侵权责任法》第十二条[②]。一审判决的推理逻辑可以罗列如下：第一，第三人邢某的行为直接导致涉案事故的发生，与白某某的损害有因果关系（第三组事实与第四组事实的结合）；第二，某铁路公司和某旅行社未尽安全保障义务，与白某某的损害有因果关系（第二组事实与第四组事实结合、第一组事实与第四组事实的结合）；第三，结合《民法典》第一千一百七十二条的规定确定三个主体的责任份额，在无法确定责任大小的情况下，三个主体平均承担责任。

笔者认为，一审判决的逻辑推演看似严谨，但是将案件事实"串联"认定的因果关系简单线性，在认定行为人过错时未考虑案件事实，也未解决《民法典》第一千一百九十八条第二款关于第三人介入时第三人承担直接侵权责任而安全保障义务人承担补充责任的规定与第一千一百七十二条关于多数人侵权的按份责任匹配适用的规定以及第一千一百七十五条关于第三人行为的侵权责任的规定匹配适用问题，裁判结果有各打五十大板之嫌。案件事实与法律规范的错配造成本案一审判决的法律效果不佳，同时

---

① 涉及构成要件的法律规范包括《民法典》第一千一百七十五条（第三人行为），涉及法律效果的法律规范包括《民法典》第一千一百六十五条（过错责任原则）、第一千一百九十八条（违反安全保障义务的侵权责任）、第一千一百六十八条（共同侵权下的连带责任）、第一千一百七十一条（无意思联络数人侵权的连带责任）、第一千一百七十二条（无意思联络数人侵权的按份责任）。

② 《民法典》实施后，《民法典》第一千一百七十二条规定了无意思联络数人侵权的按份责任，与《侵权责任法》第十二条规定相同，没有变化。为保持行文一致，下文均以《民法典》的规定予以阐述。

一审判决结果与社会大众预期偏差较大，三方当事人均对一审判决不服提起上诉，社会效果大打折扣。

二、场景化的弥合：价值判断和实质考量融入过错和因果关系的路径

案件事实与法律规范适配并作出裁判结果并非简单的“1+1=2”，而应当是立体化的“思维拼图”，在思维拼图中将案件事实和法律规范构建出具体场景，在场景中进行价值判断和实质理性考量，进而得出裁判结论。

（一）侵权场景的搭建

仔细分析可以发现四组事实并非简单的线性关系。第三人邢某与白某某均为乘客，其均处于车站等运营者的安全保障义务之下，需要将第二组、第三组、第四组事实组合。白某某作为某旅行社的团员，其处于旅游组织者的安全保障义务之下，需要将第一组事实与第四组事实组合。作为安全保障义务人，某铁路公司和某旅行社的行为性质是不作为，邢某的行为性质是作为。由此本案的侵权场景构建如图 1.3 所示。

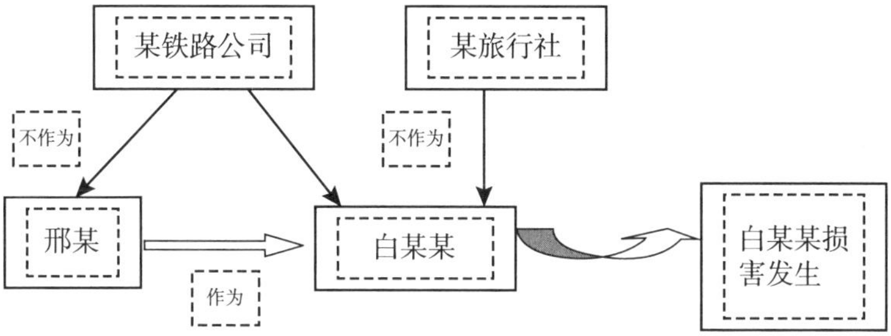

图 1.3 侵权场景构建

（二）价值判断融入过错的认定

第三人侵权和安全保障义务人侵权属于不同类型的侵权，司法裁判中对于二者的过错一般会分别予以认定。[①] 本案中侵权场景特殊，分别认定容易造成事实与规范的脱节，需要将安全保障义务人和第三人的行为结合

① 参见贵州省安顺市中级人民法院（2015）安市民终字第 629 号民事判决书。

判定当事人的主观状态。显而易见的是，某铁路公司、某旅行社、邢某在本案中没有主观故意。关于过失的认定，司法实践中判断行为人有无过失更多采用“善良管理人”或者“合理的人”的标准。

笔者认为，“善良管理人”或者“合理的人”的内涵均不确定，判断过失的重心应在于行为人对于损害的发生是否能够预见，可以围绕安全保障义务边界、第三人的主体类型、第三人是否是安全保障义务的对象等判定行为人的主观心理状态。

1. 安全保障义务边界

由于某铁路公司和某旅行社承担责任的基础为安全保障义务，需要确定涉案事故是否在某铁路公司和某旅行社安全保障义务的范围内。虽然安全保障义务是不作为义务引起的，但是安全保障义务主体具有特殊性，“其均为公共风险的控制主体，因此其虽为预防义务，但从受害人保护的角度来看，原则上不能认为其义务层次低于作为义务”①。某铁路公司作为车站管理主体，是《民法典》明确规定的公共场所的管理者。某旅行社作为旅游经营者，负有《旅游法》规定的安全保障义务，司法实践中对此已经予以确认。② 某铁路公司的安全保障义务有三个层面要求：一是对其控制场所的建筑物、设施设备等安全性负有保障义务；二是预防外界或第三人对进入该场所的人员的侵害，包括警示、指示、通知、保护等；三是在出现损害后及时采取救治或者其他防止损害继续扩大的措施。某旅行社则负有安全警示义务和随团人员旅游行程中的安全防范、保护救助和及时报告的义务。③ 从价值判断来看，本案中的当事人均为老年人，属于特殊群体，特殊群体作为安全保障义务保护的对象，安全保障义务人负有的安全保障义务理应更重。涉案事故发生在车站扶梯处，已经落入安全保障义务

---

① 冯德淦：《第三人介入型侵权责任构成之检讨》，载《私法研究》2019 年第 1 期。

② 参见焦建军与江苏省中山国际旅行社有限公司、第三人中国康辉南京国际旅行社有限责任公司旅游侵权纠纷案，载《最高人民法院公报》2012 年第 11 期。

③《旅行社条例》第三十九条规定：“旅行社对可能危及旅游者人身、财产安全的事项，应当向旅游者作出真实的说明和明确的警示，并采取防止危害发生的必要措施。发生危及旅游者人身安全的情形的，旅行社及其委派的导游人员、领队人员应当采取必要的处置措施并及时报告旅游行政管理部门；在境外发生的，还应当及时报告中华人民共和国驻该国使领馆、相关驻外机构、当地警方。”

范围，因此某铁路公司和某旅行社承担自己的责任当无疑义，《民法典》第一千一百九十八第二款规定的补充责任在本案并无适用余地。

2. 第三人的主体类型

将《民法典》第一千一百七十五条规定的第三人进行体系解释，应当包括自然人、法人或者其他组织。第三人的主体类型不同，对于主观心态的认定也不同。本案介入的第三人为自然人，对于自然人的主观状态可以结合年龄、能力、行为类型等综合认定。邢某虽然为完全行为能力人，但是作为年龄较大的老年人，独自携带大件行李乘坐扶梯且在乘坐扶梯时未有松开扶手等行为，要求其尽到与正常成年人相同的预见义务，并苛以乘坐扶梯会对他人造成危险的注意义务，实在是强人所难。

3. 第三人是否是安全保障义务的对象

车站管理者的安全保障义务对象及于第三人和受害人，在判断邢某行为过错影响时可以考虑“若尽到安保义务，第三人会如何行为”，从这一角度来看，即使邢某存在过失，邢某同样对安全保障义务的履行具有合理期待并受其保护，若车站管理者尽到安全保障义务，则邢某不会在扶梯口摔倒。而且结合本案实际情况来看，邢某属于高龄老人，在车站管理者未开放直梯的情况下，其独自乘坐扶梯的风险也是因安全保障义务未完全履行而产生的，邢某作为老年乘客，车站工作人员并未对其进行帮助或疏导，要求邢某在此情况下对于损害的发生有预见性并不符合常理。

综合以上分析，本案的难点在于第三人邢某的行为能否认定为过失，如果按照“善良管理人”或者“合理的人”标准，邢某的行为并非不具有可非难性，审判实践中也已有案例认定第三人的此种行为构成主观过失。[①]在本案二审审理中，合议庭对于邢某过错的认定争议较大，一种观点坚持认为，在“善良管理人”或者“合理的人”标准下，邢某负有疏忽大意的过失，应为此承担责任；而另一种观点则认为，过失的客观化标准并非一成不变，预见可能性应当融入价值判断，不应将邢某的行为认定为过失。

---

① 参见重庆市第二中级人民法院（2012）渝二中民法终字第1276号民事判决书，该案案情与本案类似，彭某某与朱某某在乘坐新世纪百货商场扶梯时，二人在扶梯上行过程中均未扶扶梯扶手，在前的彭某某后倾导致朱某某受伤，该判决书认定，彭某某对因未手扶扶梯所生后倾侵权行为存在过失，新世纪百货未尽安全保障义务存在过失。

合议庭最终采纳了第二种意见。笔者认为，价值判断更多是法官自由裁量在行为人主观状态的镜射，将价值判断融入过错的认定是在法律解释论的框架下将案件事实与法律规范中蕴含的情理阐述出来，本案中邢某的行为是安全保障义务人未尽安全保障义务导致的，且其自身并未出现未扶把手等行为，要求其主观上对白某某的损害有所预见，并不符合过失客观化的标准。因此笔者也倾向于同意合议庭的第二种意见。

（三）实质考量对因果关系链条的再构建

在对当事人的过失判断产生分歧时，不妨对侵权责任认定中的另一重要因素——因果关系进行实质考量。理论上，根据不同的功能和作用，可以将因果关系分为责任成立因果关系和责任范围因果关系。当存在义务违反与损害时，首先需要考虑的是义务违反与损害是否在事实上被联结，此即责任成立因果关系。① 责任范围因果关系即因义务违反而产生的损害是否均应由侵权人赔偿。② 责任成立因果关系解决的是侵权责任成立与否的问题；责任范围因果关系蕴含着价值判断，主要是为了过滤掉不合理的损害赔偿请求权。

就本案的因果关系来看，依据“若无——则不”公式，可以得出白某某被侵害与邢某的作为以及某铁路公司和某旅行社的不作为之间均能够构成责任成立因果关系，能否成立责任范围因果关系，则需要进行实质考量。笔者认为，可以结合第三人的行为是否中断安全保障义务人与损害之间的因果关系、第三人的行为性质等因素判断责任范围因果关系是否成立。

一是因果关系是否中断的问题。安全保障义务本质上是对风险的预防。有观点认为，如果安全保障义务之履行可以在较大程度上降低致害风险实现的概率，则其不履行就可以被认定为在较大程度上提升了致害风险实现的概率，因而与损害之发生具有相当因果关系。③ 某铁路公司和某旅

① 洪国盛：《论第三人行为与违反安全保障义务的责任承担》，载《法学》2020年第9期。

② 王利明：《侵权责任法研究》（上卷，第2版），中国人民法学出版社2016年版，第389页。

③ 刘召成：《违反安全保障义务侵权责任的体系构造》，载《国家检察官学院学报》2019年第6期。

行社负有的不仅是预防他人侵权的义务（即第三人介入行为），更负有防止他人遭受安全保障义务人侵害的义务，某铁路公司负有保证乘客正常使用扶梯或者直梯的义务，不管有无第三人，若违反此类义务且不及时补救，该义务由何原因触发危险源只是运气问题，因此某铁路公司对其安全保障义务之违反大大提升了损害风险发生的概率，第三人的介入行为虽也会提升损害发生的概率，但是就本案而言，第三人也是安全保障义务的保护对象，第三人的行为属于特殊情形下轻微提升风险发生概率的情形，安全保障义务人义务之违反与损害风险发生的概率并不会因第三人的行为介入而产生实质性的变化，因此第三人的行为与白某某损害发生并不具有因果关系的相当性，其并不会中断某铁路公司不作为与白某某损害之间的责任范围因果关系。同理，上述论证对于某旅行社同样适用。

二是第三人行为的性质。第三人的行为是合法行为时，不会中断被告与损害之间的因果关系。[①] 司法实践已经认可不具有可责难性的行为与损害后果之间不存在责任范围因果关系这一观点。[②] 第三人邢某在扶梯处摔倒，这一行为本身并不具有可责难性，因此可以认定第三人邢某的行为与白某某的损害之间不成立责任范围因果关系。

综上，可以作出如下推导（见图1.4）：第一，某铁路公司的不作为导致第三人邢某的行为，邢某的行为导致受害人白某某损害的发生；第二，某旅行社的不作为导致受害人白某某损害的发生；第三，第三人邢某的行为系合法行为，不存在过错，与白某某的损害不存在责任范围因果关系；第四，某铁路公司与某旅行社的不作为结合后共同导致白某某的损害后果，应当依据《民法典》第一千一百七十二条规定的无意思联络的数人侵权承担责任。再考虑到某铁路公司和某旅行社的安全保障义务人的地位及在本次事故中的作用，判定二者的责任比例为某铁路公司承担90%，某旅行社承担10%，这一责任承担比例是较为合理的裁判结果。

---

① 程啸：《论侵权法上的第三人行为》，载《法学评论》2015年第3期。

② 参见刘明莲、郭丽丽、郭双双诉孙伟、河南兰庭物业管理有限公司信阳分公司生命权纠纷案，最高人民法院指导性案例142号（2020年）；江苏省南通市中级人民法院（2021）苏06民终189号民事判决书。

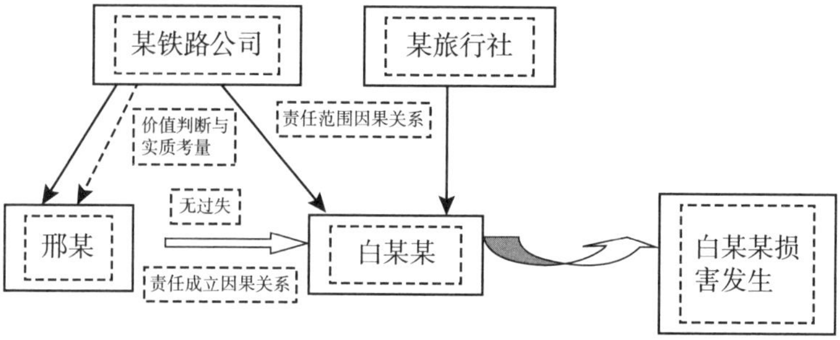

图 1.4　因果关系推导

三、小结

由于案件事实的开放性，民事审判的过程本身就是复杂与多变的。本案不仅审理既折射出在法律适用中不同主体的权利保护与冲突，裁判结果也对社会公众行为预期产生影响。因此在面对复杂多变的案件时，尤其是涉及民生的侵权案件时，法官应当坚持从实际出发的司法理念，通过证据规则构建正确的案件事实，以系统的裁判方法正确找法，在三段论逻辑推理的基础上融入价值判断和实质考量，以此得出既符合法律逻辑又回应社会关切的裁判结果，真正实现法律效果和社会效果的有机结合。总之，法官的裁判思维应当在行走之间寻找规范：行走于事实与规范之间，行走于规范与价值之间，行走于价值与社会条件之间，行走于实然规则与应然规则之间。①

编写人：北京市第四中级人民法院　杨宗腾　王　翔

北京互联网法院　武　欣

① 参见胡田野：《论“三个效果”有机统一的司法理念与裁判方法》，载《中国应用法学》2022 年第 3 期。

信息处理者应从宏观和微观层面证明自己尽到安全保障义务

——刘某与某公司网络侵权责任纠纷案

【案件基本信息】

1. 裁判书字号

北京市第四中级人民法院（2023）京04民终805号

2. 案由：网络侵权责任纠纷

3. 当事人

原告（上诉人）：刘某

被告（被上诉人）：某公司

【基本案情】

刘某提交涉案订单截图，订单详情内容显示下单日为2021年11月22日，配送地址为“刘某，上海市××路××弄××号××室”，刘某的身份证信息为“尾号××××，身份证信息已上传”，付款方式为银联卡图标尾号××××，订单汇总显示商品小计81.57元，配送费0元，总计81.57元；预计送达时间为星期五，订单货物为Nature’s Eats半粒山核桃，16盎司；配送详情显示最新状态为11月23日星期二上午2:00商品已到站（US to HK, CN），配送商为××，跟踪包裹号#：APEHKG1371690865，上午12:39发生承运人延迟，配送可能延迟，Hkg，CN，上午12:16包裹已发货。刘某提交手机通话记录截图两份，第一份显示+852-844××××（上次使用：主号，香港）曾于“今天”14时50分来电，通话时长3分钟；第二份显示刘某曾于“今天”去电4408105666，其备注名为“×××客服”，通话时长5

分钟。刘某提交手机短信记录截图，显示962-110曾于“昨天”15时32分发送给自己内容为“【上海反诈中心】［上海市反电信网络诈骗中心］市民朋友，您可能接到假冒物流公司客服人员的诈骗电话，或登录网购交易诈骗网站，请勿透露个人信息或转款，咨询报案请拨110，查看反诈宣传短视频请点击https：//mp. weixin. qq. com/s/rw-HC6oooUEh1HeNePtoxw”的短信一条；于“昨天”17时43分、“今天”15时连续发送给自己内容为“【上海反诈中心】【上海市反电信网络诈骗中心】市民朋友，您可能接到假冒快递客服诈骗电话，请勿透露个人信息或转账，咨询报案请拨110”的3条相同短信。庭审中，刘某当庭展示上述短信记录。刘某提交标题为“某海外购后，接到诈骗电话”的论坛讨论截图，一楼留言显示“买了一块SSD，刚才接到来自香港电话，说清关货物丢失，要赔付双倍价格……让加了一个QQ，语音过来先是发了个二维码，被反诈App拦截页面打不开，然后说要求开借呗领取赔付金，找了个理由没有开，对方又让开××上的微粒贷……基本可以确认是信息泄露，不清楚是某海外购还是负责清关的××泄露的，××客服电话也打不通”，用户UID：62×××××“我也是买SSD接的这个电话，一模一样”，用户UID：12×××××“一模一样，我也是买了SSD，今天中午的时候接到来自香港的电话”等。8名用户分别表示遭遇类似情况。该截图显示共12条留言讨论。

某公司提交“通用电子商务平台”系统、“物流”系统的信息系统安全等级保护第三级备案证明，证明显示某公司于2020年5月21日取得上述两份备案证明。某公司提交×××号公证书及翻译件，其中列出某公司个人信息安全保护管理制度、《权限管理政策》、《密码政策》、《信息安全风险管理政策》、《零容忍政策》、《数据处理标准》、某安全意识（ASA）强制性合规培训要求、员工信息安全培训讲座记录等文件，拟证明某公司员工获取用户个人信息时的身份检验安全性、获取权限最小限缩范围与权限终止安全性、数据安全性、密码安全性、数据分级分类处理合法合规、员工安全意识培训充分。某公司提交《团队管理人员的信息安全培训》《负面行为清单》与系统邮件及其翻译件，显示公司对团队管理者培训的内容包括对团队管理者的信息安全保护要求、公司的信息安全管理规章制度内容、公司保护信息安全曾经采取的行动、公司的零容忍政策等内容，以及公司强制要求信息安全相关人员完成关于信息安全保护的培训及测试。某公司提交某网站截图，显示某海外购运输各地区支持的国际配送及清关公司与其联系方式。截图附有可信时间戳认证证书，取证时间为2023年1月19日。某公司提交跨境电商公共服务平台《跨境电商1210模式操作指南》截图，显示海关监管方式代码“1210”为跨境贸易电子商务保税备货模式，适用于境内个人或电子商务企业在经海关认可的电子商务平台实现跨境交易，并通过海关特殊监管区域或保税监管场所进出的电子商务零售进出境商品，过程05为电商向物流企业推送订单信息，过程06为向海关申报信息，显示电商企业、物流企业、支付企业分别对申报信息进行加签，连同个人消费者的相关详细身份验证信息等材料，上传至跨境电商公共服务平台；仓储企业发送清单信息，向海关申报出区。截图附有可信时间戳认证证书，取证时间为2023年1月19日。某公司提交上海跨境电子商务公共服务有限公司《跨境电商进口中的“三单对碰”是什么?》网络文章截图，其中03段落标题为“‘三单’包含哪些重要的信息”，内文显示电商企业生成的订单包含订购人信息、订单号、支付单号、物流单号及商品信息等信息；物流企业生成的运单包含物流单号、订单号、商品信息、收货人等信息；支付企业生成的支付单包含支付人信息、支付金额、订单号、支付单号等信息。此外，由仓储/物流企业推送的清单包含“三单”中的订单、商品、支付、物流的相关信息。由海关将“三单”与清单中的订购人信息、收件人信息、商品及价格信息进行数据校验比对，此过程称为“三单对碰”。截图附有可信时间戳认证证书，取证时间为2023年1月19日。某公司提交海关总署2018年第113号文件《关于修订跨境电子商务统一版信息化系统企业接入报文规范的公告》及其附件部分截图，显示进口业务的运单及运单状态应由物流企业负责向海关申报，运单报文应包含物流运单编号、订单编号、收货人信息、收货人地址、收货人电话等信息。

【案件焦点】

某公司是否侵犯刘某的隐私权和个人信息权益。

【法院裁判要旨】

北京互联网法院认为，本案系隐私权、个人信息保护纠纷，刘某主张某公司作为网络跨境电商平台，泄露其购物交易订单及其个人信息，使其遭受诈骗电话骚扰，侵犯了其个人信息权益和隐私权。根据《民法典》第一千零三十四条的规定，自然人的个人信息受法律保护。个人信息是以电子或者其他方式记录的能够单独或者与其他信息结合识别特定自然人的各种信息，包括自然人的姓名、出生日期、身份证件号码、生物识别信息、住址、电话号码、电子邮箱、健康信息、行踪信息等。《民法典》第一千零三十二条规定，自然人享有隐私权。任何组织或者个人不得以刺探、侵扰、泄露、公开等方式侵害他人的隐私权。隐私是自然人的私人生活安宁和不愿为他人知晓的私密空间、私密活动、私密信息。《民法典》第一千零三十三条规定，除法律另有规定或者权利人明确同意外，任何组织或者个人不得实施下列行为：（1）以电话、短信、即时通讯工具、电子邮件、传单等方式侵扰他人的私人生活安宁；（2）进入、拍摄、窥视他人的住宅、宾馆房间等私密空间；（3）拍摄、窥视、窃听、公开他人的私密活动；（4）拍摄、窥视他人身体的私密部位；（5）处理他人的私密信息；（6）以其他方式侵害他人的隐私权。本案中，涉案信息为刘某的姓名、电话、订单号码以及送达地址，明确指向特定自然人的身份及其私人活动，属于个人信息及隐私权保护范畴。首先，关于刘某要求某公司停止侵害原告隐私权、个人信息权的诉讼请求，法院认为，2021 年 11 月底，刘某多次受到诈骗电话骚扰，诈骗方知晓刘某个人信息的范围为：订单号码、姓名、电话以及送达的地址等。然而，在案证据显示，某公司作为电商平台，仅为网购过程中会接触刘某个人信息的多方主体之一，物流企业同样拥有物流单号、订单号、商品信息、收货人等信息，且在某公司订单、物流企业运单皆需交由海关交叉检验的情况下，个人信息亦可能从物流企业、海关或传输过程中流出，某公司亦提供了在其经营中已经采取的保护用户个人信息的做法和措施，目前无证据显示诈骗方知晓的个人信息内容为某公司所独有或者提供，在案证据尚不足以证明某公司泄露刘某个人信息的事实达到民事证明标准高度盖然性的程度。综上，刘某要求某公司承担相关侵权责任的诉讼请求，无事实依据，不予支持。其次，关于刘某要求某公司采取措施，清除已经泄露在外的个人信息的诉讼请求，本案个人信息泄露影响范围与非法获取主体皆属未知，也无充分证据证明某公司对刘某的个人信息泄露存在过错，故刘某要求某公司采取措施，清除已经泄露在外的个人信息的诉讼请求，无事实和法律依据，不予支持。刘某如发现第三人非法使用其个人信息侵害其合法权益，可另案诉讼。最后，对于刘某要求判令某公司赔礼道歉的诉讼请求，因在案证据尚不足以支持某公司对刘某存在侵权事实，刘某要求判令被告赔礼道歉的诉讼请求，无事实依据，不予支持。综上，一审法院判决驳回刘某的全部诉讼请求。

刘某不服一审判决，提出上诉。北京市第四中级人民法院审理认为，法院结合各方当事人陈述和在案证据补充查明如下：涉案订单配送信息记载的收货人为“刘某”，而本案刘某主张泄露的个人信息为订单号码、本人姓名、电话等信息。根据某公司提交的“三单对碰”的流程，物流企业掌握的信息应为物流运单编号、订单编号、收货人信息、收货人地址、收货人电话等信息，即不包括刘某主张泄露的本人姓名和身份信息。对此，某公司主张，境外物流企业为××××国际物流（以下简称××），境内物流为顺丰速运，××负责涉案交易报关事宜，掌握刘某的身份信息，且涉案信息泄露的范围仅凭刘某一方陈述，不能作为定案依据。刘某认为，××作为境外运输企业，其掌握的个人信息均为拼音，不包括中文姓名，且自己预留的收货人信息非本人真实姓名。信息泄露就是某公司所为，非物流企业。二审法院对上述争议事实认定如下：关于报关企业，根据《跨境电商1210模式操作指南》《海关总署公告2018年第194号——关于跨境电子商务零售进出口商品有关监管事宜的公告》显示，交易真实性和消费者（订购人）身份信息真实性的审核责任系电商企业，报关义务也在电商企业，即便电商企业委托物流企业报关，其委托行为的后果亦应由委托人负责。故刘某姓名等个人身份信息的实际控制人应为电商企业，理论上物流企业不应掌握刘某身份信息。二审法院经审理查明的事实与一审法院查明事实一致。

二审法院认为，结合诉辩双方意见，本案二审争议焦点为某公司是否侵犯刘某的隐私权和个人信息权益。刘某主张上述信息属于私密的隐私信息，二审法院认为，私密信息中不愿为人所知的判断标准，不以自然人主观意愿为主，应从社会公众一般认知和价值的角度权衡。消费者的姓名、电话及订单信息在网络购物场景中，是必然要准许他人使用的信息，且在日常生活中，姓名和手机号码发挥着身份识别和信息交流的作用，不具有私密的属性。就本次交易中刘某购买的山核桃，亦非一般社会公众认知的不愿为人知的私密信息，更非维护自然人人格利益的个人信息。故上述信息仅为个人信息，而非私密信息。但就本案泄露行为的后果而言，涉案信息的泄露导致刘某私生活安宁受到侵扰，构成对刘某隐私权的侵犯。对于刘某个人信息的泄露以及导致其隐私权被侵犯的后果，某公司是否承担责任，《个人信息保护法》第六十九条规定，处理个人信息侵害个人信息权益造成损害，个人信息处理者不能证明自己没有过错的，应当承担损害赔偿等侵权责任。在本案中，某公司作为刘某的个人信息处理者，提供了2020年5月21日取得的公安部门颁发的“通用电子商务平台”系统、“物流”系统的信息系统安全等级保护第三级备案证明，拟证明自己的信息系统安全可靠。二审法院认为，本案纠纷发生时间为2021年11月，距公安部门颁发的备案证明已有1年6个月之久，该份证据难以说明纠纷发生时其系统的安全状况。除此之外，某公司还提供了一系列安全保护政策，即个人信息安全保护管理制度、《权限管理政策》、《密码政策》、《信息安全风险管理政策》、《零容忍政策》、《数据处理标准》、某安全意识（ASA）强制性合规培训要求、员工信息安全培训讲座记录等文件，拟证明某公司员工获取用户个人信息时的身份检验安全性、获取权限最小限缩范围与权限终止安全性、数据安全性、密码安全性、数据分级分类处理合法合规、员工安全意识培训充分。二审法院认为，上述政策规则，虽能够从应然层面上证明某公司提供了一般性安全保障义务，但并不能证明在实然层面，某公司在刘某主张的被泄露的个人信息处理环节中尽到了相应的安全管理职责。上述证据并未达到《个人信息保护法》第六十九条规定的证明自己没有过错的证明标准。关于其他环节可能泄露刘某信息的抗辩。根据上述查明事实可知，刘某主张泄露的信息，并非支付信息和收货信息，排除了支付和物流环节，海关和公共服务平台掌握的信息应为全网域电商平台的订单信息，信息泄露不应局限于某平台的订单。本案在案证据中并无其他网站信息泄露的证据，即现有证据不足以证明海关或公共服务平台有泄露信息的可能性。故依照《个人信息保护法》第六十九条之规定，二审法院推定某公司对刘某信息泄露事件的发生存在过错，应当承担由此造成的刘某隐私权和个人信息权益的损害的赔偿责任。对此，二审法院认为一审法院认定的事实和适用法律存在错误，予以纠正。

关于本案损害事实的认定，二审法院认为信息主体因个人信息被泄露而产生恐惧、焦虑等非物质损害即构成权益的侵害，本案的实际情况是刘某已经接到电话骚扰，骚扰行为已经造成了对刘某安宁生活的侵扰。故对刘某提出的赔礼道歉的请求，二审法院予以支持。对于赔礼道歉的具体形式和范围，二审法院根据侵权事实的损害后果及其影响酌情予以确定。

关于停止信息泄露和清除已泄露的信息的诉讼请求。二审法院认为，已经泄露的信息，属于已完成的行为，无法采取停止侵害的措施予以救济；清除已经泄露的信息，属于原则性的请求，缺乏对具体的范围、措施的描述，且存在现实和技术上的障碍，属于诉讼请求不清晰。故上述两项诉讼请求二审法院不予支持。但结合本案实际情况，二审法院建议某公司吸取教训，针对可能存在的安全风险进行自查和排除隐患。在日常经营中，履行好信息处理者的安全保障义务，按照相关规定定期开展信息系统的等级测评，审慎选择合作对象，采取提高信息安全保障能力等有效措施，来维护消费者的个人安全。

综上，刘某的上诉请求部分成立，二审法院予以支持。依照《民法典》第一千零三十二条、第一千零三十三条、第一千零三十四条，《个人信息保护法》第六十九条，《民事诉讼法》第一百七十七条第一款第二项之规定，判决如下：

（1）撤销北京互联网法院（2022）京0491民初992号民事判决。

（2）某公司于判决生效后10日内在其官方网站首页以公告形式连续3天向刘某赔礼道歉（公告内容需经一审法院核准，如拒不履行该义务，法院将依刘某的申请，在一家全国公开发行的报纸上刊登判决书的主要内容，费用由某公司负担)。

(3) 驳回刘某的其他诉讼请求。

【法官后语】

侵害个人信息权益的归则原则是过错推定原则，即个人信息处理者不能证明自己没有过错的，应当承担损害赔偿的责任。当权利人主张个人信息泄露时，信息处理者不仅应从系统信息安全的宏观层面证明自己尽到了安全保障义务，还应当从微观层面就权利人主张的泄露行为，证明自己在收集、使用、处理等处理用户信息的过程中采取了合理措施，在合同履行中不存在任何过错。

根据《民法典》第一千零三十四条的规定，自然人的个人信息受法律保护。个人信息是以电子或者其他方式记录的能够单独或者与其他信息结合识别特定自然人的各种信息，包括自然人的姓名、出生日期、身份证件号码、生物识别信息、住址、电话号码、电子邮箱、健康信息、行踪信息等。第一千零三十二条规定，自然人享有隐私权。任何组织或者个人不得以刺探、侵扰、泄露、公开等方式侵害他人的隐私权。隐私是自然人的私人生活安宁和不愿为他人知晓的私密空间、私密活动、私密信息。第一千零三十三条规定，除法律另有规定或者权利人明确同意外，任何组织或者个人不得实施下列行为：(1) 以电话、短信、即时通讯工具、电子邮件、传单等方式侵扰他人的私人生活安宁；(2) 进入、拍摄、窥视他人的住宅、宾馆房间等私密空间；(3) 拍摄、窥视、窃听、公开他人的私密活动；(4) 拍摄、窥视他人身体的私密部位；(5) 处理他人的私密信息；(6) 以其他方式侵害他人的隐私权。本案中，刘某主张自己的姓名、电话、订单信息，属于个人信息的保护范畴。

私密信息中不愿为人所知的判断标准，不以自然人主观意愿为主，应从社会公众一般认知和价值的角度权衡。消费者的姓名、电话及订单信息在网络购物场景中，是必然要准许他人使用的信息，且在日常生活中，姓名和手机号码发挥着身份识别和信息交流的作用，不具有私密的属性。就本案中刘某购买的山核桃，亦非一般社会公众认知的不愿为人知的私密信息，更非维护自然人人格利益的个人信息。故上述信息仅为个人信息，而非私密信息。但就本案泄露行为的后果而言，涉案信息的泄露导致刘某私生活安宁受到侵扰，构成对刘某隐私权的侵犯。本案在案证据中并无其他网站信息泄露的证据，即现有证据不足以证明海关或公共服务平台有泄露信息的可能性。故依照《个人信息保护法》第六十九条之规定，二审法院推定某公司对刘某信息泄露事件的发生存在过错，应当承担由此造成的刘某隐私权和个人信息权益的损害的赔偿责任。

本案明确了在电商平台个人信息泄露案件中，过错推定责任的证明标准；对个人信息保护以及隐私权侵权的认定进行了充分论证，兼顾了隐私权保护及信息传播的衡平。同时，本案提示消费者在发生信息泄露事件时，及时固定证据，有效维护权益，为个人信息司法保护该提供了一个重要分析样本，也为平台企业更好地维护用户权益、促进自身长远发展提供了指导。

编写人：北京市第四中级人民法院 张勤缘 赵 赫

第三人知晓侵权行为指向虚拟主体对应的现实主体是侵害虚拟主体名誉的必要前提

——岳某某与某美容店网络侵权责任纠纷案

【案件基本信息】

1. 裁判书字号

北京市第四中级人民法院（2023）京04民终58号

2. 案由：网络侵权责任纠纷

3. 当事人

原告（上诉人）：岳某某

被告（被上诉人）：某美容店

【基本案情】

根据原告岳某某提交的大众点评系统截图，“某啊宝”发表如下言论：“良心说，这家老板和店里的小姐姐们人都很好！看到这条评价我也很惊讶！不了解发生了什么也不好过多评论！……也不是一笔小钱呢，这种好事这位小姐姐不要的话我也替你要去。”某美容店（商家）在评论区回复“某啊宝”时发表如下言论：“不要和××一样乱咬!”“你既然像个狗皮膏药一样粘着”“被多家商家拉黑的奇葩”“大奇葩”“这个奇葩”“在北京这5年你读的是‘北京电影学院’吧？戏可真多!”“这个奇葩拿着680就想充大爷！真的是穷山恶水出刁民!”“偶尔遇到商家对奇葩的态度是像送瘟神一样小心翼翼送出去，这不是5星服务，这是‘赶紧滚’的另外一种表达方式”“不像这个××天天闲的在网上咬人!”“恶人自有恶人磨”。2020年12月13日，原告向大众点评平台提起了投诉，投诉对象为上述言论，内容作者为某美容店（商家），投诉原因为脏话辱骂，具体理由为“疯狗”，处理结果为违规的内容已做处理。“某啊宝”在评论区发表以下言论：“商家的违规评论里说要报警，为什么不报警呢？我受到不法侵害也需要警察解决啊，商家报警一次解决啊”“等着再违规吧”。某美容店（商家）回复：“原来用FengG形容你的时候，还不能直接打出来，报警、起诉都在等周一，不要着急，给你这种社会LJ多一点时间。”2020年12月13日，原告向大众点评平台提起了投诉，投诉对象为上述言论，内容作者为某美容店（商家），投诉原因为脏话辱骂，具体理由为“FengG”影射之前的违规评论“疯狗”，处理结果为违规的内容已做处理。12月13日22时10分，某美容店（商家）发表以下言论：“你确实是又蠢又坏的FenG，见人就咬！你也好歹大学毕业了，……你还不罢休的在这里见人就吠，你这几年大学确实白读了。”

2020年12月17日，原告向大众点评平台提起了投诉，投诉对象为上述言论，内容作者为某美容店（商家），投诉原因为脏话辱骂，具体理由为“FengG”“疯狗”，处理结果为违规的内容已做处理。2021年1月19日，原告向被告发送律师函，要求被告在收到律师函后立即停止对原告的任何侵权行为，并在收到律师函后3日内，以书面方式向原告赔礼道歉，在大众点评平台上删除对原告不利的言论，消除对原告不利的影响。原告提交的物流信息显示，2021年1月20日，某美容店（商家）已签收前述文件。

另外，被告提交的点评截图载明，“某啊宝”对商家某酒店评论如下：“看我住的时间久欺负我是吧？双人间，没有任何可以坐的地方……你家前台要是闲得慌我天天叫你们来开窗关窗。”对商家某皮肤管理评论如下：“自己之前做……别嚷嚷我是差评师什么的……技术真厉害啊根眉都能自己糊成雾眉……如果我发出这条评价后又被你家短信轰炸我也很乐意每天给你家写评价哦。”

【案件焦点】

原告岳某某的名誉权是否因为网络虚拟账号受到网络攻击而受到侵害。

【法院裁判要旨】

北京互联网法院认为：《民法典》第一千零二十四条规定，民事主体享有名誉权。任何组织或者个人不得以侮辱、诽谤等方式侵害他人的名誉权。本案中，被告在大众点评评论区回复“某啊宝”时多次使用了“疯狗”或者能让公众联想到“疯狗”的言辞，但“某啊宝”系原告在大众点评平台内注册的虚拟账号，该虚拟账号的实际注册人信息并不被公众知悉。现原告岳某某未提交充分有效的证据证明因被告在大众点评评论区涉案回复导致原告岳某某的名誉权受到损害，原告对此应承担举证不能的不利后果。因此，被告的评价内容虽具侮辱性，但并未造成原告本人的社会评价降低的结果。故北京互联网法院认为，被告的行为并不构成对原告名誉权的侵害，原告的诉讼请求缺乏事实和法律依据，依法不予支持。综上所述，依照《民法典》第一千零二十四条第一款、《民事诉讼法》第六十七条、《最高人民法院关于适用〈中华人民共和国民法典〉时间效力的若干规定》第一条第三款之规定，判决如下：驳回原告岳某某的全部诉讼请求。

岳某某不服一审判决，提出上诉。北京市第四中级人民法院在本案审理过程中，进行了调解，各方当事人自愿达成如下协议：

（1）某美容店当庭向岳某某赔礼道歉（已履行）。

（2）岳某某当庭向某美容店赔礼道歉（已履行）。

（3）某美容店撤回对岳某某在甘肃省兰州市七里河区派出所的报案。

（4）本案项下再无其他争议。

【法官后语】

对于虚拟主体的侵犯名誉权案件，权利人需要举证证明侵权行为导致权利人的社会评价实际降低，而非自身的名誉感受到贬损。如果在虚拟网络空间中，没有证据证明第三人知晓侵权行为指向虚拟主体对应的现实主体，则达不到侵犯名誉权的构成要件标准，不构成侵权。名誉权的侵权以社会评价降低为要件。判断社会评价是否降低，则需厘清“客观名誉”和“主观名誉”的区别：客观名誉是独立于权利主体之外的对民事主体的品德、才能、信用等社会评价，这种评价不以个人感受为转移；而主观名誉又称“名誉感”，是民事主体对自己素质、素养、品行等所具有的感情，是一种主观评价和感受。法律无法保护“难以言表”的内心世界，如果赋予当事人过多对名誉感的保护，更不利于社会和谐稳定。但当行为人的言论过激确实应当惩戒时，权利人可以援引一般人格权的法律规定寻求救济。本案为权利人合法合理维权提供了指引。

编写人：北京市第四中级人民法院　张勤缘　赵　赫

个人信息收集者侵权责任的认定

——马某诉北京某某科技有限公司个人信息权案

【案件基本信息】

1. 裁判书字号

北京市第四中级人民法院（2021）京04民终928号

2. 案由：网络侵权纠纷

3. 当事人

原告（被上诉人）：马某

被告（上诉人）：北京某某科技有限公司（以下简称某科技公司）

【基本案情】

某科技公司是涉案词典App的开发者和运营者。马某主张发现，用户打开涉案词典后，会默认选择同意“已阅读并同意服务条款和隐私政策”，且若用户取消同意，便无法使用涉案词典，存在强迫用户同意《服务条款》《隐私政策》的情形。此外，该词典存在过度收集个人信息的情形，《隐私政策》中要求收集用户不属于实现词典基本业务功能需要的必要信息，违反《个人信息保护法》中的规定。马某在试图撤回处理个人信息的同意时，发现涉案词典并未向用户提供任何撤回同意的方式。马某认为某科技公司的行为严重侵害用户的个人信息权益，应当承担相应的侵权责任。起诉请求法院判令某科技公司停止收集并删除已经收集的马某个人信息，包括设备信息、手机号码、密码、用户日志。

【案件焦点】

某科技公司的涉案行为是否侵犯马某的个人信息权益。

【法院裁判要旨】

北京互联网法院认为，涉案词典兼具“查词”和“社交”两种属性，在基本业务为词汇查询的情况下，不提供查询服务，应属于对基本业务的拒绝，侵犯了马某的个人信息权益。涉案词典因附加的社交功能，能够收集马某的手机号码、设备信息、密码、用户日志等内容，但未提供便捷的撤回同意方式，侵犯了马某的个人信息权益。综上，北京互联网法院判决如下：

（1）某科技公司自一审判决生效之日起立即删除收集的马某的昵称、手机号码、密码、头像、设备信息；自一审判决生效之日起6个月内，删除收集的马某的用户行为信息。

（2）自一审判决生效之日起7日内，某科技公司书面向马某赔礼道歉，道歉内容须经一审法院审核（若某科技公司逾期不履行，一审法院将依马某申请，选择一家全国发行的报刊，刊登判决主要内容，费用由某科技公司负担）。

（3）自一审判决生效之日起7日内，某科技公司赔偿马某合理开支3080元。

（4）驳回马某的其他诉讼请求。

某科技公司不服一审判决，提起上诉。

北京市第四中级人民法院经审理认为，第二审人民法院应当对与上诉请求有关的事实和适用法律进行审查。本案系网络侵权责任纠纷。根据马某与某科技公司之间的诉辩意见以及当事人的举证、质证和庭审调查情况，本案焦点问题有二：①某科技公司在涉案词典App中的相关收集、处理行为是否构成对马某个人信息权益的侵害；②若构成侵权，一审判决某科技公司承担的侵权责任是否适当。

一、某科技公司在涉案词典App中的相关收集、处理行为是否构成对马某个人信息权益的侵害

北京市第四中级人民法院认为该项争议焦点主要涉及以下三个方面的问题。

1. 涉案词典所属应用程序类型

法院认为，网络运营者收集的个人信息的类型应与实现产品或服务的业务功能有直接关联，实现功能的目的与信息收集的范围成合理比例，不得收集与其提供的服务无关的个人信息。根据《常见类型移动互联网应用程序必要个人信息范围规定》第五条第四款的规定，网络社区类，基本功能服务为“博客、论坛、社区等话题讨论、信息分享和关注互动”，必要个人信息为注册用户移动电话号码。第五条第三十八款规定，实用工具类，基本功能服务为“日历、天气、词典翻译、计算器、遥控器、手电筒、指南针、时钟闹钟、文件传输、文件管理、壁纸铃声、截图录屏、录音、文档处理、智能家居助手、星座性格测试等”，无须个人信息，即可使用基本功能服务。本案中，结合涉案词典的名称、官方及应用商店介绍等，流行语查询功能应当是其应用程序的基本功能，在此功能之上延伸出对于流行语解释的点赞、评论等社交功能属于基本功能之外的拓展功能。网络用户若仅使用该应用程序中的词典翻译功能，则应当适用无须个人信息即可使用的规定；网络用户若在其基础功能之外使用该应用程序的社交功能，则涉案词典有权依据上述规定要求用户提供注册用户移动电话号码。综上，涉案词典的基本功能应当为查词翻译，属于实用工具类应用程序。

2. 一审判决认定某科技公司删除的信息是否属于个人信息。《民法典》第一千零三十四条第一款、第二款规定：“自然人的个人信息受法律保护。个人信息是以电子或者其他方式记录的能够单独或者与其他信息结合识别特定自然人的各种信息，包括自然人的姓名、出生日期、身份证件号码、生物识别信息、住址、电话号码、电子邮箱、健康信息、行踪信息等。”《个人信息保护法》第四条第一款规定：“个人信息是以电子或者其他方式记录的与已识别或者可识别的自然人有关的各种信息，不包括匿名化处理后的信息。”《网络安全法》中对于个人信息的定义为“以电子或者其他方式记录的能够单独或者与其他信息结合识别自然人个人身份的各种信息，包括但不限于自然人的姓名、出生日期、身份证件号码、个人生物识别信息、住址、电话号码等”。综合上述法律规定，受法律保护的个人信息核心要件在于“可识别性”，即该信息能够单独或者与其他信息结合识别特定自然人，能够显现个人自然痕迹或社会痕迹，勾勒出个人人格形象。这种识别既包括对个体身份的识别，也包括对个体特征的识别。在判断是否具有可识别性时，应结合具体的信息收集使用场景，而不能抛开场景和其他信息对每一个信息进行独立判断。

本案中，马某主张删除的个人信息包括设备信息、地理位置、用户行为、偏好设置、昵称、手机号码、密码、头像、真实姓名、身份证号、职业、有关身份证明。一审判决认定本案中某科技公司应当删除的个人信息为涉案账号的昵称、手机号码、密码、头像、设备信息和用户行为信息。

关于手机号码。在手机实名制的大背景下，手机号码具有强识别作用，一般情况下无须借助其他信息即可直接识别到特定自然人，应当属于个人信息。关于设备信息和用户行为信息。设备信息是用户在使用App过程中所持有的个人常用设备型号、识别码等信息；用户行为信息，在本案中指向用户上网时的用户日志。以上信息显然是涉案词典从用户处收集到的，可以指向用户的上网记录信息和个人常用设备信息，虽然无法发挥单独识别特定自然人的效果，但与其他信息结合就可以识别出特定的自然人，使他人了解特定自然人的浏览偏好等信息，属于个人信息。关于密码，本案中，密码形成于注册或使用涉案词典App过程中，结合马某和某科技公司的陈述及在案证据，密码系马某本人在注册时设置，某科技公司作为App运营商已掌握并存储该信息，该信息属于与网络用户账号相关的个人信息。关于昵称和头像信息，根据已查明的事实，本案中马某在涉案词典中的昵称和头像信息均形成于注册过程中，均为系统自动分配。系统分配的昵称在整个App用户中具有唯一指向性，该信息与马某账户相关联，结合涉案词典App在词典基本属性外兼具的社交属性，上述信息在特定使用场景下，结合其他数据可以起到还原用户的特定使用偏好和身份特征信息的作用，实际上也达到了识别性的标准。一般情况下，用户设置的头像和昵称的作用类似，属于具有识别特征的信息，尤其在兼具社交属性的软件中。但北京市第四中级人民法院注意到，本案中，马某在注册涉案词典后并未上传用户头像，在案证据显示用户头像为系统自动分配的头像，该头像信息不属于用户上传信息，亦不具有唯一识别性。考虑到一方面马某作为涉案词典的注册用户，其系统默认头像与其他昵称、手机号码等信息结合的情况下仍然可借助其他信息使该信息成为与已识别的自然人有关的信息；另一方面本案中头像、昵称类信息，是用户可以在使用过程中随时上传、变更的信息，该信息一旦发生变更，即达到与其他的信息结合识别出自然人的具体身份信息的效果，从而构成个人信息。综上，一审法院确认某科技公司从马某处收集的以上信息属于个人信息，并无明显不当。

3. 某科技公司在涉案词典 App 中的相关收集、处理行为是否构成对马某个人信息权益的侵害。

个人信息权益的主要内容是指权利人对个人信息的支配与自主决定，在此基础上还衍生出知情权、更正权、删除权等积极权能。《民法典》第一千零三十五条规定："处理个人信息的，应当遵循合法、正当、必要原则，不得过度处理，并符合下列条件：(一) 征得该自然人或者其监护人同意，但是法律、行政法规另有规定的除外；(二) 公开处理信息的规则；(三) 明示处理信息的目的、方式和范围；(四) 不违反法律、行政法规的规定和双方的约定。个人信息的处理包括个人信息的收集、存储、使用、加工、传输、提供、公开等。"《网络安全法》第四十一条规定："网络运营者收集、使用个人信息，应当遵循合法、正当、必要的原则，公开收集、使用规则，明示收集、使用信息的目的、方式和范围，并经被收集者同意。网络运营者不得收集与其提供的服务无关的个人信息，不得违反法律、行政法规的规定和双方的约定收集、使用个人信息，并应当依照法律、行政法规的规定和与用户的约定，处理其保存的个人信息。"《个人信息保护法》第十五条第一款规定："基于个人同意处理个人信息的，个人有权撤回其同意。个人信息处理者应当提供便捷的撤回同意的方式。"

依照上述法律规定，网络运营者收集、使用用户所提供的个人信息，应当遵循合法、正当、必要的原则，使用范围限于必要范围，且应当向用户明示收集、使用信息的规则，同时在平台对个人信息处理活动中，用户知情并同意对于保护个人信息具有重要作用，在信息收集和处理中，互联网平台需要获得用户授权并最大限度尊重和保障用户权益。北京市第四中级人民法院认为，本案中，涉案词典对马某个人信息权益的侵害行为主要体现在以下两个方面：一方面，正如上述第 1 点论述中的结论，本案中，涉案词典属于词典翻译功能的实用工具类 App，根据其基本服务业务功能，应当适用无须个人信息即可使用的规定。故其在用户注册时拒绝同意《服务条款》和《隐私政策》的情况下直接退出，不提供基本查词服务，应属于对基本业务的拒绝。另一方面，在马某注册使用涉案词典后，基于涉案词典附加社交属性功能为 App 用户提供互动社交机会和增强用户使用体验的目的，涉案词典在根据用户的意愿，取得用户同意的前提下收集、使用包括马某在内的用户相关信息有其合理性。但应当为用户提供便捷的撤回同意的方式。本案中在马某用手机号码注册后至取证时，涉案词典没有提供撤回同意处理个人信息的方式。某科技公司的以上行为违反《个人信息保护法》第十五条和第十六条的规定，侵犯了马某的个人信息权益。

综合上述三点，某科技公司在涉案词典 App 中的相关收集、处理行为构成对马某个人信息权益的侵害，应当承担相应的侵权责任。

二、一审判决某科技公司承担的侵权责任是否适当

北京市第四中级人民法院认为，根据《民法典》第一百七十九条和第九百九十五条的规定，人格权受到侵害的，受害人有权请求行为人承担民事责任。承担民事责任的方式包括停止侵害、赔偿损失、消除影响、赔礼道歉等。同时《个人信息保护法》第六十九条规定，处理个人信息侵害个人信息权益造成损害，个人信息处理者不能证明自己没有过错的，应当承担损害赔偿等侵权责任。本案中马某要求某科技公司删除已经收集的马某的个人信息具有事实和法律依据。需要特别指出的是，关于一审判决删除马某的头像信息，如前所述，虽然该头像信息系系统自动分配，马某未作变更，但考虑该信息具有可变更性，一审判决明确限定删除的信息系某科技公司收集到的马某的相关个人信息，有利于充分保护当事人权益及纠纷的一次性实质解决。关于用户行为信息的删除期限问题，北京市第四中级人民法院认为，一审法院考虑《网络安全法》关于相关信息留存期限的要求，判决某科技公司于一审判决生效之日起 6 个月内删除，符合法律规定，法院予以维持。关于某科技公司主张一审判决的赔礼道歉的方式超出马某

一审诉讼请求的范围。法院认为，人格权受到侵害的，受害人有权请求行为人承担赔礼道歉侵权责任。承担民事责任的方式应当与侵权行为的具体方式和造成的影响范围相当。马某一审诉讼请求第 4 项为在涉案词典 App 安卓版、苹果版首页置顶位置进行道歉，道歉时间不少于 30 日。在涉案词典 App 已经停止运行的情况下，一审法院判决某科技公司向马某书面赔礼道歉，该判项确定的承担责任方式和影响范围均明显低于马某诉请的方式和范围，并未超出马某的诉讼请求。某科技公司该上诉理由不能成立。

关于经济损失。《最高人民法院关于审理利用信息网络侵害人身权益民事纠纷案件适用法律若干问题的规定》第十二条第一款规定："被侵权人为制止侵权行为所支付的合理开支，可以认定为民法典第一千一百八十二条规定的财产损失。"合理开支包括被侵权人或者委托代理人对侵权行为进行调查、取证的合理费用。一审法院综合在案公证证据对某科技公司应当赔偿的经济损失酌情予以确定，并无不当。

关于某科技公司主张本案涉嫌虚假诉讼。北京市第四中级人民法院认为，一审法院明确本案一审争议焦点之一为马某是否构成虚假诉讼，并就该争议焦点展开详细论述，北京市第四中级人民法院就该问题的认定与一审法院意见一致。故上诉人该项上诉理由北京市第四中级人民法院不予支持。

此外，北京市第四中级人民法院亦注意到，根据一审的当庭展示，涉案词典 App 更新版注册页面已经为不进行个人信息授权用户提供基础功能模式，并在程序设置中添加了个人信息撤回同意设置。个人信息保护是一个逐步完善和深化的过程，某科技公司在后续版本中已经对用户授权方式进行了显著的改进，以充分保证用户的个人信息权益，对此北京市第四中级人民法院予以肯定。

综上所述，某科技公司的上诉请求不能成立，应予驳回；一审判决认定事实清楚，适用法律正确，应予维持。依照《民事诉讼法》第一百七十七条第一款第一项规定，判决如下：驳回上诉，维持原判。

【法官后语】

作为与土地、劳动力、资本、技术并重的第五大生产要素，数据在被广泛使用、开发的同时，也可能造成个人信息泄露和滥用。尤其是手机的普及和应用软件的广泛应用，不当、过度收集个人信息的现象频繁发生。合法、正当、必要原则已成为个人信息处理的基本原则。然而，三原则在内涵关系上存在混淆性，① 实践中对于如何准确界定并正确适用合法、正当、必要原则并未形成统一标准。在数字时代，如何规范日益增多的个人信息处理行为，既有效保障个人信息安全，又有力促进个人信息的合理利用，需要法官在两者之间寻求平衡的最佳机制。比例原则以特有的“目的—手段”之关联性作为分析框架，旨在达成“禁止过度”之效果，以维护法律的实质正义。② 由此，可将其作为重要的教义学工具，用以识别手机 App 过度收集个人信息、划定权利边界，为准确适用合法、正当、必要原则提供有效的方法论指引和行为准则。综上所述，合法、正当、必要原则是个人信息处理的基本原则，在判断手机 App 是否过度收集个人信息时应当依照上述三原则进行评判。然而，究竟如何准确界定和正确适用合法、正当、必要原则，现行法律并无明确的标准答案。因上述三原则都是不确定的法律概念，所以需要法官在个案中根据具体情况进行认定。笔者认为在依据三原则对个人信息处理者处理个人信息的行为进行司法审查时，应当遵循两个进阶：一是形式审查，即合法性审查；二是实质审查，即是否符合比例原则（见图 1.5）。

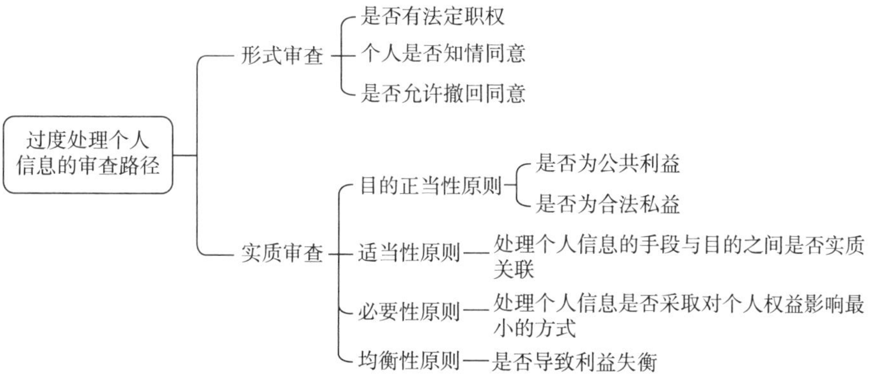

图 1.5 过度处理个人信息的审查路径

① 冯恺、杨润宇：《人脸识别信息处理中“合法、正当、必要”原则的区分审查》，载《东南法学》2022 年第 1 期。

② 郑晓剑：《比例原则在民法上的适用及展开》，载《中国法学》2016 年第 2 期。

（一）形式审查：信息处理行为的形式合法性

在公法领域，公权力机关处理个人信息需要有明确的法律规定。在私法领域，个人信息处理者通过与个人签订契约的方式获得合法处理个人信息的权利。因此，合法原则应当包括两方面的内容：一是个人信息的处理应当具有法律依据；二是个人信息处理者应当取得个人的同意，即符合告知同意规则，否则该等处理行为即属违法，除非法律另有规定。[①] 具体而言，法院要审查 App 是否对用户进行了充分告知，是否符合《个人信息保护法》第十四条第一款的规定，保证个人用户“充分知情”且“自愿”和“明确”。目前，我国法律未对设置同意程序的方式作出具体规定，法官在审理中可以结合《App 违法违规收集使用个人信息行为认定方法》中规定的情形进行判断，但实践中往往不限于上述情形。此外，《个人信息保护法》规定了撤回同意规则，App 处理个人信息应当有撤回同意的相应设置。

（二）实质审查：信息处理行为是否符合比例原则

1. 目的正当性原则

正当性原则属于目的性评价。目的正当性审查可以限制目的设定裁量，是实质法治的必要要求。该原则与《个人信息保护法》中的正当原则具有相通性。当前法律对于个人信息处理的正当原则规定得比较宽泛。“在实践中企业会尽量用模糊、宽泛的词汇来表述其约定目的”，从而扩大个人信息的收集、使用范围，并降低其自身法律风险。[②] 法院可以从目的是否具有正当性、是否符合公共利益或者私人利益进行判断。前者如国家安全、公共安全等；后者如为履行合同的目的、内部管理目的等。如手机 App 将用户同意收集的个人信息私自与第三方共享，就超出了合理目的，不具有正当性。

2. 适当性原则

适当性要求处理个人信息的手段与目的应当具有合理关联，它是指手

---

① 王利明、程啸、朱虎等：《中华人民共和国民法典人格权编释义》，中国法制出版社 2020 年版，第 419 页。

② 梁泽宇：《个人信息保护中目的限制原则的解释与适用》，载《比较法研究》2018 年第 5 期。

段应有助于正当目的的实现。适当性是对事实预测的规范，它要求手段与目的间存在实质关联性,[①] 其可以作为《个人信息保护法》中必要原则的一个子原则。具体而言，信息处理者处理信息的手段要与目的相关联，在实现目的限度的必要范围内收集个人信息。如用于导航的手机软件，收集用户的位置信息是必然要求，否则该 App 将无法提供实时导航功能，而若该 App 强制要求读取短信、通讯录，则往往属于过度收集。

3. 必要性原则

该原则又称最小损害原则或最小侵害原则，要求行为者运用的手段是必要的，手段造成的损害应当最小。如果存在多个有助于正当目的实现的手段，就应当选择最小或没有损害的手段。[②]《个人信息保护法》第六条明确规定：采取对个人权益影响最小的方式处理个人信息，这正是必要性原则的体现，它要求手机 App 收集的个人信息应该能够满足最小够用的原则。如身份认证有证件核实、指纹识别、人脸识别等多种手段，而在“中国人脸识别第一案”[③] 中，原、被告知未经注册人脸识别将无法使用年卡进入动物园，被告强制收集入园用户人脸识别信息，超出了必要原则的要求。

4. 均衡性原则

该原则可以作为必要性原则的第三审查标准，若在前述考量后仍存在利益冲突，则应审慎地进行利益衡量，实现个人信息处理的均衡性。如果个人信息处理行为导致利益失衡，则不符合必要原则。如在传染病预防控制过程中，卫生行政主管部门有必要向社会公布传染病人位置、行踪，但公开传染病人姓名、个人病史等信息则缺乏必要性。

（三）小结

具体到本案，判断某词典 App 是否过度收集个人信息，应当遵循由形式审查到实质审查的进路。

第一阶段，判断 App 收集个人信息是否经过同意。本案中，某词典

① 参见刘权：《比例原则》，清华大学出版社 2022 年版，第 21 页。
② 参见刘权：《比例原则》，清华大学出版社 2022 年版，第 23 页。
③ 杭州市富阳区人民法院（2019）浙 011 民初 6971 号民事判决书。

App 注册首页虽设有“同意”和“拒绝”选项，但任意点击“拒绝”按钮以外的手机屏幕位置，“已阅读并同意服务和隐私政策”均会被打勾，虽然给了用户一定的选择空间，但带有明显的倾向性。该 App 在马某注册使用中未赋予其选择基本服务功能和附加功能的选择权，而是采取了“一揽子”协议的方式，取得收集用户信息的授权，不符合“自愿”“明确”的要求。该 App 未设置便捷的“撤回同意”板块，用户只能选择注销账号撤回其同意，未履行《个人信息保护法》规定的法定义务，不具备形式合法性要件。

第二阶段，将“比例原则”的四个子原则作为审查标准对 App 处理个人信息的行为进行实质审查。就目的正当性而言，判断某词典 App 收集个人信息的目的是否正当的前提是明确其功能性质，结合某词典的名称、官方及应用商店介绍等因素，流行语查询功能应当是其应用程序的基本功能，在此功能之上延伸出对于流行语解释的点赞、评论等社交功能属于基本功能之外的拓展功能，其收集个人信息目的正当。就适当性和必要性原则角度而言，其收集的个人信息的类型应有助于目的的实现，并符合最小够用的原则。对于该词典 App 的基础功能，用户无须提供个人信息即可使用，对于其附加的社交属性功能，收集包括用户行为、地理位置、职业等信息有利于个性化推荐和满足社交功能。本案中该词典 App 并未区分基本服务功能和附加社交功能的使用，违反了必要性原则。从均衡性原则角度来讲，为维护网络安全，对用户违法行为溯源，应该对其网络日志留存 6 个月以上，该词典 App 收集用户日志并留存的行为符合均衡性原则。

综上，应认定该词典 App 过度收集个人信息，侵害了用户马某的个人信息权。

编写人：北京市第四中级人民法院　王　娟　韩继先　王同鑫

信息处理者对涉他人信息查阅复制义务的认定

——李某诉北京某信息服务有限公司个人信息保护案

【案件基本信息】

1. 裁判书字号

北京市第四中级人民法院（2023）京 04 民终 39 号

2. 案由：个人信息保护纠纷

3. 当事人

原告（上诉人）：李某

被告（被上诉人）：北京某信息服务有限公司（以下简称某信息公司）

【基本案情】

李某系某信息公司运营的某短视频 App 实名用户，2021 年 11 月，李某向该短视频 App 询问应当如何获取自己曾观看过的全部视频数据信息，得到应用内反馈为该应用暂无相关功能。李某认为公司拒绝了李某相关的查阅、复制权，后李某起诉要求该公司向其提供其观看过的全部视频数据信息（包含视频名称、创作者账号名称、观看时长或观看完成度、观看时间、视频发布时间、播放量等），并要求以书面形式提供上述信息。某信息公司认为其已完全履行法定义务，向李某提供了其诉请的个人信息并且根据其需求提供了更多帮助，未侵害上诉人的个人信息查阅、复制权。我国现行法律法规未对个人信息处理者提供个人信息查阅、复制的具体形式作出明确具体的规定，应当允许个人信息处理者结合其数据形式、存储能力、服务能力等，选择合理的方式和标准提供个人信息，某信息公司认为其向李某提供个人信息的查阅、复制方式已足以满足李某查阅、复制浏览记录的需求，不违反法律规定，亦属合理。

北京互联网法院认定事实如下：2021 年 11 月 1 日 9 时 54 分，李某在某短视频 App 询问如何把其在该短视频 App 观看过的全部视频数据信息复制下来，数据应包含视频名称、创作者账号名称、所看视频的观看时长（或观看完成度）、观看时间、视频发布时间、该视频在某视频平台的播放量等信息，App 内回复“暂时没有相关功能”。某信息公司于 2022 年 2 月 16 日向李某指定邮箱以 Excel 表格的形式提供了 2021 年 11 月 18 日 21 时 42 分 11 秒至 2022 年 1 月 23 日 13 时 29 分 59 秒涉案账号的视频观看时间、观看完成度（百分比）、视频链接，并于 2022 年 9 月 20 日以 Excel 电子表格形式向李某提供了案涉视频账号 2022 年 2 月 16 日至 2022 年 3 月 29 日的浏览记录副本。

【案件焦点】

个人信息处理者对个人信息主体要求查阅复制涉他人个人信息的义务如何认定。

【法院裁判要旨】

北京互联网法院经审理认为，李某主张查阅、复制的浏览信息，是与已识别的自然人有关的信息，是一种网络行为记录信息，具有人格利益，应予保护。平衡企业作为信息处理者的责任和企业处理和储存信息的成本后，李某要求查阅、复制的个人信息事项，某信息公司应予提供。而李某主张查阅、复制的浏览记录中的视频名称、视频发布者账号，是于同一组数据上承载了多个主体的个人信息利益的信息，应充分进行利益衡量，不应侵害其他主体合法权益。针对李某的请求，某信息公司提供了沟通与反馈途径，故应当认为某信息公司已及时向李某提供了涉案个人信息。北京互联网法院判决：

（1）某信息公司于一审判决生效之日起 10 日内向李某提供 2022 年 1 月 23 日 13 时 29 分 59 秒至 2022 年 3 月 29 日的浏览记录；

（2）驳回李某的其他诉讼请求。

李某不服一审判决，提起上诉。

北京市第四中级人民法院经审理认为：通常情况下，用户的浏览历史记录信息指用户在使用网络服务过程中操作、点击网络页面形成的行为信息，个别情形下，部分信息会因兼具用户的浏览习惯、兴趣爱好等信息属性而同时成为用户的个人信息，但在信息处理者未将其作为类型化的个人信息进行处理、记录的情况下，某信息公司不具有必须以个人信息属性向李某提供此类信息的责任。

本案中，某信息公司在某视频App内提供了多种路径供用户查阅其视频浏览记录信息，李某自行操作后，可以实现其主张的查阅权利，因此，从个人信息查阅权的角度，某信息公司并未侵害李某个人信息权益。但某信息公司提供信息的方式确实存在操作不便等实际情形，法院认为某信息公司应当根据李某请求的方式以电子文件形式向李某提供其浏览记录信息。

就客观技术层面而言，李某请求的部分记录信息确已超出某信息公司客观上能够提供的范围，对此北京市第四中级人民法院同意一审的裁判意见。据此，北京市第四中级人民法院依照《民事诉讼法》第一百七十七条第一款第一项的规定，判决驳回上诉，维持原判。

【法官后语】

《个人信息保护法》第四条第一款规定："个人信息是以电子或者其他方式记录的与已识别或者可识别的自然人有关的各种信息，不包括匿名化处理后的信息。"本案中李某要求查阅复制的浏览记录是其使用账号时的行为记录信息。浏览记录由观看时间、观看时长、观看的视频等组成，进一步分析，观看时间是浏览行为作出的时间信息，观看时长（或观看完成度）是浏览的程度信息，浏览行为的客体是视频，视频名称、视频发布者账号名称是视频的组成部分。因此，浏览记录虽然是衍生信息，但是各要素均能落入《个人信息保护法》第四条规定的个人信息的范畴内，具有人格利益。

《个人信息保护法》第四十五条第二款规定："个人请求查阅、复制其个人信息的，个人信息处理者应当及时提供。"但是法律并未规定个人请求查阅复制的个人信息涉他人个人信息时，个人信息处理者的协助义务如何确定。结合本案，视频名称、视频发布者账号名称与李某要求查阅复制的浏览记录虽不完全相同，但两者具有关联性，假定个人信息处理者将上述信息作为李某的浏览记录或其他类型个人信息进行了处理，则该两类信息具有同时成为李某个人信息和视频发布者个人信息的可能性。当一组数据上承载多个主体的个人信息权益时，个人信息处理者履行查阅复制义务时应当进行利益衡量，坚持查阅复制本人个人信息为原则，同时兼顾他人信息权益；如查阅复制的个人信息和他人个人信息不可分割，在不侵害其他个人信息主体合法权利的前提下，个人信息提供者可以提供。此种情形下，应考虑视频名称、视频发布者账号名称系创作者主动公开的个人信息，查阅复制该信息通常不会侵害视频创作者的合法权益，个人信息处理者原则上需响应用户的信息查阅复制请求。

现行法律、行政法规未对个人信息处理者相应个人信息查阅复制的提供方式作出明确具体的规定。本案中，某信息公司向李某提供的浏览记录副本包括视频观看时间、观看完成度及视频链接。某信息公司以提供视频链接的方式提供个人信息是否合理应当在具体的场景下讨论。首先，从个人信息查阅复制权的规范意旨来看，个人信息查阅复制权主要为保障个人信息主体对于自己信息知情和决定等权利的实现，防范个人信息被不当处理进而损害个人权益而设置，并非旨在服务于个人信息主体的任意请求。其次，从查阅复制的具体场景来看，本案中李某要求查阅复制的浏览记录是用户在使用网络服务过程中形成的行为信息，可认定为网络日志信息的一种，个人信息处理者对于操作日志的记录一般仅需具体到用户点击操作的网页链接地址，相关页面中展示的内容尤其是视频名称、视频发布者账户信息等不属于个人信息处理者必须予以记录的个人信息，在信息处理者未将其作为类型化的个人信息进行处理、记录的情况下，某信息公司不具有必须以个人信息属性向李某提供此类信息的义务。因此，在本案个人信息主体请求查阅复制浏览记录的场景下，个人信息处理者提供准确的网络链接地址即可认定已经履行了浏览记录查阅复制的基本协助义务。

编写人：北京市第四中级人民法院　胡怀松　王　瑜

学者在网络上进行学术评论和观点争锋不应超出合理限度

——吴某诉李某、A公司网络侵权责任纠纷案

【案件基本信息】

1. 裁判书字号

北京市第四中级人民法院（2023）京04民终630号

2. 案由：网络侵权责任纠纷

3. 当事人

原告（被上诉人）：吴某

被告（上诉人）：李某、A公司

【基本案情】

涉案××公众号系李某实名注册并持有。吴某提交的公证书载明，2021年8月9日，涉案××公众号中的3篇涉案文章显示有“阅读10万+”的浏览记录、“334人赞赏”的赞赏记录、“赞9053”的点赞记录及相关评论。公证书载明，2021年8月9日，申请人王某为固定证据，在公证员与公证员助理的监督下，使用公证处的计算机在浏览器中输入百度网址，并在百度搜索引擎中输入相关信息，显示有来自搜狐网、个人图书馆、北极星电力网等多条相关记录。

A公司提交的公证书载明，2018年5月15日，申请人A公司因保全证据的需要，在公证员的监督下由委托代理人杨某操作公证处电脑并截屏。登录网页版××公众平台，点击“注册”，在“基本信息”步骤，点击“《平台服务协议》”，其中载明“本服务是向用户提供的信息发布、客户

服务、企业管理以及与此相关的互联网技术服务”“你用以参与本服务的公众账号由你独立维护、运营并独立承担全部责任”。《平台服务协议》第六条“用户行为规范”显示不得利用公众账号或××公众平台制作、复制、传播“侮辱或者诽谤他人，侵害他人合法权益”“发布、传送、传播、储存侵害他人名誉权、肖像权、知识产权、商业秘密等合法权利的内容”，用户应承担由其公众号发布内容引起的所有风险等内容。在“选择类型”步骤，点击“中国内地”，选择类型“订阅号”，出现“用户信息登记”页面，注册者需要填写身份证姓名、身份证号码、管理员手机号码等信息，并提示将在法律允许的范围内向用户展示注册信息等。杨某登录网页版××公众平台，点击“公众平台侵权投诉登录”，打开“公众平台侵权投诉指引”，其内容载明对侵权救济途径的说明包括“1. 通知腾讯：权利人应向腾讯提出书面通知书……通知书的内容应包括但不限于以下内容：1.1 权利人主体信息和相关材料……1.2 权利人要求……1.3 构成侵权的初步证明材料……1.4 权利人保证”“2. 腾讯反馈”等信息。“注意事项”载明“本指引中的权利人，指拥有版权、商标权、专利权等合法权益的原始所有人，代理人是指经原始所有人合法授权的受托人，包括自然人、法人或其他组织等”。

吴某提交的申请投诉侵权截图显示“权利人类型：个人；姓名：吴某；投诉内容—投诉分类：内容侵犯名誉/商誉/隐私/肖像；投诉描述：吴某为北京大学建筑与景观设计学院教授。公众号‘涉案公众号’通过诽谤、虚构、拼凑等方式将吴某的学说污蔑为美国的阴谋，进而将吴某描述成美国派到中国毁灭中国水利的人。严重侵害了其名誉权，希望贵司立即采取必要措施断开链接，并于5日内向我提供该涉案公众号的实名认证信息（包括注册用户的姓名、身份证号、住址等）”，并提供了证明材料、侵权内容链接。吴某提交的××公众平台回应截图显示“侵权投诉审核不通过”，投诉单号为42637×××_1，投诉时间为2021年8月18日，投诉状态为“对本次投诉不予支持”，审核结果显示“你好，根据你所提交的投诉及材料平台无法核实判断到文章侵权等，故暂无依据进行处理。若你方认为相关文章侵权，建议针对文章具体指向你方的失实捏造之处，补充针对性的、更有力的证明材料等证明文章捏造事实，如你方已就相关文章起诉发文方，可提供起诉材料、法院立案受理材料等，平台会进一步核实”。

【案件焦点】

（1）李某发表的涉案言论是否侵害吴某的名誉权；（2）A公司是否应当承担连带责任。

【法院裁判要旨】

北京互联网法院认为，关于李某发表案涉文章是否侵害吴某名誉权的问题。《民法典》第一千零二十四条规定：“民事主体享有名誉权。任何组织或者个人不得以侮辱、诽谤等方式侵害他人的名誉权。名誉是对民事主体的品德、声望、才能、信用等的社会评价。”本案中，案涉3篇文章中的“哈佛来华教授吴某所推行的自然河道抗洪说，根本是毫无道理的伪科学，堪比当年著名的‘水变油’骗局”“吴某如此憎恨现代水泥水利工程，但他却只呼吁中国拆掉，从不肯回去把美国建设的更多的几万座水泥水库和河提段拆掉”“按照前哈佛大学吴某的意见，中国人就应该炸掉都江堰、毁掉三峡、不搞大型人工排水系统，就得就让河水恣意泛滥才叫生态治理、才叫海绵水系、才叫毛细生态。然而，他这种做法其实是非常反智、反科学且致命的”“他甚至要求当地政府把直的河道故意改得弯弯曲曲，他认为这样更自然，更防洪。但傻子都知道，这样会导致泄洪能力几何式下降，洪峰不仅难以及时排泄和通过，反而会迅速大水漫灌，造成重大灾害！这种做法，和杀人无异”“而前美国哈佛教授吴某的主张，就是彻彻底底的反人道主张。是反智反科学的代表”“更有水利工程专家表示，如果吴某的观点被中国政府采纳的话，那么中国水利将有可能陷入万劫不复的深渊”等内容中的“前美国哈佛教授吴某”“吴某”等描述具有明显的指向性，且李某未提交证据证明其陈述的言论内容属实，在这种情况下很难不让公众产生与事实不符的联想和猜测，不可避免的会造成其社会评价的降低，故涉案文章内容构成以诽谤的形式侵犯吴某的名誉权。

关于A公司是否要承担连带责任。《民法典》第一千一百九十五条第二款规定：“网络服务提供者接到通知后，应当及时将该通知转送相关网络用户，并根据构成侵权的初步证据和服务类型采取必要措施；未及时采取必要措施的，对损害的扩大部分与该网络用户承担连带责任。”《最高人民法院关于审理利用信息网络侵害人身权益民事纠纷案件适用法律若干问题的规定》第五条规定：“其发布的信息被采取删除、屏蔽、断开链接等措施的网络用户，主张网络服务提供者承担违约责任或者侵权责任，网络服务提供者以收到民法典第一千一百九十五条第一款规定的有效通知为由抗辩的，人民法院应予支持。”本案中，吴某于2021年8月18日向平台申请投诉侵权，平台针对该投诉进行了审核并反馈“根据你所提交的投诉及材料平台无法核实判断到文章侵权等，故暂无依据进行处理。若你方认为相关文章侵权，建议针对文章具体指向你方的失实捏造之处，补充针对性的、更有力的证明材料等证明文章捏造事实，如你方已就相关文章起诉发文方，可提供起诉材料、法院立案受理材料等，平台会进一步核实。”一审庭审中，A公司称其在收到本案起诉材料后采取了相关措施，但未提交证据证明，应就损失的扩大部分承担责任，故对于吴某要求A公司承担连带赔偿责任的诉讼请求，依法予以支持，但A公司应就其未及时采取合理措施的扩大部分损失承担责任。

根据前述分析，李某发布的涉案文章构成对吴某名誉权的侵犯，李某应当承担停止侵权、赔偿损失等法律责任。吴某要求李某基于侵犯其名誉权的行为向其公开赔礼道歉，为之消除影响、恢复名誉，符合法律规定，但是赔礼道歉的方式与范围应当与李某侵权行为之方式及影响范围相适应。吴某要求李某赔偿精神损失费的诉讼请求，于法有据，理由正当，一审法院依法予以支持，具体数额由一审法院综合考虑李某的过错程度、文章传播范围等案件情况酌情予以判定。关于赔偿维权支出，吴某对于李某的侵权行为采取公证的形式保全证据，系为了维权采取的合理行为，且提交了公证费发票，一审法院予以支持；关于律师费，吴某提交了律师费发票以及律师代理协议，一审法院予以支持。

综上所述，北京互联网法院依照《民法典》第一千零二十四条、第一千一百九十五条，《最高人民法院关于审理利用信息网络侵害人身权益民事纠纷案件适用法律若干问题的规定》第五条，《民事诉讼法》第六十七条第一款、第一百四十七条之规定，缺席判决如下：

（1）李某自一审判决生效之日起立即停止侵权。

（2）李某自一审判决生效之日起3日内，在涉案××公众号连续48小时发布致歉声明，向吴某赔礼道歉并为之消除影响、恢复名誉（声明内容须经一审法院审核，若逾期不履行，一审法院将根据吴某的申请选择在一家全国发行的报刊上公布一审判决书的主要内容，费用由李某负担）。

（3）自一审判决生效之日起10日内，李某赔偿吴某精神损失费30 000元及合理费用54 700元，共计84 700元（A公司在3000元范围内承担连带责任）。

（4）驳回吴某的其他诉讼请求。

李某不服一审判决，提出上诉。北京市第四中级人民法院经审理认为，根据《民法典》第一千零二十四条的规定，民事主体享有名誉权。任何组织或者个人不得以侮辱、诽谤等方式侵害他人的名誉权。名誉是对民事主体的品德、声望、才能、信用等的社会评价。侵害名誉权属于一般侵权行为，适用过错责任原则。本案中，李某作为粉丝量众多的自媒体账号所有人，影响范围大，故对其发布的有关言论应承担较一般网络用户更高的注意与审核义务。其事实陈述的相应言论应符合基本属实原则，其意见表达不应存在捏造事实、恶意诋毁，故意使用侮辱性、贬损性词汇，针对被评论人个人道德和行为品质作出负面评价的现象。李某的涉案言论具有夸张和臆断的特征，贬损意味较为明显，已经超出了学术分歧争论和水利问题讨论的限度。从李某提交的证据材料无法得出其言论具有客观根据和事实依据，李某的涉案言论以夸大的方式对吴某的观点进行了不客观的描述，且现有证据不能证明其对所依据的文章和相关新闻报道进行了必要的合理审核。故一审法院认定涉案言论构成侵害吴某的名誉权并无不当，北京市第四中级人民法院予以认可。一审判决李某停止侵权，因吴某一审诉讼请求为停止侵权、删除涉案文章，故一审判决停止侵权包括删除涉案文章。综上，一审法院判决停止侵权以及赔礼道歉、恢复名誉的方式符合法律规定，并无不当，北京市第四中级人民法院予以支持。根据《民法典》第一千一百八十三条第一款规定："侵害自然人人身权益造成严重精神损害的，被侵权人有权请求精神损害赔偿。"李某的涉案言论足以对吴某产生严重精神损害，故一审法院酌情认定精神损害赔偿数额亦无不当，北京市第四中级人民法院予以支持。关于合理费用，吴某提供了相关证据，一审认定的数额合理，北京市第四中级人民法院不持异议。

《民法典》第一千一百九十五条第二款规定："网络服务提供者接到通知后，应当及时将该通知转送相关网络用户，并根据构成侵权的初步证据和服务类型采取必要措施；未及时采取必要措施的，对损害的扩大部分与该网络用户承担连带责任。"本案中，吴某向A公司申请投诉侵权，涉案言论有较为明显的夸大、贬损、非客观的描述，但A公司未提交有效证据证明其及时采取了必要措施，应当对损害的扩大部分承担连带责任。一审法院认定A公司在3000元的范围内承担连带责任并无不当，二审法院予以支持。

综上所述，李某、A公司的上诉请求不能成立，应予驳回；一审判决认定事实清楚，适用法律正确，应予维持。依照《民事诉讼法》第一百七十七条第一款第一项的规定，北京市第四中级人民法院判决驳回上诉，维持原判。

【法官后语】

侵害名誉权行为应满足以下构成要件：首先，存在侵害行为，即行为人侵害了他人的名誉权；其次，侵害行为给他人造成了损害即存在因果关系；最后，行为人具有过错。本案因李某对"全球水库大坝研讨会"的报道和相关问题发表意见而引发，其学术评论和观点争锋中多有涉及言论自由与名誉权发生冲突的情形。名誉权和言论自由是公民的基本权利，这两种权利没有高低之分，在发生冲突的时候，应当遵循权利协调和利益衡量的规则予以平衡。本案的审理涉及自然人名誉权保护与言论自由两者的平衡。言论自由是公民享有的基本权利，但公民在行使这种自由的权利时，不得损害国家、集体的利益和其他公民的合法权利。因此，在认定行为人的行为是否侵害名誉权时，需综合考虑行为人的职业、影响范围、过错程度，以及行为的目的、方式、后果等因素。学者在对学术问题进行讨论并产生争议时，应理性、客观表达意见和描述事实，不应发表夸张和臆断的言论，不能超出学术分歧争论和相关问题讨论的限度。网络服务提供者，在知道侵权行为存在的情况下或接到被侵权人通知时，负有采取必要措施避免损害发生或防止损害扩大的义务。本案的意义在于明确学术讨论的言论边界，同时通过司法裁判督促网络平台尽到与其经营利益相匹配的审慎的监管义务。

判断网络服务提供者是否采取必要措施，应当从形式要件和实质要件两个方面考虑，即网络服务提供者是否根据自身性质等实际采取了包括但不限于删除、屏蔽、断开链接等措施以及措施是否产生了明显制止或预防侵权的效果。只有同时满足形式要件和实质要件，网络服务提供者才可免于责任。本案中，A公司未履行通知、删除义务，也没有采取其他相应的必要措施，应当对损害的扩大部分承担连带责任。

编写人：北京市第四中级人民法院 张 岩 张 伟

未成年人转发侵权言论和视频亦须担责

——黄某与张某网络侵权责任纠纷案

【案件基本信息】

1. 裁判书字号

北京市第四中级人民法院（2023）京 04 民终 834 号

2. 案由：名誉权纠纷

3. 当事人

原告（上诉人）：黄某

被告（被上诉人）：张某

【基本案情】

张某从案外人赵某处获得了有关黄某的涉案××笔记及部分群聊记录，随后在朋友圈发布“要瓜找我”“特别带劲”“盗图姐不敢盗脸改盗日常啦”等言论。案外人高某某看到后询问情况，张某遂将具有贬损性言论及不雅视频的涉案××笔记发给高某某，并告知可以发给他人。高某某将上述内容发给案外人刘某某。上诉 5 人系同校学生。黄某仅针对张某的行为提起了名誉权、隐私权等侵权诉讼。张某认为涉案笔记已经公开流转，自己的行为仅为转发，不构成对黄某的侵权，真正侵权的人是书写笔记的人及最先转发该笔记的人。

【案件焦点】

张某转发已经公开流转的涉案笔记的行为，是否构成对黄某名誉权的侵权。

【法院裁判要旨】

一审法院认为，张某向高某某转发不雅视频和笔记、群聊记录等，影射不雅视频中的人物是黄某，且其转发的笔记中使用了贬损性言论形容黄某。考虑到网络传播的便利、广泛、快捷等特点，张某的涉案行为极易造成涉案内容在其和黄某所在的共同学生群体中扩散，对黄某产生负面影响并造成其个人在特定环境中的社会评价降低。张某的行为构成对黄某的名誉权侵权。一审法院遂判决张某向黄某公开赔礼道歉并赔偿黄某精神损失及合理支出。

北京市第四中级人民法院判决驳回上诉，维持原判。

【法官后语】

社交媒体蓬勃发展，青少年利用网络社交的现象十分普遍，根据2023年10月的统计，未成年人的触网率已达到96.8%，网络虚拟性和便利性等特点使知识获取更加便捷，相伴而生的是未成年人沉迷网络、网络暴力、网络欺凌等问题不断涌现。本案中，张某发布不实言论和未经证实的不雅视频并传播的行为属于典型的利用互联网实施的学生欺凌事件。张某发布的内容在同学群体中扩散，造成黄某的社会评价降低，使其身心受到严重打击，最终自己也承担了相应的民事责任。《民法典》第一千零二十四条第一款规定，自然人享有名誉权。任何组织或者个人不得以侮辱、诽谤等方式侵害他人的名誉权。未成年人网络保护的法规也相继出台，立法和司法都在给未成年人营造友好型网络空间，为未成年人在网络空间健康成长提供坚实的法治保障。本案除了启示我们青少年应合理利用网络之外，还有以下内容需要我们引以为鉴：一是转载者的信息核实义务。转发者虽不是文章的原创作者，但亦承担相应的审核义务，当转载信息包含对他人人身攻击和侮辱性言辞，或事实明显不合理的信息时，转载者一定要审慎，不能道听途说，以讹传讹。如果转载者明知转载的信息虚假，或者对这种负面信息的真实与否漠不关心，导致他人受到伤害，则会被认定为具有侵害他人民事权益的故意或重大过失。二是对于未成年人之间产生的纠纷，家长应当尽到监护职责，应在充分了解事实的基础上采取合理的沟通方式，避免因纠纷处理不当给未成年人带来二次伤害。三是作为受害人的未成年人在遭遇网络暴力行为时，不要因恐惧而掩盖情况，应当及时向父母和老师求助，以保护自己的合法权益。

编写人：北京市第四中级人民法院　王　瑜

网络发文不当评论他人公司资金安全构成侵权

——A公司与某行业协会网络侵权责任纠纷案

【案件基本信息】

1. 裁判书字号

北京市第四中级人民法院（2022）京04民终634号

2. 案由：名誉权纠纷

3. 当事人

原告（上诉人）：A公司

被告（被上诉人）：某行业协会

【基本案情】

A公司发现某行业协会在其作为主办单位、备案主体的网络平台上，发布的文章内多次出现A公司互助推广模式“涉嫌传销”“涉嫌违法”。A公司认为上述文章借网友、用户名义影射其涉嫌分级、非法传销、非法设立资金池、非法集资、非法经营保险业务等，贬损其经济实力和经营稳定性，暗示其公司经营状况出现问题，已经超出了对一般事实的评论，带有明显的攻击性质，遂向法院起诉，请求某行业协会停止侵权行为并赔偿经济损失。

【案件焦点】

某行业协会发布的文章，是否构成对A公司名誉权的侵权。

【法院裁判要旨】

一审法院认为，涉案文章内容并未侵害A公司的名誉权，判决驳回A公司的全部诉讼请求。

北京市第四中级人民法院认为，因公益目的实施新闻报道或舆论监督而影响他人名誉的，行为人不需要承担民事责任，但存在捏造、歪曲事实或对他人提供的严重失实内容未尽到合理核实义务等情形的除外。本案中，从涉案几篇文章的内容看，部分内容属于对A公司经营的“好车主互助”业务的经营模式及业务风险等进行的第三方评价，相关评论意见虽未必绝对客观、全面，但总体上具有舆论监督、警示提醒社会大众的公益目的，属于舆论监督行为。部分内容如“资金池已形成”“跑路”“资金安全无法确认”“非法集资”等与A公司提交的证据不符，易误导社会公众对A公司形成不当评价，使其商誉受损。在某行业协会并未到庭应诉，更未提供证据证明其发布文章时尽到合理审核义务时，应当认定其发布的内容侵害了A公司的名誉权。关于侵权责任的承担，考虑涉案文章已删除，且文章部分内容具有一定的公益目的，二审法院酌情对A公司主张的侵权责任予以支持。

【法官后语】

商事主体从事经营活动，应当允许公众和媒体出于舆论监督目的进行评论，即便言辞激烈，语言犀利，只要没有歪曲客观事实，就不构成名誉权侵权。涉案文章中，来自第三方的评价内容可以看作是对A公司的舆论监督，属于言论自由的范畴。但部分言论超出客观中立的立场，捏造、歪曲事实，就突破了言论自由的合理边界，行为人应当承担相应的侵权责任。实践中，法人名誉权侵权案件不乏同行之间借批评不良现象之名，行打击竞争对手之实的行为。该案例的意义在于明确舆论监督行为的言论边界，对滥用舆论监督夸大事实，引导舆论方向的侵权行为予以惩戒。

编写人：北京市第四中级人民法院　王　瑜

销售无强制认证标识的移动电源需三倍赔偿

——王某诉某手机配件有限公司信息网络买卖合同纠纷案

【案件基本信息】

1. 裁判书字号

北京市第四中级人民法院（2022）京04民终667号

2. 案由：买卖合同纠纷

3. 当事人

原告（上诉人）：王某

被告（被上诉人）：某手机配件有限公司

【基本案情】

王某通过天猫在某手机配件有限公司经营的数码配件专营店购买移动电源。该产品是直插式设备，属于中国强制性产品认证（3C强制认证）范围内的产品，但商品实物却无3C强制认证标识。同时，案涉产品的宣传为专利产品，但实物未标明专利号和专利种类，宣传的15倍高效亦不属实，商家虚假宣传的行为违反《广告法》的相关规定。王某起诉要求判令某手机配件有限公司退货退款并进行3倍赔偿。

【案件焦点】

王某曾多次购买案涉商品的同款商品，是否应当支持王某请求惩罚性赔偿金的主张。

【法院裁判要旨】

一审法院认为，王某在多个不同卖家处购买了与案涉产品同一品牌的移动电源，已知涉案商品的实际情况，商家的不实宣传对其不会造成消费误导，不符合欺诈的构成要件。现有证据中没有显示涉案产品存在其他质量问题的证据。一审法院判决驳回王某的全部诉讼请求。

北京市第四中级人民法院认为，对于带有家用插头的移动电源，应认定为强制性认证产品。根据《产品质量法》第十三条、《认证认可条例》第二十八条的规定，应认证而未经认证即上市销售，不符合保障消费者人身、财产安全的要求，故对于王某退货退款的主张，改判予以支持。关于王某主张的欺诈性惩罚性赔偿问题，维持一审的判决。

【法官后语】

自《消费者权益保护法》规定惩罚性赔偿制度以来，此类维权案件数量呈现爆发性增长态势，应运而生出“职业索赔”“牟利性打假”的情况，即同一诉讼主体，同类型商品，多次购买，均以惩罚性赔偿为诉求提出索赔。应当说“职业索赔”现象有助于净化市场、打击违法违规行为，但也挤占了大量司法资源，部分索赔人存在违反诚信原则，运用不当手段牟取不当利益的情形。本案中的王某正是此种情况，他从多个不同商家的购买与案涉产品同一品牌的移动电源，分别以商家存在销售欺诈为由提起惩罚性赔偿之诉。最终法院以商品详情中的不实宣传对多次购买同款商品的王某不产生宣传误导为由，判决不支持其3倍惩罚性赔偿的诉讼请求。

编写人：北京市第四中级人民法院　王　瑜

平台内经营者与消费者纠纷时消费者可请求网络交易平台兑现其做出的有利承诺

——郭某某诉某公司信息网络买卖合同案

【案件基本信息】

1. 裁判书字号：

北京市第四中级人民法院（2020）京04民终386号

2. 案由：网络买卖合同纠纷

3. 当事人：

原告（上诉人）：郭某某

被告（被上诉人）：某公司

【基本案情】

2018年12月2日，郭某某在杭州某科技有限公司开设的网络店铺购买智能跑步机一台，该商品详情页显示店铺正在举办“0元购”活动。郭某某依规则达到“0元购”的标准后，该网络店铺拒绝返款，后店铺因经营不善处于失联和闭店状态。郭某某多次致电某公司要求客服介入，客服曾在前期的回复中表示“商家后续出现问题的话，公司这边肯定会负责的”，并作出“通过公司先行垫付的方式给您进行一个返款”的承诺，但在后续售后服务中，客服则表示拒绝垫付退款，故郭某某向法院起诉要求某公司退还购物款。北京互联网法院所作（2019）京0491民初21791号民事判决驳回郭某某的诉讼请求。郭某某因不服一审法院所作一审判决，向北京市第四中级人民法院提起上诉，请求撤销一审判决，发回重审或依法改判；二审诉讼费用由某公司负担。

【案件焦点】

（1）某公司作为网络交易平台提供者对郭某某是否负有先行赔付的义务；（2）某公司客服的回复是否直接构成某公司对郭某某的先行赔付承诺。

【法院裁判要旨】

一审法院认为，某公司作为网络交易平台，在诉讼过程中已向郭某某提供涉案店铺的真实姓名、地址及联系方式，应认定某公司已履行网络交易平台应尽的法定审核义务。某公司客服回复“公司这边肯定会负责的”以及“通过公司先行垫付的方式给您进行一个返款”，仅指某公司就郭某某投诉问题对涉案店铺进行处罚以及与涉案店铺协商后予以先行垫付的意思表示，此回复并不直接构成某公司对郭某某的先行赔付承诺，亦不满足平台关于先行赔付判断标准的规定，应认定某公司对此不具有先行赔付义务。某公司对涉案店铺的“0元购”活动并没有预见性，在返款纠纷发生后，某公司与涉案店铺都在对投诉进行处理，协助郭某某解决此事，无法推定某公司必然明知或者应知涉案店铺利用其平台侵害消费者合法权益。郭某某未能举证证明某公司有其他应当承担责任的情形，因此对郭某某要求某公司先行赔付涉案商品货款的主张，不予采纳。

二审法院认为，根据《消费者权益保护法》第四十四条第一款的规定，经审查，某公司确已向郭某某披露了涉案店铺经营者的必要信息，应认定某公司已履行平台应尽的信息披露义务。但郭某某提供的与某公司客服的沟通记录显示，某公司客服曾向郭某某作出过对消费者有利之承诺，考虑网络交易平台开办者或管理者具备建立健全平台管理机制的能力，以及对利用平台的经营者的控制力远超消费者，故根据上述条款中关于“网络交易平台提供者作出更有利于消费者的承诺的，应当履行承诺”的规定，应认定某公司作出的承诺属于网络平台提供者与郭某某的约定，从鼓励网络平台提供者采取更有利于消费者的原则考虑，某公司应履行承诺。一审法院对某公司所作承诺的理解不妥，应予纠正。郭某某所提部分上诉请求成立，二审法院予以支持；郭某某要求某公司按涉案商品价款的3倍标准给付赔偿款的诉求缺乏事实和法律依据，二审法院不予支持。

【法官后语】

随着互联网经济的蓬勃发展，网络购物已成为现代消费生活的重要组成部分。然而，随之而来的消费者权益问题也日益凸显。《消费者权益保护法》第四十四条强调了网络平台提供者的义务与责任，根据该条第一款，消费者通过网络交易平台购买商品或者接受服务，其合法权益受到损害的，可以向销售者或者服务者要求赔偿。网络交易平台提供者不能提供销售者或者服务者的真实名称、地址和有效联系方式的，消费者也可以向网络交易平台提供者要求赔偿；网络交易平台提供者作出更有利于消费者的承诺的，应当履行承诺，网络交易平台提供者赔偿后，有权向销售者或者服务者追偿。裁判过程中，应将保护消费者权益作为重要目标，同时也应平衡消费者与网络平台提供者利益，进行全面、公平地考量。网络交易平台的信息披露义务仅仅是法律对其的最低限度要求，网络平台为提高其竞争力往往会对消费者作出更有利于消费者的承诺。在认定该类承诺时，应当将网络平台提供者具备的建立健全平台管理机制的能力，以及对利用平台的经营者的控制力远远超过消费者这一因素纳入考量范围。网络交易平台提供者作出的类似先行赔付、退换政策、保质条款等有利于消费者权益的服务约定，应认定为网络交易平台提供者作出的更有利于消费者的承诺，其应依照《消费者权益保护法》第四十四条的规定履行承诺。同时，应当始终明确承诺达成的主体双方，即更有利于消费者的承诺应由网络平台提供者对消费者作出。《消费者权益保护法》第四十四条同时规定网络交易平台提供者赔偿后，有权向销售者或服务者追偿。该裁判的典型意义在于确立网络交易平台的代偿义务，一方面有助于督促网络交易平台积极履行对平台内经营者的监管职责，履行审核、信息披露等义务，有助于解决实践中网购异地消费，一旦发生纠纷难以找到经营主体的突出问题；另一方面向消费者提供更多的求偿路径，有助于其索赔权的实现，对于维护网购消费者的合法权益具有重要作用，能够促使平台构建诚信、有序的良性交易秩序。

编写人：北京市第四中级人民法院　赵　赫

游戏公司根据与游戏玩家签订的《游戏服务及许可协议》制裁使用脚本等不公平竞争的行为不属于违约

——陈某诉 A 公司、B 公司网络服务合同案

【案件基本信息】

1. 裁判书字号：

北京市第四中级人民法院（2022）京 04 民终 155 号

2. 案由：网络服务合同纠纷

3. 当事人

原告（上诉人）：陈某

被告（被上诉人）：A 公司、B 公司

【基本案情】

陈某系某知名网游多年注册玩家，在该游戏中倾注了大量的时间、金钱、精力。2021 年 4 月，该网游的国内代理公司 A 公司、B 公司以陈某违规使用非法脚本为由对其永久封禁游戏账号且对金币坦克、金币、高级账号等不予退赔。陈某以其违反网络服务合同为由将 A 公司和 B 公司诉至法院，请求判令二公司解封游戏账号，赔偿与其游戏账号等值的金额 10 893.3 元。北京互联网法院所作（2021）京 0491 民初 24287 号民事判决驳回原告陈某的全部诉讼请求。陈某不服一审判决，向北京市第四中级人民法院提起上诉，请求撤销一审判决，改判支持其一审所提全部诉讼请求；改判一、二审诉讼费由 A 公司和 B 公司承担。

【案件焦点】

（1）涉案《360游戏服务及许可协议》及其补充协议的效力问题；（2）B公司和A公司是否为本案网络服务合同提供者；（3）陈某是否存在使用脚本的违规行为；（4）两公司禁封陈某涉案游戏账号是否合理、是否符合双方网络服务合同的约定；（5）陈某要求解封涉案游戏账号并赔偿相应虚拟权益、经济损失、精神损失是否有相应的依据并符合法律规定。

【法院裁判要旨】

一审法院认为，关于争议焦点一，涉案《360游戏服务及许可协议》及其补充协议虽属格式条款，但并不属于免除己方责任、加重对方责任、排除对方主要权利的情形，且未违反法律、法规的强制性规定，即应基于合同意思自治的原则，对条款效力予以认可。关于争议焦点二，陈某选择A公司、B公司作为网络服务纠纷诉讼当事人，又主张涉案游戏的著作权人系原经营主体北京某信息技术有限公司，就现有证据而言，用户游戏购买发票的出售方为B公司，游戏网站页面公示版权所有人为A公司，同时陈某亦承认其在原空中网的游戏账号经过360平台数据继承后，一直正常使用至被封号，可以认定A公司、B公司共同为陈某提供了网络游戏服务，陈某与A公司、B公司就涉案游戏成立了网络服务合同关系。关于争议焦点三，A公司、B公司提交了游戏战斗后台数据证明陈某存在昼夜连续长时间游戏的情形，坦克移动符合脚本使用的特点。陈某的游戏行为不可能由普通人类正常操作完成，时间曲线不符合人类的生理规律，更近似于由某种自动化脚本执行完成。关于争议焦点四，首先，陈某存在违规游戏行为且双方通过服务协议约定了游戏违规行为的处罚措施为“封号”，该协议对双方具有约束力。其次，陈某的行为有违诚信原则。游戏运营方对违规用户封号并不予退还充值，显示出游戏运营商具有一定的管理职能，带有惩戒意味，这有利于震慑违规游戏行为，营造公平、诚信的网络游戏环境，增进玩家游戏体验，促进游戏行业健康发展。最后，公民在网络活动中应遵守网络道德和社会公德，法院在适用法律调整民事关系时，应适应中国特色社会主义发展要求及弘扬社会主义核心价值观，对于不诚信行为须加以必要且合理的惩戒，故对A公司、B公司对陈某账号封停处理行为不予反对。驳回原告陈某全部诉讼请求。

二审法院同意一审法院裁判意见，并补充：对于争议焦点五，鉴于陈某未提供相反证据，故无法证明两公司篡改相关数据的情况。二审法院驳回上诉，维持原判。

【法官后语】

提供并保持网络游戏环境的正常运行是每一个网络服务者的责任。个别用户如果大量使用脚本，一方面将获得对局后的奖励，对其他玩家不公平；另一方面将大大降低“真人对战”游戏模式的乐趣，破坏其他玩家游戏体验和整体游戏环境，也有损涉案游戏的商业价值。对于一个面向全互联网公开的网络游戏，平台服务商架构的游戏平台是由全体游戏用户以实际游戏行为共同参与并建设的虚拟社区，平台服务商对此社区的经营和内部秩序管理具有一定程度的职责，故而也应有制定合理规则并实施合理惩戒措施的权利。用户在知悉其欺骗行为将导致封号并不予退还充值的不利结果的情形下，存在侥幸心理，继续不诚信游戏行为，并最终导致封号结果，可见其损失从根本上是其自身行为导致的。平台服务商对违规用户封号并不予退还充值，显示出其管理作用，有利于震慑违规游戏行为。

《民法典》第七条规定，民事主体从事民事活动，应当遵循诚信原则，秉持诚实，恪守承诺。诚信是社会主义核心价值观对新时代公民的道德素质要求，也是民事实体法、程序法的基本原则，贯穿整个民事交易活动的始终。在民事法律关系中，诚实守信原则不仅约束提供服务的商家，也约束接受服务的玩家。用户签订了用户协议，知悉相关规则，就应当依据合同严守原则，杜绝使用脚本等违规的游戏操作行为，与其他用户和网络服务提供者共同维护公平公正的网络游戏环境。违背诚实信用原则和破坏公平交易的行为必须受到约束，以维护整个网络游戏领域的良好秩序。在网络游戏世界里，因人与人之间不能直接接触，无从直接感受对方行为的真假，诚信原则更需高度贯穿于各种行为过程中。如果放任个别用户借助脚本，借“机器”之力碾压他人并赢取奖励，则无异于鼓励作弊，损害诚信人士的切身利益，最终会导致劣币驱逐良币，使不良风气在整个游戏产业的盛行。

编写人：北京市第四中级人民法院 赵 赫

短视频平台获取涉他信息的合法性认定

——凌某某诉北京某科技有限公司网络侵权责任纠纷案

【案件基本信息】

1. 裁判书字号

北京市第四中级人民法院（2020）京04民终470号

2. 案由：隐私权、个人信息权益网络侵权责任纠纷

3. 当事人

原告（上诉人）：凌某某

被告（上诉人）：北京某科技有限公司

【基本案情】

原告（上诉人）凌某某诉称，2019年2月9日，凌某某在手机通讯录除本人外没有其他联系人的情况下，使用涉案手机号码注册登录某音App，在“关注”列表中发现大量好友被推荐为“可能认识的人”，且大部分为凌某某××好友。但凌某某从未使用××账号登录某音App，亦未在某音App中绑定过××账号。北京某科技有限公司在凌某某未同意的情况下，非法处理了凌某某的姓名和通讯录等个人信息并在自身业务中加以利用，其行为侵害凌某某隐私权、个人信息权益，故请求法院：（1）判令北京某科技有限公司立即停止侵犯凌某某隐私权和个人信息的行为；（2）判令北京某科技有限公司立即删除未经凌某某明确授权而收集、存储的凌某某姓名、手机号码、社交关系、手机通讯录、地理位置；（3）判令北京某科技有限公司向凌某某书面告知其获取“可能认识的人”的具体方式和推荐“可能认识的人”的详细算法；（4）判令北京某科技有限公司在“今日头条”官网首页显著位置及某音App首页显著位置公开赔礼道歉；（5）判令

北京某科技有限公司赔偿经济损失、精神损害抚慰金、维权合理费用共计60 000元。

被告（上诉人）北京某科技有限公司辩称：某音App推荐“可能认识的人”，并非基于凌某某的××好友关系，而是通过通讯录、某音App站内关系进行推荐，单独的“好友关系”不能识别到个人，北京某科技有限公司未实施侵害凌某某“好友关系”的行为。某音App获得凌某某姓名和手机号是在凌某某相关好友经弹窗提示后点击允许授权后，访问其通讯录后获得的，并不违法。北京某科技有限公司未将所获得的用户信息与第三方共享。凌某某手机通讯录为空，北京某科技有限公司并未获取凌某某的手机通讯录信息。对于凌某某主张的保存期限问题，并无相关法律规定，为保证服务质量，对用户的个人信息进行长期保存，符合用户自身利益和合理期待，不构成侵权。北京某科技有限公司已经在《用户服务协议》及《隐私政策》中披露了获取信息的范围、方式、用途和目的等，凌某某的其他请求超出了其知情权的范围，北京某科技有限公司不应提供。综上，请求驳回凌某某全部诉讼请求。

法院经审理查明：凌某某是涉案手机号码的使用人，使用该手机号注册了某音App。某音App是短视频分享平台，北京某科技有限公司是该App的开发者和运营者。某音App与多闪App是独立的两款应用软件。涉案行为发生时，某音App使用的是2018年10月31日发布且生效的《“某音”隐私政策》，该隐私政策对如何收集、使用、储存、共享、转让、公开披露个人信息、用户权利、隐私政策相关词语释义等进行了规定。综合双方举证、质证意见及技术调查官意见，法院认定北京某科技有限公司是通过其他用户授权收集手机通讯录中凌某某的姓名和手机号码。凌某某登录某音App后，该App通过手机号码匹配向凌某某推荐“可能认识的人”。根据双方举证，法院认定某音App未收集凌某某的手机通讯录，对于用户上传的通讯录设置的存储期限为长期保存。

【案件焦点】

在北京某科技有限公司等短视频平台经用户授权获取通讯录中的涉他信息场景下，应当如何认定短视频平台是否构成侵权。

【法院裁判要旨】

北京互联网法院认为，关于北京某科技有限公司未征得同意，读取其他用户手机通讯录中凌某某姓名和手机号码的行为是否构成侵权的问题。手机通讯录属于个人信息，手机通讯录属于手机机主的个人信息，其中包含的联系人信息又属于该联系人的个人信息。处理手机通讯录中联系人姓名和手机号码，既是对手机机主个人信息的处理，又是对通讯录中联系人个人信息的处理。所以，这种处理行为一般既应征得手机机主同意，又应征得每条通讯录联系人的同意。但是，如果要求在任何使用场景下都必须严格征得双重同意，有可能会导致具体场景下利益的失衡。因此，需要在具体应用场景中考察是否存在构成个人信息合理使用的情形。首先，从信息的特点与属性来看，姓名和手机号码的组合信息属于特定自然人的联系方式，承载社交功能。其次，从信息使用的方式和目的来看，北京某科技有限公司在其他用户手机通讯录中读取凌某某姓名和手机号码的目的是满足或促进用户在某音 App 中建立社交关系。在这一过程中，凌某某的姓名和手机号码并未被公开披露，亦没有证据证明存在直接泄露等风险，对于凌某某的人身和财产利益并没有产生潜在侵害的可能性。就信息使用的目的而言，除满足或促进用户在某音 App 中建立社交关系外，还具有一定的商业目的，但个人信息的合理使用并不必然排除出于商业目的的使用。最后，从信息使用及其方式对各方利益可能产生的影响来看，将现实生活中的社交关系迁移至网络空间，是很多网络用户的合理需求。在此背景下，应用软件在征得手机机主同意后，通过读取手机通讯录的方式，发现、匹配并推荐好友，为社交关系的迁移提供了便捷、高效的方式，满足了手机用户及其他有意愿在某音 App 中建立社交关系的用户的需求。对于手机联系人而言，在其注册某音 App 前，北京某科技有限公司无法在软件内征得其同意，如果严格要求应用软件在读取手机通讯录之前征得每一个通讯录联系人的同意，虽然技术上可以实现，但对通讯录联系人来说，将可能产生打扰。对于社交软件而言，其依赖用户之间的社交关系来拓展其产品和服务。综上，读取手机通讯录从而获得凌某某姓名和手机号码不构成对凌某某个人信息权益的侵害。

北京互联网法院判决如下：

（1）被告北京某科技有限公司于判决生效之日删除2019年2月9日前通过某音软件收集并存储的原告凌某某姓名和涉案手机号码的个人信息；

（2）被告北京某科技有限公司于判决生效之日删除未经原告凌某某同意通过某音软件收集并存储的其地理位置信息；

（3）被告北京某科技有限公司于判决生效之日起7日内以书面形式向原告凌某某道歉（致歉内容须经法院审核，如拒不履行该义务，法院将在全国公开发行的报纸刊登判决的主要内容，费用由被告北京某科技有限公司负担）；

（4）被告北京某科技有限公司于判决生效之日起7日内赔偿凌某某经济损失1000元；

（5）被告北京某科技有限公司于判决生效之日起7日内赔偿凌某某维权合理费用4231元；

（6）驳回原告凌某某的其他诉讼请求。

凌某某和北京某科技有限公司均不服一审判决，提起上诉。后双方均申请撤回上诉，北京市第四中级人民法院于2022年11月18日作出（2020）京04民终470号民事裁定：准予凌某某和北京某科技有限公司撤回上诉。一审判决自该裁定书送达之日起发生法律效力。

【法官后语】

平衡个人信息保护与数据流通间的利益已成为信息时代之共识。信息具有交互性、复合性，个人信息即便因个人自身的行为产生，也可能涉及他人。商业实践中存在信息处理者从个人处获取涉他信息的场景，如本案中某音App从用户手机通讯录中获取第三人的姓名、手机号。类似场景诸如信息处理者经用户同意读取其聊天记录、邮件记录、交易记录、评论或留言记录等，也屡见不鲜。此类信息固然属于被读取者的个人信息，但其组成部分也常涉及第三人，属于涉他信息。目前，现行规定和理论，多以直接或间接获取仅涉单一个人信息为预设场景进行规范。由此，个人是否可将涉他信息直接授权信息处理者读取，信息处理者读取是否具有合法性基础，不无疑问。

一、通讯录属性之多重

个人信息的性质使个人信息需在社会交往中方才体现其意义和价值，才有受法律保护的必要，离开社会交往和公共交流，讨论个人信息并无意义。手机通讯录中存储联系人的姓名和手机号码等联系方式，属于信息集合，在一定程度上反映机主的社交关系，当与其他信息相结合时可以特定到机主，因此，属于机主的个人信息。同时，姓名作为自然人与他人区别的、具有可识别性的称谓或符号，毋庸置疑属于个人信息。随着“手机实名制”政策的推行和普及，手机号码与特定自然人的关联性愈加紧密，也被个人信息涵盖。因此，自然人的姓名与手机号码无论单独还是组合均具有可识别性，又属于联系人的个人信息。

手机通讯录一般用于社交联络，承载社交功能。随着社交活动在网络空间的发展，各类应用软件的广泛使用，手机号码亦不再局限于电话语音通话的场景，还常用于各类应用软件的账号创建、身份验证、搜索用户等场景，成为用户在网络上建立、拓展、迁移社交关系过程中经常被使用的信息。信息处理者读取了手机通讯录后，其又成为信息处理者的数据。综合前述，通讯录上可具备用户个人信息权益、第三人信息权益及信息处理者的数据权。

二、短视频平台获取涉他信息之合法性

回到本案，凌某某的好友基于将其与凌某某的社交关系从手机本地拓展到某音App的目的，又基于其对手机通讯录享受的信息权益进而同意某音App读取其通讯录，使某音App获取其手机通讯录中所有第三人包括凌某某的个人信息。目前对于个人信息的保护要求任何处理个人信息的行为都需要具备合法性基础，凌某某的好友在未经过凌某某等第三人的同意的情况下，因自身需求将涉他信息提供给某音App，某音App基于此产生的读取行为是否符合法律规定是本案的重点。

（一）信息源之合法

1. 可携权与删除权之引入

如前所述，通讯录由第三人的姓名或手机号码等组成，因此机主与第

三人因信息对象重叠将可能发生权利冲突。

权利冲突是双方在均具有法律依据的情况下，因正当行使权利而陷入对峙与僵局，冲突双方均没有突破各自的内在权利界限，更没有外在地侵入对方的权利范围。即便两项权利不能同时实现，也并不意味着必然发生权利冲突，因为权利冲突以双方行使权利的主观意愿为前提条件。如在离婚纠纷中，只有双方都主张对子女的抚养权时，才会发生权利冲突。因此，当机主行使可携权向某音 App 提供手机通讯录时，由于第三人并不知晓此事，未主张删除权利，权利冲突并未发生。当第三人提出异议主张删除权利时，第三人与机主之间的权利冲突得以产生。

2. 可携权行使之正当性

在第三人未提异议前，权利冲突虽未发生，但机主将涉他信息提供给信息处理者是否合法仍需明晰。《个人信息保护法》系统地规定了个人在个人信息处理活动中享有的系列权益，于其中，可携权作为个人对抗平台处理活动的权益之一，被期待发挥强化用户信息自主决定权、方便个人在不同平台之间转移以及打破信息垄断的作用。在可携权的行使过程中，不免存在转移的信息中包含第三人信息的情形，本案转移通讯录信息系可携权落地的典型场景。回顾可携权的入法争议，立法者即便意识到可携权制度的诸多潜在弊端包括可能携带涉他信息，仍在草案三审时加入相应条款并最终成文，重要目的之一便是期待可携权能够“打破数据领域的垄断问题、激励行业竞争和技术创新”，充分促进信息的流通利用，进而实现信息价值的最大化挖掘，信息资源的共享。据此，立法确立可携权意味着此种信息的转移并不需要经信息所涉第三人的事先同意，否则可携权将在现实中被架空。由此，可携权的正当性表明，机主未经凌某某的同意授权某音 App 读取其通讯录是正当行使其可携权，具备合法性基础。

3. 权利冲突之化解

当凌某某提出异议要求删除时，其与机主的权利冲突自此产生。权利冲突的化解路径多样，就个人间的权利冲突而言，可以通过权利间的相互让步或者权利的超越与补偿来平衡利益。权利间实现相互让步的前提是冲突所涉及的利益具有可分性。本案机主与凌某某因信息部分重叠而发生冲突，所涉利益不具有可分性，所以权利让步方案无法适用，权利超越成为化解冲突的可适用途径。

删除权作为一项防御性权益，被期待用于保证个人信息的自决和完整，进而维护个人信息主体的人格尊严。删除权作为个人信息权益承载了个人人格权益，其相较于更具财产利益面向的可携权更需要得到法律的倾斜保护。且偏重维护删除权对于《个人信息保护法》构造的以知情同意为原则的个人信息收集制度至关重要。在域外，具有标杆意义的欧盟《一般数据保护条例》（GDPR）第二十条第三款明确规定，可携权的行使不应阻碍删除权的实现，美国《加利福尼亚州消费者隐私法案》（CCPA）同样规定可携权的行使不应影响他人的权利和自由。在解释上，他人的权利包含删除权。

实践中，社交软件中常设置“是否允许他人通过手机号码找到我”的选项。这意味着个人基于对个人信息的决定权可以拒绝自己的信息被推荐给其他人。目前，该做法已被公众普遍认可。综合前述，在社交软件读取通讯录的场景中，第三人对信息享有的删除权超越机主对信息的携带权。

虽然机主的信息可携权被第三人的删除权超越，但并不意味其对手机通讯录整体的个人信息权益被废除、消灭或自始不存在，而只是在承认双方权益正当性的前提下，确认由胜出第三人实际行使权利，被超越的手机机主对该信息作出让步，即负有容忍义务，允许第三人删除被移转至某音App的信息且不得继续提供。由于机主客观上无法删除某音App所获取的信息，此时需要某音App协助删除。若某音App未及时采取删除等措施，则需就此对第三人承担侵权责任。

（二）获取行为之合法

虽然当第三人未提异议之时，机主将涉第三人信息的通讯录提供给某音App具有合法性，但并不意味某音App未经第三人同意就此获取第三人信息同样具备合法性基础。

虽然适度允许互联网行业在安全的前提下合理使用个人信息，可以促进互联网行业和数字经济的发展，但适度的合理使用应以不损害个人利益为前提。因此，某音App在获取通讯录内容时除需具备合法性基础外，还需符合必要性原则。本案中，某音 App 的获取行为是为了履行向机主提供匹配好友的合同义务，由此需探究该行为是否为履行此合同所必须，是否满足必要性要求。

必要性原则要求信息处理者处理个人信息不应当超过可以实现处理目的的最低限度，其处理的个人信息应当限于满足处理目的的最小范围。目前我国在法律层面并没有对“必要”的判断标准进行具体规定，但国家标准以及域外规定为判断“必要”提供了思路。

国家标准《信息安全技术 移动互联网应用程序（App）收集个人信息基本要求》（2022 年）附录 C 规定，App 收集通讯录信息，应满足以下要求：“b. 通过系统权限读写的行为应由用户主动触发，并仅在相应业务功能使用时申请”。在附录 E 中，短视频 App 与通讯录之间的相关程度并未被认定关联度低。国家标准《信息安全技术 网络音视频服务数据安全指南》（2022 年）附录 D 规定在关注推荐的场景下允许申请读取用户通讯录。据此，本案某音 App 作为短视频社交平台申请读取手机通讯录的行为是被允许的。

《个人信息安全规范》（2020 版）第 5.2 条中规范了收集个人信息的最小必要，要求个人信息控制者收集个人信息的类型应与实现产品或服务的业务功能有直接关联，即没有该个人信息的参与，该项产品或服务的业务功能无法实现，同时还要求间接获取的个人信息数量是最少数量。此外，根据第 3.17 条可知，业务功能指满足个人信息主体的具体使用需求的服务类型。

域外欧洲数据保护委员会第 2/2019 号指引《在向数据主体提供在线服务时，根据 GDPR 第 6（1）（b）条规定处理个人数据的准则》中也对合同“必要性”作出解释，要求必须是客观上的必要，是基于合同目的的必要，非根据合同的约定；合理的数据主体在其与数据控制者订立合同时，就客观上期待和判断这项服务中必须要进行的数据处理行为。

据此，判断某音 App 的读取行为是否符合履行合同所必须，需要厘清双方订立服务合同的目的；考量读取行为和某音 App 履行服务合同是否具有直接关联；读取的个人信息数量是否为最少数量。

在某音 App 弹框申请读取手机通讯录的“要约”行为和机主点击同意的“承诺”后双方订立了以为机主匹配手机通讯录好友为目的的服务合同。此后，某音 App 负有向机主提供匹配手机通讯录好友的必须服务义务，而机主负有向某音 App 提供其手机通讯录的必须义务。机主通过允许某音 App 读取其手机通讯录的方式履行提供义务。而某音 App 为履行服务义务需先知晓手机通讯录的内容，读取是获取内容在客观现实中的唯一途径。如不读取手机通讯录，则无从知晓机主通讯录中的任何第三人的信息，进而无法提供匹配好友的义务，最终将导致匹配手机通讯录好友的合同目的无法实现。据此，某音 App 读取机主手机通讯录的行为符合服务合同目的，与实现服务合同目的具有直接关联。

对于某音 App 同时读取姓名与手机号是否超过必要范围，有观点认为某音 App 读取手机号即可实现服务合同目的，额外读取姓名超过必要范围。需要指出的是，分析必要性时并不能脱离客观现实，需要进行成本效益分析，从而作出综合判断。例如，在认定新闻报道是否侵害人格权时，不仅要确定报道人是否尽到核实义务，还应当考虑核实的成本。若核实成本较高，则其核实义务应当相应降低。现有技术对于手机通讯录的读取仅能做到一体获取，无法达到姓名、手机号分开读取的技术高度。此时，要求某音 App 为此投入大量的资金、人力、时间研发手机通讯录信息分开读取技术，不免成本过高，效益过低。故姓名、手机号的分开读取因存在客观不能，而不超过最小数量。

也有观点认为，在同意某音 App 读取手机通讯录前，机主可以通过短信、电话等方式询问第三人意见，某音 App 仅读取同意的第三人信息即可，一概读取超过必要范围。此观点忽略某音 App 作为被动接收方，对手机通讯录不具备控制权，无法决定通讯录的内容，无法甄别信息是否经第三人同意。由此，某音 App 根据机主提供的手机通讯录信息进行读取并未超出最小数量。

综合前述，某音 App 的读取行为符合必要性原则，并未超过履行以匹配好友为目的的合同所必须的范围，具备履行合同所必需的合法性基础。

三、获取涉他信息规范化展望

信息的特点在于传递和共享，因此同一信息上涉及多个主体是生活中习以为常的现象。立法可以根据不同的信息类型或者要求信息主体同意或者由信息管理者提供法律规定的方法，展开不同梯次、层次的保护。如此才能在司法实践中顺利解决自动驾驶收集第三人人脸、存储型App存储包含有第三人信息等广泛存在的问题。在数据处理者方面，应给予关系链中的主体一定的自主控制权限，如是否接受对外推荐等。同时对于用户提供的涉第三人信息应在用户手机本地处理，不再上传至数据处理者的数据库中，从而更好地平衡个人信息保护与利用。

编写人：北京市第四中级人民法院　王　瑜　胡怀松

经验交流

北京市第四中级人民法院
互联网民商事审判年度报告（2020-2021）

近年来，互联网、大数据、云计算、人工智能、区块链等现代信息技术革命催生数字经济。当前我国网络交易市场规模持续上升，网络服务内容不断拓宽，网络服务形式日趋新颖，发展数字经济已经成为推动我国高质量发展的新引擎和新动能。互联网服务模式不断创新，网络侵权风险越来越大，消费者维权呼声不断增强，公民的人格权保护在互联网时代面临新情况新问题，网络发展与安全面临新的挑战。北京市第四中级人民法院作为北京互联网民商事案件的二审法院，立足自身审判职能定位，依法公正高效地履行审判职责，积极引导各方诉讼主体依法有序开展在线诉讼活动，积极探索互联网时代电子诉讼规则，加快完善中国特色、世界领先的互联网司法模式，推动完善互联网司法治理实体规则，有效推动网络空间治理法治化，促进数字经济健康发展，推进互联网审判体系和审判能力现代化。

一、审理互联网民商事案件的基本情况

（一）案件总体情况

2020 年 1 月 1 日至 2021 年 12 月 31 日，北京市第四中级人民法院共受理互联网民商事上诉案件 1566 件，其中 2020 年受理互联网民商事上诉案件 602 件，同比 2019 年 322 件上升 86.96%；2021 年受理互联网民商事上诉案件 964 件，同比 2020 年上升 60.13%。上述案件已审结 1458 件，未结 108 件，结案率 93.1%。在二审审结案件中，以判决方式结案 690 件，占比 47.33%；以调解方式结案或者经法院调解后当事人主动撤回上诉、起诉案件共 625 件，占比 42.87%；发回重审或改判共 67 件，占比 4.6%；以

其他方式结案 76 件，占比 5.2%。

（二）案件主要特点

1. 网络侵权纠纷、网络服务纠纷收案量增长较快

从收案情况看，网络买卖合同纠纷案件 509 件，占比 35.5%；网络侵权责任纠纷案件 859 件，占比 59.9%；网络服务合同纠纷案件 86 件，占比 6%；产品责任纠纷案件 25 件，占比 1.7%；金融借款、小额借款合同纠纷案件 17 件，占比 1.2%。与 2019 年相比，网络买卖合同纠纷案件量下降幅度较大，占比由 77%降至 35.5%，网络侵权责任纠纷案件收案量明显增多，占比由 19%上升至 59.9%，网络服务纠纷、产品责任纠纷、金融借款合同纠纷等案件呈现平稳态势。

2. 网络买卖合同纠纷案件中，涉食品、药品的案件量有所下降，但涉进口食品的案件占比仍处于较高水平

2020 年到 2021 年北京市第四中级人民法院受理的网络买卖合同纠纷二审案件中，涉食品、药品的案件总量较往年同期约有 20%的降幅，涉家用电子产品、其他生活日用品的案件占比略有上升。从诉讼请求事项上看，绝大多数上诉案件涉及 3 倍或 10 倍惩罚性赔偿请求事项。涉食品类案件中，以进口食品、进口保健食品纠纷居多。

3. 网络侵权纠纷案件中，名誉权纠纷、个人信息保护类案件上升态势明显

从受案数量上看，涉网络侵权类二审案件中，肖像权纠纷案件目前仍占比较高，约占北京市第四中级人民法院受理网络侵权类二审案件的 58%，除此之外，名誉权纠纷、隐私权纠纷、个人信息保护类纠纷案件量上升态势较为明显。从侵权类型和案件主张方面看，单一侵权类型案件占比仍然较高，但多类型叠加侵权的案件量也在持续上升。从被诉主体的角度看，自然人个人作为被诉侵权主体的案件量占比较大，但自媒体、新媒体被诉侵权的案件量逐年攀升。

二、审理中发现的主要问题

（一）涉网售食品安全问题案件数量持续增长

网络交易纠纷案件中，食品安全问题仍较为突出，随着跨境电商的发

展，涉及进口食品安全问题的案件数量持续增长，这些问题较为集中地体现为：进口食品无中文标签；食品经营者不能提供检验检疫合格证明；食品添加成分违反国内食品安全标准，或虽符合国内食品安全标准但未依法进行注册、备案；进口食品销售记录不完整，或无法溯源、涉嫌假冒进口食品销售；食品经营者未依法公示经营主体身份信息，或未取得经营许可、备案手续等从事无证经营；经营者无货经营、先售后进，越过进货查验环节，卖货不见货，逃避经营责任，损害消费者合法权益。

（二）网络经营领域虚假宣传、虚假承诺现象突出

伴随网络交易的蓬勃发展，经营竞争日趋激烈。一方面，“半价促销”“限时优惠”“买一送多”“零元购”等优惠促销活动能够给消费者带来实实在在的利益，促进消费发展。另一方面，也有部分经营者以此为噱头，借“打折”“免费送”之名博眼球、引关注，实际产品投放量缺乏透明度，商品原价信息不真实，甚至借低价策略销售伪劣产品，骗取消费者信任后携款隐匿。特殊食品领域，虚假宣传、夸大宣传现象仍较为普遍，有些保健食品宣传夸大产品效果，不当加入疾病预防、治疗内容；有些普通食品不当宣传婴幼儿食用效果，冒充特殊配方食品销售。

（三）网络服务提供者、网络平台不当利用缔约优势地位损害消费者合法权益问题应引起重视

网络服务领域，网络服务提供者或网络平台普遍享有缔约优势地位，实践中发现，部分网络服务提供者存在不当利用自身优势地位损害消费者合法利益的情况。有的服务提供者通过在用户协议中加入“合同单方任意变更权”条款或“最终解释权”条款等，在后续的协议版本更新过程中不经与用户协商过程自行任意修改、增减涉及用户切身利益的合同条款，违反前期承诺内容，不当增加消费者使用成本或影响消费者体验感受，损害消费者合法利益。有的网络平台以格式条款的形式将纠纷管辖法院引向消费者不方便地区，或在格式条款中约定畸高、畸低的违约责任条款，过度放大自身权益，侵害一般消费者或商户利益。

（四）个人信息安全风险凸显

随着网络技术的发展和对信息的深度分析、整合、应用能力的提升，

在网络交易、网络服务领域，信息安全风险也与日俱增。其中，在消费领域表现较为突出的是，个人信息被不当收集、使用和提供的场景越来越多，个人对于自身信息被处理的知情权、对于自身信息的控制力均难以得到保障，非法信息交易行为频发，且溯源难度较大，在民事侵权领域，司法审判面临较大挑战。App 服务治理方面，长期以来，App 运营者强制要求用户进行个人信息授权、不授权即停止提供服务的现象普遍存在，对于运行 App 基本功能之外的非必要个人信息进行频繁、过度索取的现象也普遍存在，有些甚至采取欺骗性、误导性手段套取用户个人信息用作其他经营目的，App 用户协议、隐私政策内容公示不清晰，个人信息处理逻辑不透明、处理依据不足的问题亟待解决。

三、依法公正高效审理互联网民商事案件的主要措施

（一）加大惩罚性赔偿力度，依法保护消费者合法权益

1. 加大惩罚性赔偿力度

食品安全关乎人民群众生命健康安全、关乎社会整体诚信机制的建立和维护，是人民的根本利益之所在。北京市第四中级人民法院在审理涉及食品安全的网络买卖纠纷案件时，坚持以食品安全国家标准为指引，通过依法加大惩罚性赔偿的适用力度，坚决打击危害食品安全违法违规行为，用司法裁判维护干净、清朗、放心的网络购物环境。在普通消费纠纷中，严格贯彻《食品安全法》、《食品安全法实施条例》以及食品安全国家标准的相关规定，严守食品成分安全、包装安全、标识安全的底线，通过适当增加经营者举证责任、加大依职权调查力度，确保产品情况摸底、案件查清查实，依法维护消费者的知情权和监督权，在支持、鼓励普通消费者依法维权的同时，用好惩罚性赔偿制度，促进网售产品质量、网络经营环境整体提升。

2. 依法合理解释消费合同，促进平台兑现页面宣传、售后承诺

网络买卖纠纷案件中，当消费者与经营者就商品质量、合同解除、售后问题等发生争议时，对消费合同、页面宣传以及售后咨询的依法合理解释至关重要，很多情况下，对商品页面宣传的解释是确定商品质量争议的

重要途径，对售后咨询以及回复内容的解释可以作为双方履行合同状况的重要判断因素。北京市第四中级人民法院在审理网络交易纠纷案件时，坚持以依法解释、对消费者作有利解释为原则，通过对商品宣传信息、交易沟通记录等内容的详细审查、解释，确保平台兑现页面宣传、售后承诺，切实保障消费者的合法权益，维护网络交易秩序。在北京市第四中级人民法院审理的郭某某与北京某电子商务有限公司网络购物合同纠纷上诉案中，郭某某因网购商品与杭州某科技公司产生纠纷，北京某电子商务有限公司客服人员在介入纠纷处理过程中曾向郭某某作出“如商家后续出现问题，平台会负责”等内容表示，后杭州某科技公司失联，郭某某将北京某电子商务有限公司诉至法院。该案中，北京市第四中级人民法院经审理认定北京某电子商务有限公司客服人员的答复内容构成该公司对郭某某作出的有效承诺，并最终判令该公司按照承诺内容向郭某某返还购物款。

（二）依法治理网络平台，确保平台合规运营

1. 依法否定平台不合理单方变更服务协议的行为，规范网络服务市场秩序

在北京市第四中级人民法院审理的吴某某与北京某科技有限公司网络服务合同纠纷上诉案中，依法将公平原则纳入合同变更效力的考量因素。一方面通过原则性地确认网络服务提供者通过服务协议约定的形式赋予自己的单方变更合同内容权利的效力，为互联网行业创新发展留出一定空间，给予合同当事人更为广泛的合同自由；另一方面将公平原则作为网络服务提供者单方变更合同效果的实质性判断标准，确认当享有合同单方变更权的一方行使合同变更权违反格式合同效力判断规则、不公平地损害合同另一方权益时，其单方变更内容不应发生实质性变更效果，防止网络服务提供者利用自身优势，无限放大自身权利，不当损害消费者合法利益，破坏网络服务市场秩序。

2. 厘清互联网经营规则，合理划分各方责任，保障合规经营者合法利益

（1）维护创新经营者合法权益。互联网经营领域创新思想多，经营模式迭代快，如何从司法的角度依法治理、管护好这片沃土，始终是人民法

院需要思考的问题。北京市第四中级人民法院在涉网案件审判中，始终坚持治理和培育并重的原则，坚持依规则治理，坚守国家利益和消费者合法权益的底线，在不突破底线的情况下，适当给予互联网创新以空间和自由，鼓励其拓展创新并形成良好的行业自治规则，以规则和法治精神约束各方行为，促进互联网行业的健康、长足发展。在北京市第四中级人民法院审理的北京某二手交易平台与李某网络服务合同纠纷一案中，李某通过该交易平台从第三方卖家处购买二手手机一部，交易过程中，平台为交易双方提供了验机服务，验机报告出具后，李某认可平台出具的验机报告，并进行了点击确认操作，平台根据李某的确认操作将货款打给第三方卖家并将货物快递给李某，后李某因个人购买意愿动摇等原因，拒收了货物，导致货物退回交易平台后留置在平台仓库内。就货款退还问题，各方未能协商一致，李某起诉请求交易平台退还货款，一审法院经审理认定交易平台未适当履行货物交付义务，应当赔偿李某购物款损失。该案经过二审，最终认定该交易平台设定的交易规则对李某有效，李某点击确认发货后相应货款已由平台支付给第三方卖家，平台一方对于交易未能完成不存在过错，无须赔偿李某的购物款损失，最终驳回了李某的诉讼请求。

（2）维护诚信经营者合法权益。诚实信用是从事民事活动的基本准则，在互联网的虚拟世界里，这一原则尤为可贵。司法实践中，如何在涉网案件中贯彻好诚信原则，不仅涉及网络证据的调取、保全、效力认定，网络自治规则的审查等裁判技术性问题，还对裁判者的认知能力、审判能力等提出挑战。北京市第四中级人民法院在审理的系列涉诚信经营案件中，坚持以严格的举证责任、过错责任为基础，坚持用互联网思维分析解决问题，确保做到在涉网案件中“让失信者寸步难行，让守信者一路畅通”。在北京市第四中级人民法院审理的河南某传媒公司与青岛某传媒公司、田某网络侵权责任纠纷案件中，河南某传媒公司运营的自媒体公众号经原创单位青岛某传媒公司的授权后，转载了多篇青岛某传媒公司运营的自媒体公众号内的文章，该行为被田某以侵权为由诉至法院，该案几经周折，河南某传媒公司因缺乏来自田某本人的合法授权，最终被认定侵权并被判令承担侵权责任。河南某传媒公司不服，向青岛某传媒公司提出赔偿请求。一审法院以河南某传媒公司没有证据证实二者系联合“钓鱼”维权为由判决驳回了河南某传媒公司的诉请。该案经北京市第四中级人民法院二审，最终认定河南某传媒公司的转载行为在操作程序上合理、正当，主观上也尽到了适当的注意义务，不存在明显过错，青岛某传媒公司应就其对外授权瑕疵承担过错赔偿责任，最终二审支持了河南某传媒公司的诉请。

（三）合理确定言论边界，进一步规范网络言论秩序

个人自由与他人的权利保护之间始终存在张力，这一点在网络言论领域表现得尤为突出。近年来，随着粉丝经济、流量经济的发展，网络言论侵权领域不断呈现出新特征，“饭圈文化”以及由“饭圈文化”引发的网络暴力和畸形侵权事件屡见不鲜，相关言论不仅侵权特点明显，甚至存在价值观失准、有违社会基本公序良俗和道德伦理的倾向，应当引起重视。北京市第四中级人民法院在网络言论侵权案件的审理中，一方面注重审查相关言论的侵权属性，对于构成侵权的，视侵权情节给予相应否定性评价；另一方面坚持社会主义核心价值观导向，对于背离社会主义核心价值观的名誉主张，不予保护，对于背离社会主义核心价值观的言论侵权行为，视情节从重判赔。

1. 强化对网络言论的判断审查，治理隐晦侵权、打击网络抹黑行为，依法保护受害者合法权利

目前互联网社交平台快速发展，在社交平台上产生的侵权纠纷类型多样，隐晦侵权、网络抹黑等新类型的侵权纠纷呈现不断上升趋势。北京市第四中级人民法院在审理上述新类型的侵权纠纷时，依照法律规定，结合侵权言论中的多个信息要素来认定言论指向对象与被侵权人的个人识别特征是否具有高度对应关系，进而认定涉诉言论是否构成侵权，在依法保障言论自由的同时，保障被侵权人的人格权益。

2. 审慎处理公众知情权与名誉侵权之间的关系，依法认定通过网络进行投诉举报是否侵害他人名誉权的行为

近年来，通过网络投诉举报违法犯罪行为的案件日益增多，由此引发的侵权纠纷也呈现增长趋势。自然人或者法人在利用网络举报时陈述的事

实若涉及社会公共利益或他人合法权益，理应尽到善良管理人的注意义务，即应持有相当证据确保所陈述事实基本真实，否则可能构成侵权。虽然公民依法向有权机关举报违法犯罪事实，即使没有有力证据支持，只要不是捏造事实有意诬陷他人的，亦应免责。但是，这种免责必须限定到“向纪检监察等有权机关检举、举报、申诉、控告”的范围内，如果超出这一范围，则可能会侵害他人名誉权。

（四）推进诚信诉讼，维护正常诉讼秩序

1. 依法适用证据失权制度，进一步规制有证不举、逾期举证行为

涉网案件普遍采用网上审理模式，网络审理方式给当事人提供了便捷的提交、收取诉讼材料的途径，但在审理中也发现，部分当事人对待网络诉讼缺乏严肃性，如不遵守法庭指定的举证期限，不重视法庭作出的诉讼风险提示，恣意利用网络接口持续开放的特点超期上传案件证据，甚至在庭前临时提供大量证据进行突袭，存在滥用网上审理便捷性特点、干扰正常庭审秩序的问题。对此，北京市第四中级人民法院一方面通过多种方式加大诉讼提示力度，确保当事人依法及时行使诉讼权利；另一方面对于无正当理由有证不举、恶意拖延诉讼的当事人，通过采取依法训诫或否定其证据效力等措施，以示惩戒。在北京市第四中级人民法院审理的顾某与某平台公司网络服务合同纠纷上诉案中，某平台公司在一审期间、二审指定的举证期间内均没有提交案件相关证据，后在二审庭审前提交了一系列证据，该案中北京市第四中级人民法院经审理认为，某平台公司的逾期举证行为违反了民事诉讼法规定的举证时限制度，违背了诚信诉讼原则，最终对其超期提供的证据未予采纳。

2. 合理运用高度盖然性证明标准，打击不诚信诉讼行为

互联网上形成的证据易于保存，同时也易于删改。涉网案件审判中，对于网络证据的审查是案件审理的重点之一。在北京市第四中级人民法院受理的葛某与金某公司网络侵权责任纠纷上诉案中，因肖像照片被不当使用，葛某在对相关网页取证后提起诉讼，审理过程中，金某公司对葛某取证的网页截图和公证书均不认可，并否认使用葛某肖像照片的事实。公证书是该案的关键证据，一审审理期间，经法庭审查，认定公证操作过程存

在不规范行为，葛某提供的公证书未被法庭采信，葛某因证据不足被驳回了诉讼请求。二审审理中，经北京市第四中级人民法院审查，葛某提供的公证书在公证操作过程中的确存在瑕疵，不能作为认定案件事实的直接证据使用，但根据葛某提供的其他网页证据，以及金某公司掌握后台数据却多次缺席庭审、拒绝向法庭说明情况和进一步举证的事实，法庭最终认定葛某的侵权主张具备高度盖然性，最终判决支持了葛某的诉求。该案中，金某公司对于是否曾经使用过侵权图片本应为明知，在权利人提供了基本证据后，金某公司仍对权利人的主张予以否认，并且在具备举证能力的情况下未依承诺向法庭详细说明情况、无故多次缺席后续庭审，其行为已违反了诚信诉讼的基本原则，最终法庭对金某公司不诚信诉讼的行为作出了否定性评价。

（五）构建个人信息保护机制，维护个人信息安全

个人信息保护是当前的热点问题，随着《个人信息安全规范》内容的更新、《个人信息保护法》的颁布实施、《数据安全法》和《最高人民法院关于审理使用人脸识别技术处理个人信息相关民事案件适用法律若干问题的规定》等相关司法解释的实施，我国的个人信息保护、数据安全保护工作在不断加强。但不容否认的是，当前的个人信息保护工作仍面临较大挑战，信息泄露、信息被不当索取和非法提供的现象频频发生，司法领域，对于个人信息的概念和范围界定、侵权认定、责任适用亟待形成共识。

在这种情况下，北京市第四中级人民法院从实际出发，一方面在审判中严格贯彻个人信息、一般人格保护的司法理念，对于非法收集、提供、泄露个人信息的行为，严格依照《民法典》和民事诉讼证据规则的规定，依法认定行为主体的侵权责任。另一方面充分重视个人信息的依法使用与互联网企业数据产品权益之间的依存和紧张关系，妥善处理涉互联网行业核心数据产品类纠纷，做到个人信息保护与产业发展并重，避免各方利益失衡。同时，打造专业化审判团队，精研、精审涉个人信息保护类案件，构建个人信息保护的专业化机制，确保个人信息保护相关规范得到准确落实。

北京市第四中级人民法院
网络消费者权益案件审判报告

党的二十大报告深刻揭示了党和国家推进中国式现代化过程中数字经济发挥的重大战略作用，习近平总书记在党的二十大报告中指出要“加快发展数字经济，促进数字经济和实体经济深度融合，打造具有国际竞争力的数字产业集群”。有数据显示，2021 年，我国的数字经济规模达到 45.5 万亿元，同比增长 15.26%，已连续多年以 15%以上的年均增速保持增长，2022 年我国网络零售市场的零售额达到了 13.79 万亿元。在新冠疫情的背景下，由网上消费、线上办公等带动的数字经济仍在加速发展。

党的十八大以来，在习近平新时代中国特色社会主义思想的指引下，我国的消费者保护法律制度不断完善发展，随着《民法典》《最高人民法院关于审理网络消费纠纷案件适用法律若干问题的规定（一）》《网络交易监督管理办法》等法律法规、司法解释的制定实施，我国的消费者权益司法保护的力度不断增强，司法裁判在消费领域的兜底功能和法治化引领作用不断凸显，网络消费环境得到日益改善，消费者权益司法保护工作取得了突破性成就。

北京市第四中级人民法院作为北京互联网法院的上级法院，集中审理北京市范围内通过电子商务平台签订或者履行的信息网络买卖合同、产品责任纠纷，签订、履行行为均在互联网上完成的网络服务合同纠纷等涉消费者的数字消费类案件。涉网络消费领域案件的审理成为北京市第四中级人民法院工作重点之一，通过不断总结审判经验，坚持每年发布互联网审判典型案例，从司法审判的视角不断审视线上交易中存在的问题和不足，以此推动行业更加规范，确保网络消费者的合法权益得到更好保障。

一、2020年至2022年北京市第四中级人民法院涉网络消费领域案件审理情况

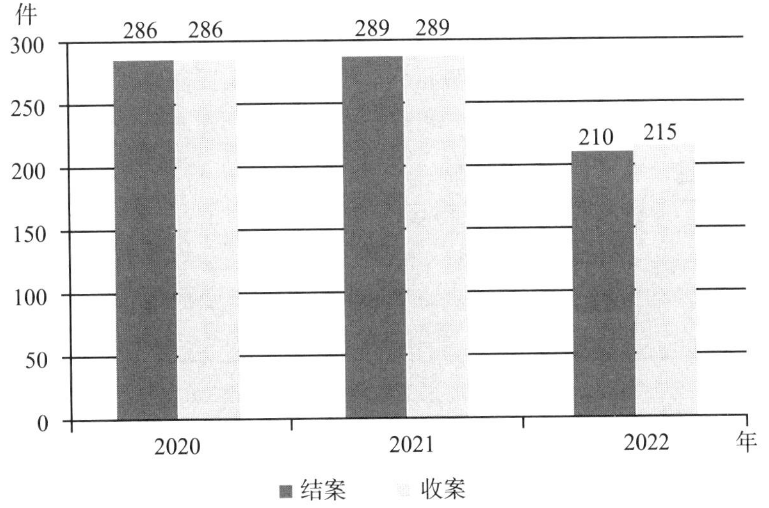

图2.1 2020年至2022年涉网络消费领域案件收案、结案情况

2020年1月1日至2022年12月31日，北京市第四中级人民法院受理信息网络买卖合同纠纷、产品责任纠纷、网络服务合同纠纷案件共计790件，其中2020年受理286件，2021年受理289件，2022年受理215件。（见图2.1）2021年受理案件数相对较高，主要是新冠疫情暴发导致网络消费激增以及网络订单取消引发的纠纷，2022年收案数明显下降，系因疫情原因导致旅游、出行等网络消费行为下降。

从案由分布来看，信息网络买卖合同纠纷占比最高，为82.29%，其中，以涉食品、药品类的案件居多，占比超过70%，涉及进口食品的案件在食品、药品类二审案件中占比超过50%，该类纠纷的产生原因多见于消费者认为商家欺诈、食品不符合食品安全法、虚假宣传等；产品责任纠纷占3.4%，该类纠纷的产生原因多见于产品质量存在问题导致人身损害；网络服务合同纠纷占10.46%，该类纠纷产生的原因主要是机票、酒店订单的履行、取消以及消费者无法获得商家信息时起诉平台责任、网络直播打赏等。

从2020年至2022年的审理结果看（见图2.2），二审维持381件，撤诉258件，两者占所有结案数的80.89%，其他结案方式分别为：调解结案93件、改判31件、按撤诉处理18件、发回重审6件、撤销原判指定继续审理3件。上述结案方式中，二审调解结案和当事人撤诉的案件占所有结案数的44.7%。调撤率较高说明北京市第四中级人民法院在扩大二审独任制的基础上，不断优化司法资源配置、队伍结构，在案件繁简分流的基础上，改革创新举措，坚持以实质性化解矛盾纠纷为目标，采取调解先行、应调尽调的审理模式，实现矛盾纠纷化解率稳步上升，促进了司法提速增效、审判质效持续向好。

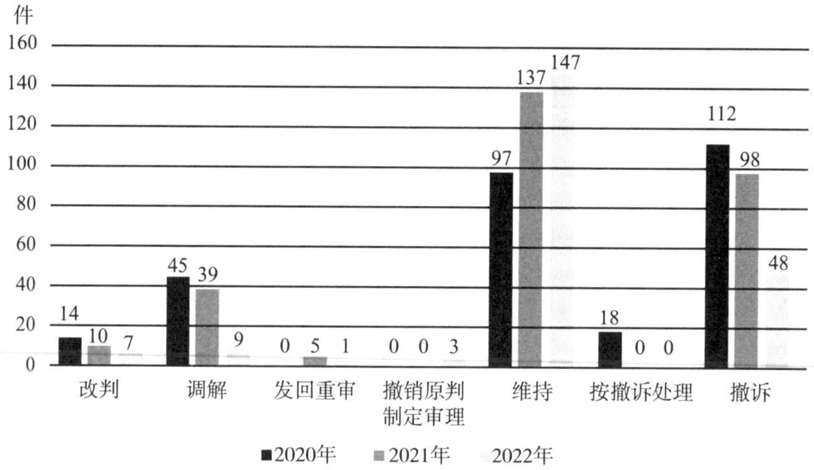

图2.2　2020年至2022年涉网络消费领域案件审理结果情况

从原、被告类型看，消费者遍及全国各地，起诉对象除商家外，多单独起诉或连带起诉网络平台。得益于互联网案件网上庭审的便利性，北京市第四中级人民法院审理的案件覆盖了全国绝大多数的省份，除职业打假人外，消费群体、维权年龄逐渐低龄化，年轻人成为网络消费的主体。北京京东公司、北京抖音公司、北京微播视界公司、北京智者天下公司、趣拿公司等各知名电商平台注册地大部分位于北京，导致大量诉平台承担连带责任的纠纷在北京起诉，2020年至2022年，北京市第四中级人民法院审理的涉消费者案件中，连带起诉平台的占73%，单独起诉平台的占

18.4%，单独起诉经营者的占6.2%，单独起诉生产厂家或连带起诉生产厂家的占比较少。（见图2.3）

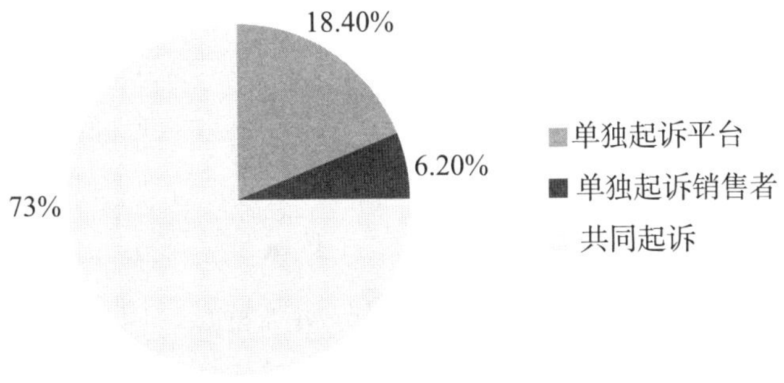

图2.3 起诉类型情况

二、涉网络消费领域案件主要特点

（一）网络购物的隐蔽性导致诉讼主体难以确定

与传统一手交钱，一手交货的经营模式不同，网络交易中，消费者需要通过向电商平台申请披露实际经营者信息，才能确定销售者的真实身份。即便是平台自营，也存在关联公司交叉经营导致自营误导的情形。实践中消费者起诉平台信息披露的案件不在少数。知名电商平台存在关联公司嵌套经营，导致实际交易主体难以确认的情形。本次发布的郑某与某电商平台公司信息网络买卖合同纠纷，正是这种关联公司嵌套经营导致自营误导的纠纷。案例对电子商务平台经营者利用关联公司逃避责任，徒增当事人诉累的行为作出了否定性评价，直接认定平台对自营误导的交易承担销售者责任，更好地保护了消费者的合法权益。

（二）电子数据采集的专业性导致当事人举证难

网络服务商的服务协议多为一对众的电子合同，作为电子合同管控方，电子合同具有成本低、效率高、流转方便的优势，但对于消费者而言，却又有易删改、难固定的劣势。消费者在订立交易合同时，往往缺乏存证意识和能力，纠纷发生后发现数据管控方利用存证时间差对合同内容进行变更，但受制于鉴定成本高等客观因素，很难提出反证。实践中，电子合同管控方利用自身优势地位变更格式合同内容、增设免责条款、变更约定管辖地的情形时有发生。此种情况下案件事实难以查清，导致消费者败诉的现象较为突出。

（三）信息网络买卖合同纠纷案件中特殊主体占比较高

北京市第四中级人民法院审理的信息网络买卖合同纠纷二审案件中，“职业索赔”“牟利性打假”情况突出，此类案件在信息网络买卖合同纠纷中占比较高。同一诉讼主体，同类型商品，多次购买，均以惩罚性赔偿为诉求提出索赔。其维权手段也呈现多样化趋势。如行政投诉、处罚、鉴定程序前置等，诉讼呈现环节清晰、流程分明等特点。应当说“职业索赔”现象有助于净化市场、打击违法违规行为，但同时也挤占了大量司法资源，如部分“职业索赔人”为了牟取利益，明知产品存在缺陷而故意多次购买，并在购买后提起诉讼。对此我们适当调整裁判政策，即对牟利性打假行为审慎适用惩罚性赔偿规则，使该类案件逐步呈现下降趋势。

本次发布案例中，王某诉某手机配件有限公司信息网络买卖合同纠纷案正是适用此规则进行裁判的案例。王某从多个不同商家购买了与案涉产品同一品牌的移动电源，分别以商家存在销售欺诈为由提起惩罚性赔偿之诉，法院以其商品详情中的不实宣传对多次购买同款商品的王某不产生宣传误导为由，最终判决商家仅承担退货退款责任，未支持其3倍惩罚性赔偿的请求。

（四）涉网消费纠纷中诚信缺失的现象突出

在传统的道德中，诚信被视为“立人之道”“立业之基”“立政之本”。而诚实信用亦是我们从事民事活动的基本准则，在互联网的虚拟世界里，这一原则尤为可贵。实践中，商家利用网络消费信息不对称的特点，夸大宣传产品功能，提供虚假信息欺骗消费者；或提供不合格产品，以次充好；或商家利用优势地位，随意变更合同条款，减轻己方责任，加重对方责任等破坏诚信的现象屡见不鲜。本次发布的案例包括销售不符合食品安全标准的食品获10倍惩罚性赔偿；商家虚假宣传被判退一赔三；网络格式条款中单方“霸王条款”无效等案件。北京市第四中级人民法院在审理的系列涉诚信经营的网络消费案件中，充分发挥司法裁判的价值导向作用，以维护市场诚信和秩序、保护消费者的合法权益为原则，在涉网案件司法裁判中体现“让失信者寸步难行，让守信者一路畅通”的裁判理念。

本次发布的案例还选取了一些对消费者网上消费和诉讼维权有指导和借鉴意义的案例：如加强新业态消费者保护的“七天无理由退货规则适用”的案例。《消费者权益保护法》设置了“七天内无理由退货”的撤回权制度。实践中，商家对一经激活或者试用后价值贬损较大的商品，经常通过详情页说明的方式排除适用该条规则，该案法院以商家排除适用声明未“经消费者确认”不产生效力来维护消费者撤回权的顺利行使。又如“消费者发布商品差评”案，确立了消费者线上点评的尺度，即经营者对消费者的“差评”应当给予必要的容忍，既不能苛求所有消费者的评价绝对精准、完全不带主观情绪，也不能要求每一位消费者都必须给予好评，更不能要求电子商务平台评价体系仅向社会大众展现“好评”。再如“游戏服务合同违约”案，案例引导消费者在游戏服务合同中应当秉持诚信原则，遵守网络道德和社会公德，诚信消费。

三、消费者权益保护方面的建议

一般来说，与平台和商家相比，消费者在维权方面维权意识相对单薄，在对证据的固定、收集和举证上存在劣势，法律保护弱势群体的前提是其行为符合法律规定的要件，而非消费者朴素价值观念中的不合法的维权方式，在北京市第四中级人民法院审理的案件中，消费者败诉的案件大部分归根于对法律的理解不透彻、证据不充分、存在盲目消费的情形。只有消费者理性消费、合法合理维权，商家诚信经营、平台合规治理、监管部门履职尽责，才能共建自由、法治、良性的网络消费环境。

（一）消费者应提高警惕，及时固定证据

消费者在线消费时尤其是消费二手商品时，切莫贪图便宜，从非官方网站购买，无论是线上消费还是线下消费，均应选择从正规厂家选择产品和服务，无论是在消费体验还是售后方式上，均有一定的保障；购物过程中及购物后，在商品不及预期的情况下，及时固定证据，将往来邮件、平台聊天记录、沟通过程等证据进行保存，以便作为将来维权的依据；识别商家和平台的关系，辨清平台内“自营”和“非自营”的区别，不要盲目

单独起诉网络平台；加强对用户协议、交易规则等文件的阅读，对涉及个人信息的事项谨慎操作；涉及网络直播、网络带货的，保持理性消费，避免冲动消费。

（二）经营者应诚信经营，提高合法经营能力

经营者应合法、诚信经营，对消费者的投诉积极处理，避免消极等待造成矛盾激化。经营者是涉消费者案件中的第一责任人，应积极维护社会主义核心价值观中“诚信”的原则，规范经营流程。尤其是在信息网络买卖合同案件中，“职业打假人”专门挑选“问题”商品进行消费—索赔—投诉—诉讼，经营者应查询并提供商品的合法来源，保存好商品尤其是境外商品的完整进货证据；积极学习《消费者权益保护法》《食品安全法》等相关法律法规，确保自己销售的商品符合法律规定，以“良币来驱逐劣币”；在遇有消费者投诉时，以合理的态度积极应对，不推诿、不塞责，维护消费者的合法权益和店铺的良好形象。

（三）平台应承担义务，保障消费者、经营者合法权益

平台要积极履行平台责任和社会责任，做有担当的企业。北京市第四中级人民法院二审审理的涉及平台的纠纷，基本都是国内知名“头部”企业，企业承担相应的社会责任也是自身长远发展的需要；加强对入驻企业的审核力度，对高风险、高投诉领域提高保证金的额度，确保遇有相关风险时有足够的赔付资金，同时，加强对企业资质定期核验，对不符合规定的不良商家制定退出机制，保证平台内企业的良性发展；信息网络买卖合同案件中，积极配合消费者披露商家的具体信息，维护消费者的合法权益；注重保护消费者及商家的个人信息，严禁泄露其隐私，在运用算法规则向消费者推送时，做到客观、公正、合法、合理；进一步提升平台内的争端解决机制，可以考虑入驻调解员等方式，增加内部调解的有效性。

（四）监管部门应加强监督管理，净化市场环境

监管部门加强监督管理职责，推动完善社会治理法制化轨道。消费者权益保护得以实现，离不开行政机关的有效管理和消费者协会的配合，其中，行政机关因处于管理者的地位，应加强对不良商家、劣质产品的查处力度，增强罚款额度，净化市场环境、维护市场秩序，制定本领域内的监

管规则和标准，方便商家和消费者有对照性地改进和维权；消费者协会应健全自己的保护机制，除利用“315”平台发布警示外，可形成固定的不良商品发布机制，提高消费者的认知能力；针对现下消费热点问题，如个人信息保护、短信“轰炸”、搭售销售等问题，通过讲座、短视频等方式普法，增强消费者知法、懂法的能力。

随着互联网司法的发展、进步，与网络交易相关的各方面规则正在日趋完善并走向成熟，互联网的司法治理效果在不断显现。与此同时，我们也应清醒地看到，网络交易中不当侵害消费者合法权益的行为还在不时发生，在传统网络消费领域，网购食品保健品等的质量安全问题、虚假宣传问题等仍需持续予以关注，在新兴网络消费领域，随着新的消费模式、消费内容的涌现，个性化、多样化消费的兴起，新类型的网络消费纠纷在快速增长，涉网络充值消费、网络预付卡交易、跨境电商、直播带货、人脸识别、直播打赏、个人信息和数据权益保护以及涉未成年人等特殊群体的利益保护等问题在不断考验人民法院的司法裁判能力和裁判智慧。对此我们将坚持以习近平新时代中国特色社会主义思想为指导，认真学习贯彻习近平法治思想，坚持以人民为中心，精准对接首都国际消费中心建设需求，探索创新司法服务保障举措，总结审判经验、完善审判机制，运用司法手段解决数字经济消费中出现的新情况、新问题，为首都数字经济发展提供强有力的司法保障。

北京市第四中级人民法院
网络侵权类案件审判白皮书

习近平总书记在党的二十大报告中强调，要“健全网络综合治理体系，推动形成良好网络生态”。最高人民法院张军院长在2024年“两会”工作报告中，明确从严惩治网络暴力，对网络侮辱诽谤，造成被害人或其近亲属身心严重损害后果，或者随意以普通公众为侵害对象等行为，以公诉案件追究刑事责任，要求公权力要为受害者撑腰，网暴行为必须付出代价。中央网络安全和信息化委员会办公室今年持续开展“清朗”系列专项行动，集中整治涉企业侵权信息、自媒体无底线博流量、网络直播虚假和低俗乱象、未成年人网络环境整治等网上突出问题。北京市第四中级人民法院作为北京互联网法院的二审法院，集中审理北京市范围内在互联网上侵害他人人身权、财产权等民事权益而产生的纠纷；通过电子商务平台购买的产品，因存在产品缺陷，侵害他人人身、财产权益而产生的产品责任纠纷等网络侵权类案件。

一、2021年至2023年网络侵权类案件审理基本情况

1. 网络侵权类案件数量较大

2021年北京市第四中级人民法院审理网络侵权类案件631件，占北京市第四中级人民法院同期审理涉互联网案件的65.5%；2022年审理437件，同期占比63.9%；2023年审理534件，同期占比50.9%。可以看出，网络侵权类案件占比一直较高。（见图2.4）

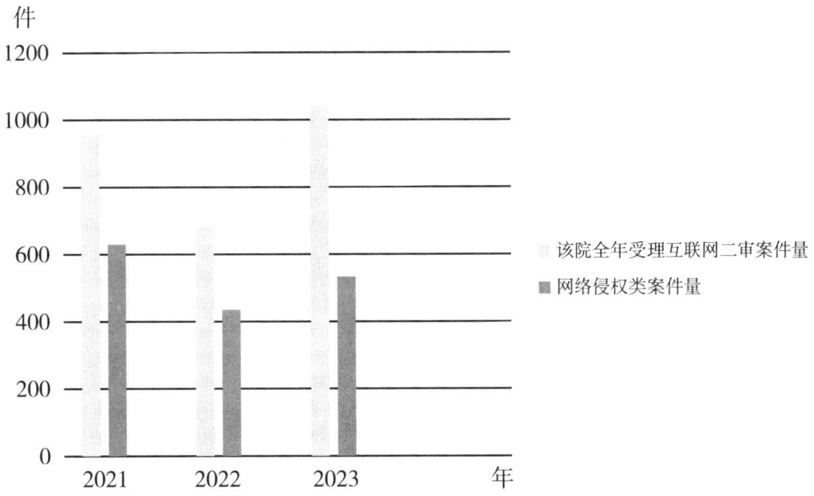

图 2.4　2021 年至 2023 年受理网络侵权案件数量情况

2. 侵权案件类型分布及总体审理情况

北京市第四中级人民法院审理的网络侵权类案件主要以网络侵犯名誉权为主，同时涉及隐私权、姓名权、肖像权、一般人格权、个人信息权益等人格权益，部分消费和服务类案件涉及网络账号、游戏道具等虚拟财产类侵权纠纷以及消费者知情权和公平交易权的保护。审理情况显示，大部分侵权类案件在经两审审理后最终被认定侵权成立，侵权主张的支持率较高。

3. 网络侵权类案件结案方式情况

北京市第四中级人民法院始终坚持和发展新时代公正司法理念，推进矛盾纠纷的多元化解。2021 年至 2023 年北京市第四中级人民法院审理的网络侵权类案件二审维持 1011 件，占比 63.1%；撤诉 308 件，调解 225 件，两者占比 33.4%；改判、发回 56 件，两者占比 3.5%（见图 2.5）。网络侵权类案件的调解撤诉率较高展现出北京市第四中级人民法院坚持新时代“枫桥经验”取得良好效果。

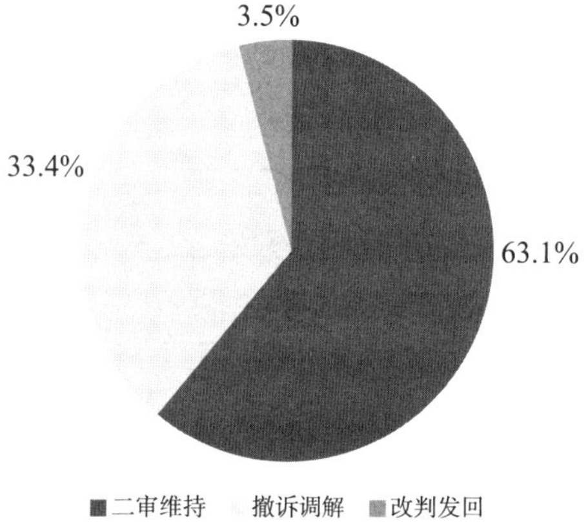

图 2.5　2021 年至 2023 年结案数

二、网络侵权类案件纠纷特点

1. 网络言论类侵权占比较高，言论内容具有涉及面广、涉专业领域判断难度大的特点

言论类侵权案件多涉及微博、微信、短视频、贴吧、问答型知识平台等，根据侵权对象和侵权内容总体上可划分为生活类言论侵权和经营类言论侵权。生活类言论侵权主要涉及网络社交、商品服务评价、社区管理服务、网络公开投诉举报、自媒体监督等类型，该类型案件具有言论随意性大、内容涉及面广、侵权属性相对明显等特点。经营类言论侵权主要涉及产品推广宣传、自媒体测评、学术领域评价批评、企业竞争、媒体报道与监督等类型，该类型案件具有言论内容专业性强、表达方式相对严谨规范、言论侵权属性判断难度较大的特点。

2. 网络侵权类案件各方对立情绪普遍较高、矛盾化解难度较大

北京市第四中级人民法院审理的网络侵权类案件的调解难度远高于网络买卖合同纠纷等类型案件，其主要原因在于：一方面，网络言论随意性强、公开范围广，本身易引发冲突，形成纠纷后，各方通常互有口角，且网络纠纷不受地域限制，不同于线下纠纷，难以通过物理隔离等方式及时劝解；另一方面，网络账号易注册、难管理，网络言论易发表、难彻底消除，一旦发生纠纷，纠纷内容易快速扩散，进而导致事态扩大、矛盾升级、激化各方对立情绪，而各网络平台介入处理往往需要经过一系列程序

性环节，难以第一时间采取有效措施。

3. 涉未成年人侵权类案件频发

北京市第四中级人民法院受理的涉未成年人侵权类案件主要以校园言论侵权、网络交友问答类言论侵权、网络游戏言论侵权、涉未成年人个人信息类侵权等案件类型为主。当前，移动应用类 App 种类日益增多，未成年人的交友方式、娱乐方式更加多样化，科技进步在给未成年人带来精彩生活的同时，也给家庭、学校、网络平台、行政机关带来了新的监管要求。网络行为往往具有隐蔽性强、传播速度快、影响范围大、损害后果难控制及难彻底消除的特点，因此，一旦发生未成年人侵权案件，案件影响往往较大。近年来，北京市第四中级人民法院审理了多起涉未成年人侵权案件，从审理情况看，受害人虽然通过诉讼得到了合理补偿，但由侵权行为引发的连锁反应往往会给受害人甚至加害人的身心健康造成较大影响，部分甚至导致学业中断、精神抑郁，严重影响家庭生活，类似现象应引起家长、学校、社会的重视。

4. 新类型案件不断出现，给司法审判带来新挑战

随着国家法律法规对个人信息保护的加强，近年来北京市第四中级人民法院受理的网络侵权案件中，出现了大量涉及个人信息的案件，包括网络社交、网络购物、网络信息内容服务等不同应用场景，部分案件仅有单一主体直接侵权，部分案件存在多主体共同处理个人信息侵权以及境外因素、刑民交叉等较复杂的问题，新情况的出现对案件事实查明、法律适用均提出了新的挑战。另外，数字技术、人工智能的发展也对传统人格权、财产权认定和适用提出了新的研究方向，数字人格权、数据财产权侵权类案件频发，这些案件受关注程度高，裁判结果考验人民法院的司法能力和司法智慧。

三、以公正司法完善治网规则

1. 通过司法裁判明确舆论监督行为的言论边界，依法治理不法舆论监督、不当舆论监督行为

舆论监督关乎言论自由，通常情况下，为公共利益进行舆论监督属于

合理行使言论自由权利的范围，因此导致他人名誉受损的，行为人不需要为此承担侵权责任。有权利即有义务，言论自由并非没有边界，网络也非法外之地。滥用舆论监督权，借舆论监督之名捏造或歪曲事实发表评论，脱离客观实际过度指责或不当暗示，蓄意掩盖事件局部真相带动或引导舆论方向，不属于合理行使言论自由权利的范围，实践中存在被认定为侵权的风险。

2. 依法规制网络媒体新闻转载、转引行为，促进网络信息合法合规传播，强化网络信息生态治理

新闻转载、转引应坚持原文、原意引述原则，并确保文章内容与标题名称相互对应、新闻事实与调查结论基本一致，杜绝文不对题、浮夸暗指等行为。对于歪曲原文原意、强行嫁接事实与结论的转载、转引行为，依法认定属于网络侵权行为，网络媒体需为此承担侵权责任。

3. 规范网络平台监管行为，要求平台应当尽到与其经营利益相匹配的审慎监管义务

网络服务提供者应当积极承担平台责任，合理强化事前审核能力、“通知—必要措施”职责、披露义务等，全面减少涉网络平台侵权行为的产生。注意义务是认定网络平台侵权的关键要素，网络服务提供者应及时核验用户信息并在诉讼中向法院提供网络用户的姓名、地址、有效联系方式等信息，在接到有效通知后进行审查并及时采取必要措施。

4. 严格贯彻个人信息保护、未成年人网络保护司法理念，依法惩治利用网络侵害个人信息和未成年人合法权益的行为

电子商务经营者、网络服务提供者等个人信息处理主体应切实履行个人信息与隐私保护职责，妥善保管在提供商品交易、网络服务过程中收集的用户信息，审慎对外提供或委托他人处理相关信息，不得非法使用、泄露用户个人信息。同时，根据提供交易、服务场景的不同，以及各信息处理环节发生个人信息侵害风险程度的差异，设置有效的个人信息保护措施，不断提高保护用户个人信息的能力。对于发生用户个人信息泄露或疑似泄露事件的，应第一时间依法承担报告、核查等责任。对于发生未成年人网络侵害事件的，应及时采取阻断传播、删除有害信息等必要措施，依

法高效履行未成年人网络保护责任。

另外，北京市第四中级人民法院受理多起案件，涉及因在学校群、班级群等网络空间不当传播未成年人个人信息的情况，网友多以看热闹的心态参与传播相关信息，此类“吃瓜”行为情节严重的可能侵害他人合法权益，存在较大侵权风险，应谨慎参与。

四、构建清朗网络空间的建议

第一，建议平台公众号的管理者谨慎使用名人照片，影视剧照等肖像、姓名要素，如为企业或产品宣传目的确需使用相关内容，务必做好法律审查，包括对权利来源、授权内容、授权有效性等的合规审查，避免陷入侵权境地。

第二，建议网络用户客观看待网络热点事件，合理表达个人观点。对于热点事件等的传播，应尽可能在了解真实情况的前提下再发表个人观点，避免被不当舆论带偏方向，盲目声援易引诉缠身。同时，网上参与社区治理、发表对用人单位评价等，应实事求是，就事论事，切忌随意扩大、由事及人，不当地扩大矛盾和由事及人往往伴随较高的侵权风险。

第三，用户注册网络账号后，应妥善保管个人账号、密码及验证短信等，个人快递单号、收货地址等个人信息勿轻易泄露。个人出借身份证、手机号码为他人进行网络账号验证，出借微博、网络直播、网络游戏等账号前需三思，一旦上述账号发生侵权行为，出借人往往难逃法律责任。

第四，网络平台应持续加强对注册用户真实身份信息的验证、留存，持续强化对未成年人注册账号行为的识别，对于无法准确识别的用户注册行为，应通过其他辅助验证措施、关联信息审核判断等确定是否准予用户注册。对于用户提出的投诉举报内容，应设置清晰、简便的受理流程和快捷有效的处理方式，不得推诿、拖延，不得设置不合理的投诉限制条件。

第五，监护人应关注未成年人的网上行为，包括注册网络账号，开通网络支付功能，进行网上阅读、游戏、社交、充值消费等的行为，同时妥善保管自己的微信、支付宝支付密码，以免因未成年人超出自身认知范围作出大额支付行为，造成不必要的损失。

数字经济背景下网络虚拟主体人格利益的保护及救济

一、网络虚拟主体的法律性质

（一）网络虚拟主体的概念界定

网络虚拟主体的人格利益即民事主体的虚拟人格利益，其仅归属于民事主体所控制的虚拟主体而与现实主体无关的社会评价。因此，欲讨论虚拟人格利益的相关问题，须先行说明虚拟主体的法律性质。在研究之初，国内学者林旭霞定义虚拟主体为互联网上虚构、假设的网络行为的实施者。[①] 国内学者孙占利如此定义虚拟主体，他认为虚拟主体是现实法律主体将其行为拓展到网络虚拟空间而创建的数字化身份代表。[②] 其涵盖的内容比较广泛，微博上的知名博主、小红书的活跃网友、网络游戏中的各种角色等，都属于虚拟主体的范畴。尽管虚拟主体在网络空间的交往互动与现实世界存在诸多相似，但虚拟主体本身并不具有意思能力，从本质上说，它既不属于自然人，也不属于法人，故不能被认作民事主体。[③] 尽管网络虚拟主体并非真正意义上的自然人，但是虚拟主体与现实主体之间的关联性也会导致现实主体因其虚拟主体受到侵害而遭受直接或者间接的精神损伤。因此，司法实践及学术界认为保护虚拟主体的人格利益是需要实

---

① 林旭霞：《论“虚拟主体”之法律地位》，载《福建师范大学学报（哲学社会科学版）》2007 年第 3 期。

② 孙占利：《虚拟主体基本法律问题探略》，载《法学评论》2008 年第 2 期。

③ 林旭霞：《论“虚拟主体”之法律地位》，载《福建师范大学学报（哲学社会科学版）》2007 年第 3 期；孙占利：《虚拟主体基本法律问题探略》，载《法学评论》2008 年第 2 期。

现的，通常认为虚拟主体具备的人格利益包括姓名权、肖像权、名誉权、荣誉权、隐私权等。[①] 而本文研究的重点是虚拟主体人格利益中的名誉保护问题。

（二）网络虚拟主体的属性界定

1. 网络虚拟主体的特点

第一，具有一定的虚拟性。与现实世界所不同的是，在网络世界中，我们所面对的不是真实和可以辨识的个人，而是作为代号的网名、IP 地址等符号或数字。在现实生活中人格权都是由特定的主体所享有的，主体具有确定性，但是在网络环境下，由于网络的虚拟性（非物质性），网络虚拟主体具有不确定性。一个虚拟身份，根据使用情况的不同，可能对应不同的自然人或法人。第二，虚拟主体呈现的利益具有多元性。与自然人人格权不同，虚拟主体具有可商品化的特点，对其进行侵害可能既构成对人格利益的侵害，构成对权利人财产权益的侵害。第三，虚拟主体的人格利益具有复合性。与现实人格权不同，虚拟主体的人格利益可能为名誉、肖像、隐私等各种人格利益的集合体。第四，虚拟主体的识别具有技术上的复杂性。因为网络空间具有匿名性和分散性，所以虚拟主体很难确定实际行为人，或者即使可以通过技术手段追踪，但维权成本也过高。

2. 涉网络虚拟主体的侵权行为的特性

第一，损害的易发性。网络行为的实时性导致侵害他人权益的行为十分容易发生，同时，在网络环境中，受害人和加害人身份角色之间更容易发生转换。所有人都可能成为网络诽谤行为的受害者，每个用户如果发表或者有过失地转发此种诽谤言论或侵害他人隐私的言论，同样可以成为加害者。第二，损害后果的易扩散性。发布针对他人的诽谤行为或者侵害他人隐私的言论，因网络信息传播的便捷性，会导致言论在短时间内大范围扩散。第三，责任主体有一定的特殊性。网络服务提供者在特定情况下成为责任的承担者。网络服务提供者在不知情的情况下为网络用户提供了信息传播服务，则在受害人通知其采取相应侵害制止措施而未采取的情况

① 李佳伦：《网络虚拟人格对民法典中民事主体制度的突破》，载《法学论坛》2017 年第 5 期。

下，须承担侵权责任。第四，网络环境下人格利益的保护方式具有特殊性。其主要表现在：一方面，救济方式具有特殊性。网络环境下的人格权救济方式应当考虑网络的便捷性和广泛性特点。例如，行为人的赔礼道歉声明通常应当在同一网络的首页进行；网络服务提供者可以采取删除、屏蔽、停止服务等网络上特有的方式保护受害人。另一方面，损害赔偿计算的特殊性。在网络环境下，受众具有广泛性，且信息发布成本低廉，一旦造成侵害，后果将极为严重。在损害赔偿的计算上，应当考虑损害后果的严重性，以及侵权行为的成本和后果的不对称性。①

（三）网络虚拟主体的法律地位

尽管网络虚拟主体并非真正意义上的自然人，但是虚拟主体与现实主体之间的关联性也会导致现实主体因其虚拟主体受到侵害而遭受直接或者间接的精神损伤。因此，司法实践及学术界认为保护虚拟主体人格利益是急需实现的。根据当前的司法实践，判断网络虚拟人格利益侵害是否成立的核心在于现实主体与虚拟主体之间的对应关系，以及虚拟主体的法律性质。例如，在“张某诉俞某风网络环境中侵犯名誉权纠纷案”中，法院判定的主要依据为虚拟空间中的侵权是否具有现实影响，即对于现实生活中的自然人主体是否会带来现实的名誉损害。对此，国内学术界存在多种观点。唯一对应说认为，虚拟主体与民事主体之间存在一种具有唯一性的对应关系。由于“同一网民不能在同一网站同时出现”，因此网络社会空间就是现实社会的延伸，网民也并非绝对虚拟的网络主体，故对于虚拟主体的侵害就会引起现实的权利侵害。② 该观点试图将现实主体与虚拟主体达成一一对应的关系，认为虚拟主体是民事主体的网络表现。再现说认为，“‘虚拟人’是民事主体借助数字化技术在虚拟空间的再现，其实质仍是民事主体”③。该观点将虚拟主体等同于民事主体，即认为虚拟主体具有现实中民事主体的法律身份。身份说将虚拟主体界定为“民事主体在网络环境

① 王利明：《论网络环境下人格权的保护》，载《中国地质大学学报（社会科学版）》2012年第4期。

② 朱文英：《论网络虚拟主体的名誉权》，载《山东省青年管理干部学院学报》2003年第1期。

③ 王立海：《浅议网络名誉权的保护》，载《科技资讯》2005年第25期。

下的身份”[①]，抑或现实法律主体的“数字化身份代表”[②]，认为它是民事主体的另一种存在方式，使民事主体能够在虚拟空间享有和行使权利，对网络环境中的利益关系进行组织、协调。国内学者葛江虬质疑上述学说并不能准确描述虚拟主体在民法语境下的法律性质，他认为，虚拟主体的法律性质为现实民事主体权利与合法利益的载体。虚拟主体在现有的民事主体法律框架下并无被独立评价的价值，针对虚拟主体的侵害行为本质上是侵害了现实民事主体的某种财产或人身权益。他不关注虚拟主体是否有现实民事主体与其严格对应，也不强调他在法律世界中的具体位置，而是关注它究竟承载了现实主体的何种民事权利与合法利益。与这些身份相比，虚拟主体并无特定的位置或资格意义，现实中也没有特别针对它所设计的法律制度。与上述各说相比，其主张的载体说并不在意虚拟主体是否有现实民事主体与其严格对应，也不强调它在法律世界中的具体位置，而是关注它究竟承载了现实主体的何种民事权利与合法利益。从这个角度说，如果虚拟主体的控制者发生了改变，新的控制者哪怕不是创造该虚拟主体的民事主体，或并非所缔结之网络服务合同的合同相对人，只要虚拟主体上承载了他的权利和合法利益，他就可以受到法律的保护。如果多数人同时使用一个虚拟主体，而对该虚拟主体的侵害行为导致他们在现实中共同遭受某种损害后果，同样可能成立基于多重损害的侵权责任。[③] 另外，财产说主张虚拟人不具有民事权利能力，其仅为自然人在网络空间的财产。[④]国内学者杨延超质疑该观点缺乏法律依据，他提出，根据民法学的主客体分离原则，财产存在于主体之外，而且虚拟人在网络空间中是有自然人的自由意志体现的，其与完全没有人格属性的财产有根本区别。他主张虚拟人人格具有相对独立性，他认为虚拟人并非财产，亦非与自然人同一人格，其自身具有独立人格，并且，自然人与虚拟人均可以在各自的社会中

---

① 林旭霞：《论“虚拟主体”之法律地位》，载《福建师范大学学报（哲学社会科学版）》2007年第3期。

② 孙占利：《虚拟主体基本法律问题探略》，载《法学评论》2008年第2期。

③ 葛江虬：《论网络虚拟名誉及其民法保护》，载《河南大学学报（社会科学版）》2017年第4期。

④ 李佳伦：《网络虚拟人格保护的困境与前路》，载《比较法研究》2017年第3期。

独立参与民事活动，独立享有民事权利、承担民事义务。同时，他提出现有的民事主体制度无法适用于虚拟人，现有的民事权利能力制度和民事行为能力制度无法解释虚拟人的人格特征，比如，自然人的民事权利能力始于出生，终于死亡。虚拟人始于被创造，终于被删除。然而，自然人死亡之后无法恢复，而虚拟人还可以被再创造。①

对于虚拟主体是否为法律意义上的“人”的问题，即虚拟人法律地位的探讨，还存在肯定说与否定说的对峙。肯定说认为，根据空间延伸理论，“网络虚拟主体”是具有延伸性人格的特殊主体。民事主体凭借其注册的网名参与网络活动，其网名就是民事主体在网络世界的身份，他们是真实世界里主体身份的延伸。该学说主张网络虚拟主体的人格权与现实主体的人格权具有对应性，虚拟人应具有“准人格者”的法律地位。② 也有学者从哲学角度、法律基础和意义三个方面认为法律人格应当扩张至虚拟主体。有学者提出，虚拟主体也是客观存在，具有物质性的；法律权利主体的不断扩大得益于法律赋予其人格，法律人格的不断扩张以及网络的发展也应当赋予网络虚拟主体法律人格。③ 否定说认为，虚拟人仅仅是网络上的数据，不具有意志能力。虚拟人不具备权利能力，即不具有权利义务的归属资格。网络环境中存在的各种利益关系，其权利义务的归属点在于现实主体而非网络虚拟主体。若在网络空间设定一个区别于现实主体的网络虚拟主体，并享有权利或者承担义务，那么网络空间的许多行为将难以规制。例如，网络可能会成为个别人侵害他人权益并逃避责任的工具。然而，《民法典》仅仅在保护个人信息的同时间接保护网络人格权，其并未赋予网络虚拟主体人格权的独立地位，也并未对虚拟主体的人格进行独立保护。又如，《民法典》并未对虚拟人的人格利益作出规定。虚拟主体只能在其网络形象与现实相联系的情况下才可以主张权利。④ 随着网络技术

① 杨延超：《网络时代论元宇宙中的民事权利》，载《东南大学学报（哲学社会科学版）》2022年第4期。

② 张莉：《人格权法中的“特殊主体”及其权益的特殊保护》，载《清华法学》2013年第2期。

③ 池桂钦：《论虚拟主体的法律人格》，载《哈尔滨师范大学社会科学学报》2013年第5期。

④ 李素荣：《赋予网络环境下虚拟主体独立法律地位的正当性分析》，载《互联网天地》2021年第2期。

的不断渗透，虚拟主体在虚拟社会的评价也应属于社会评价的范畴。因此在当前法治建设的框架下讨论虚拟主体的法律地位是具有现实必要性的。

在民法理论中，网络虚拟人格权与自然人人格权、法人人格权的来源不同，网络虚拟主体人格是网络服务合同派生的人格权，网络虚拟主体人格实际上是债权产生的绝对权。[①] 网络虚拟主体人格不同于法人、团体、宗教、精神幻想等产生的拟制人格权。没有生命就不存在意志，因此网络虚拟主体人格的本质仍然是人与人之间的关系。[②] 网络虚拟空间信息的生产者与消费者统一，内容过剩，由于公众注意力稀缺昂贵，个体注意力在自己的生产上，个体注意义务随之降低。

本文认为，随着信息技术的飞跃式发展，虚拟主体这一概念应运而生，而虚拟主体人格问题的提出，需要解决的问题包括虚拟主体人格的体系定位和制度构造，以及虚拟主体人格受侵犯的救济，虚拟主体人格的创设是自然人或法人（团体）与网络服务提供者之间的合同产生的。自然人、法人等民事主体实施网络行为的账号属于实体社会中民事主体身份的延伸，虚拟主体的法律性质在于它是现实民事主体权利与合法利益的载体。针对虚拟主体的侵害行为本质上是侵害了现实民事主体的某种财产或人身权益。虚拟主体在遭受侵害时可以主张的权利本身就是民事主体所享有的，它的存在并非某种身份的结果。比如说，我国著名网络用户“方舟子”作为虚拟主体本无可被法律保护的余地，但自然人方是民在该虚拟主体上投放了大量人格信息，以至于在虚拟主体“方舟子”身上凝聚了大量方是民的合法权益。虽然虚拟主体与实体社会中的主体一定不是一一对应的，但虚拟主体在现有技术情况下一定会指向现实社会中具体的民事主体，因此在正常情况下对于网络虚拟主体的侵权行为具有明确的指向性，亦会造成现实社会中个体的社会评价的降低。退一步讲，即便在虚拟主体与实体社会中的主体并非准确对应的情况下，他人的侵权行为也会直接侵犯现实主体的人格尊严，因此，虚拟主体虽然并非现行法律框架下的适格诉讼主体，但不能否认虚拟主体所对应的现实主体的诉讼地位和资格。

---

① 李佳伦：《网络虚拟人格保护的困境与前路》，载《比较法研究》2017 年第 3 期。

② 刘海川：《霍布斯的代表与授权理论》，载《政治与法律评论》2014 年第 1 期。

二、司法实务中存在的主要问题

（一）网络虚拟身份与现实主体身份对应困难导致责任难以确定

一是实名注册管理机制的局限性，导致虚拟身份无法特定化到现实民事主体。我国目前倡导“后台实名，前台自愿”的实名制原则。实践中，经常出现侵权人注册登记的手机号现实中未进行实名认证的情形，虽然在手机号全面采取实名制政策实施以来，绝大部分的手机号均在电信运营商完成了备案登记，但在实践中仍存在违法买卖“黑号”导致运营商未对手机号备案的情形，在这种情形下，法院往往难以最终确定侵权账户的主体身份信息。在调研中发现，随着微博、抖音、小红书等 App 越发重视海外市场，海外用户呈增多的趋势，通过国外运营商的手机号进行注册登记的情形也不再罕见。但在人民法院审理网络侵权责任纠纷案件时，由于缺少便捷的跨境司法取证协作渠道，此类案件事实查明便遇到较大阻碍，也往往会因原告无法进一步提供被告的基本信息而承担不利的诉讼结果。

二是法律制度设计，不利于网络服务提供者落实监管职责。网络服务提供者不履行披露义务时，承担的是司法协查责任，而非民事责任。这种过于宽松的责任，导致网络服务提供者怠于行使职责，实名制落实不到位。同时司法协查需借助诉讼手段才能实现救济，增加了查明虚拟身份的时间和经济成本。从现有的实际判例来看，确定虚拟主体被告身份的做法主要有以下两种：其一，原告先以平台为被告提起网络侵权责任诉讼，获得平台披露的被告注册信息后，撤诉再重新针对该被披露信息的被告提起新的维权诉讼；其二，原告先以平台为被告提起网络侵权责任诉讼，要求平台提供被告的注册信息（如真实姓名、电话号码、身份证号码等），平台提供相应信息后原告变更或追加被告，并调整相应的诉讼请求。然而这两种做法中，原告均无法直接针对侵权行为人提起诉讼，诉讼流程繁琐。繁琐的流程必然导致诉讼周期的冗长。通过在中国裁判文书网的检索和筛选，大部分要求披露侵权网络用户身份的案件中，平台都仅能提供手机号码、IP 地址等信息，而为了进一步查明这些用户的信息，权利人还需要通过法院委托电信运营商调取用户手机实名注册的信息，如此一来，确认被告身份这一流程将耗时许久。从具体数据来看，根据法院审判实务工作者的研究可知，2020年，北京互联网法院受理的网络侵权责任纠纷案件中，要求披露侵权网络用户身份信息的案件约占全部侵权责任纠纷的41.4%，平均审理周期长达60天。① 权利人维权负担重，由此导致的现实困境就是：许多权利受到侵害的当事人因诉讼繁琐而放弃维权，网络侵权行为因此日渐猖獗，网络空间风清气正的实现受到阻碍。

三是虚拟账户出借使用导致身份难以识别。现实中将身份证等身份信息出借给他人，在借用人与出借人之间系亲属、朋友等关系时较为常见，然而，一旦借用人使用身份证注册账号并从事侵权行为，网络侵权行为人非注册人，账号出借后存在侵权行为时，出借人是否与账号使用人或管理人构成共同侵权，实践中存在两种观点。一种观点认为，账号出借行为与侵权行为属于两个独立的行为，两者之间不存在必然的联系，账户出借人的出借行为存在过错，但对侵犯他人权利的行为，仍需考察是否存在共同故意，简单依据出借行为即判令其承担连带责任的法律依据不足；另一种观点认为，出借人对账号出借后的行为属于应当知道的范畴，且出借人应尽到事后审查和管理的责任，利用账号发布的信息属于公开信息，出借人有获得该账号发布信息的可能性，故对该账号所发布的侵权信息应构成共同侵权。从现有的裁判案例看，若账号所有人提供的证据足以证明其并非侵权行为发生期间的账号实际使用人，则法院会认定账号所有人本人并非实际侵权人，并认为此时的账号所有人不应承担侵权责任。例如，重庆市第一中级人民法院认为，谯某某虽系案涉抖音账号“重庆打假王”的实名认证人，但该账号并非由其实际使用并控制，并非案涉视频的发布者。因此谯某某非实际侵权者，不应该承担侵权责任。②

四是虚拟账户信息被盗导致实际使用人难辨。在数字网络时代下，个人信息被泄露的可能性增加，我们的手机号、身份证号等信息被泄露后，盗用者注册账号发生侵权案件时，大部分判例认为被盗用可作为抗辩承担

① 李文超、张乃毓：《网络虚拟主体诉讼资格的正当性基础与认定标准探究》，全国法院系统第三十三届学术讨论会征文。

② 参见重庆新物种文化传媒有限公司与合川区少水粉餐饮店等名誉权纠纷案，重庆市第一中级人民法院（2020）渝01民终8402号民事判决书。

网络侵权责任的正当理由。但账号持有人对侵权行为并非亲自实施的主张负有举证责任，若其提供的证据不足以证明其账号在原告主张侵权行为发生的期间被他人实际控制、使用，则仍会产生不利后果。[①] 例如，四川省成都市中级人民法院认为，由于上诉人柯某某提交的证据不能证明其QQ号在贺某主张柯某某侵权的期间被盗用，因此柯某某仍应承担相应的侵权责任。[②] 此外，被盗用期间，账号持有人是否承担责任，也有不同的判例。例如，北京互联网法院认为，被告对其微博账号负有管理和维护的义务，无论其账号是否被盗，均应承担其运营管理期间微博发布内容的相关责任，因此拒绝采信其不承担侵权赔偿责任的主张。[③]

五是虚拟账户多人共用导致主体混同无法辨认。实践中，常常出现共用同一账号的数人中的一人实施侵权行为，其他行为人抗辩免责的情形。此种情况下，是否构成共同侵权，也存在很大争议。

由于权利人获取侵权行为人身份信息十分依赖平台，故随之而来的另一个问题是：这些被披露的信息能否直接作为确定被告的依据？在马某与李某某、北京微梦创科网络技术有限公司等侵权责任纠纷中，北京市第四中级人民法院在对该案件进行再审的过程中认定此案的争议焦点为马某是否应当对涉案微博文章传播造成李某某名誉权的损害承担侵权责任。原审法院在认定事实中仅查明“马某是新浪微博账号@娱乐圈圈一（UID：5313051851）的注册人和实际使用人”，即认为马某应当对李某某所受损害承担侵权责任，但对于马某是否实施了侵权行为并未进行审理并查明此等事实。在再审过程中，马某亦提交了部分证据证明其并未实施网络侵权行为。法院在再审中认为，马某是否为涉案微博文章的实际发布人，是其

---

① 参见胡某与华某名誉权纠纷案，江苏省无锡市中级人民法院（2018）苏02民终3758号民事判决书；柯某某与贺某名誉权纠纷案，四川省成都市中级人民法院（2017）川01民终2947号民事判决书；陈某某、马某名誉权纠纷案，湖北省大冶市人民法院（2022）鄂0281民初1170号民事判决书；沈某某与某某晶名誉权纠纷案，杭州互联网法院（2019）浙0192民初2121号民事判决书；厦门招利电子材料有限公司诉林某某名誉权纠纷案，福建省厦门市翔安区人民法院（2015）翔民初1039号民事判决书。

② 参见柯某某与贺某名誉权纠纷案，四川省成都市中级人民法院（2017）川01民终2947号民事判决书。

③ 参见北京河图创意图片有限公司与温州美乐园餐饮娱乐有限公司著作权权属、侵权纠纷案，北京互联网法院（2019）京0491民初5318号民事判决书。

是否承担侵权责任的首要条件，属于该案的基本事实，需要结合在案证据进一步查清。由此可知，网络服务提供者所提供的用户实名制信息并不能当然成为锁定侵权行为人身份的确定性证据，而这将导致权利人维权负担进一步加重。对于普通人来说，其作为权利人获知有关侵权行为人的实名制信息很大程度上依赖网络平台，如果网络平台所提供的信息都不能成为权利人锁定侵权行为人的确凿证据，这自然会造成法院裁判和当事人维权的诉讼困境。

（二）虚拟主体是否对应现实主体的事实查明存在举证责任分配难的问题

网络用户侵害他人民事权益的行为，原则上应当根据《民法典》第一千一百六十五条第一款的过错原则承担侵权赔偿责任。根据《最高人民法院关于适用〈中华人民共和国民事诉讼法〉的解释》第九十条、第九十一条的规定，当事人对自己提出的诉讼请求所依据的事实或者反驳对方诉讼请求所依据的事实，应当提供证据加以证明，但法律另有规定的除外。在作出判决前，当事人未能提供证据或者证据不足以证明其事实主张的，由负有举证证明责任的当事人承担不利的后果。主张权利受到妨害的当事人，应当对权利受到妨害的基本事实承担举证证明责任。因此，欲证明现实主体与虚拟主体之间存在关联性，权利人需要对以下两个方面进行举证：一是侵权言论对现实主体的权利人具有明确的指向性，即证明言论并非指向虚拟主体，而是针对现实主体；二是证明言论致使权利人现实社会中的社会形象与评价降低。

在现有法律框架内，虚拟主体的法律地位在于它是现实民事主体权利与合法利益的载体。无论虚拟主体是否有现实民事主体与其严格对应，虚拟主体在现有民事主体法律框架下并无被独立评价的价值，针对虚拟主体的侵害行为本质上是侵害了现实民事主体的某种财产或人身权益。因此，需要权利人证明侵权人的侵权行为对其具有指向性。如陆某诉某网讯科技公司一案，[①] 陆某诉称自己以“LCLEYY”等网名在“医生吧”中发表言

① 参见北京市第二中级人民法院（2013）二中民一终字第459号民事判决书。

论，该贴吧的吧主“跳跃的蓝”等无故对其进行言语侮辱、删除其发言、禁止其发言等行为对其造成了精神损害，向某网讯科技公司投诉未果，认为某网讯科技公司未尽到监管职责。法院认为原告自认是“匿名上网”，没有泄露真实身份信息，因此对其单纯网络虚拟主体“LCLEYY”名誉的侵犯，并没有明确指向现实中的原告，也不会导致原告自身现实社会评价的降低，故不构成对原告名誉权的侵害。名誉权之所以受到法律保护，是因为名誉是对特定主体的品德、才能、声望、信誉等的社会评价，而网名能否与现实主体存在特定关系，需要权利人予以证明，即证明在一定范围内的公众知道该网名或称谓指向特定的民事主体。上述案例所述的与其自身现实社会身份和人身权不存在直接关系的单纯网络虚拟主体，对网络身份所产生的网络名誉与网络社会评价会不会影响其在现实社会生活中的社会形象与评价承担着举证责任。

而在现实场景中，侵权人往往采用字母、谐音或起外号的方式隐喻特定的民事主体，如果该特定用语是广为社会公众所知晓的，尚容易证明关联性。但在很多情况下，一些名称用语仅在特定人群范围内适用，权利人要证明该用语对其具有指向性便非常困难。

名誉是一种针对特定人的社会评价。在认定网络虚拟主体的名誉是否受到侵害时，有学者提出虚拟主体的名誉应当是一种“虚拟名誉”，在网络世界中，虚拟主体也可以通过发表的观点、从事的活动或表现出的能力获得社会评价，这种社会评价便是虚拟主体的名誉。但是在判断名誉权是否受到侵害时，应当注意名誉权的侵害并非名誉感的降低，名誉感是个体对自己的价值评价，不属于名誉权的保护对象。如上诉人岳某某与七里河区某美容店网络侵权责任纠纷一案，① 岳某某系该美容店客户，在大众点评中以网络匿名发表对该店铺的不满，该店铺亦在评论内发表了大量针对该网络匿名的侮辱性言论，故岳某某向法院起诉，要求店铺停止侵害、赔礼道歉并赔偿损失。法院经审理认为，原告在大众点评内以虚拟账号发表言论，该虚拟账号的实际注册人信息并不被公众知悉，原告未提供证据证明其名誉权受损，应当承担举证不能的责任，虽然店铺发表的评论内容具

① 参见北京互联网法院（2021）京0491民初26659号民事判决书。

有侮辱性，但并未造成岳某某本人的社会评价降低，故驳回了岳某某的全部诉讼请求。该案中岳某某无法举证第三人知晓的骂战内容指向现实中的自己，故只能认定自身的名誉感降低，而非名誉权被侵害。对于虚拟主体的名誉侵权案件而言，权利人需要举证证明侵权行为导致权利人社会评价的实际降低，而非自身的名誉感得到贬损。而在部分司法案件中，法院则根据社会的公序良俗对社会评价实际降低进行判断。在薛某、王某某名誉权纠纷案中，法院认为王某某的相关言论“致使不特定的人看到该言论并对薛某产生不诚信等不良印象，降低了薛某作为主播在其业界内的社会评价”，故认定其行为侵犯了薛某的名誉权。在吉宝鸿祥管理（上海）有限公司与危某某名誉权纠纷中，法院认为“被告涉案行为无捏造、歪曲事实，亦无侮辱性言辞贬损原告名誉，且被告言论未致使原告的社会评价显著降低，故对本案原告的主张本院不予支持”。在曹某与广东圆梦兔电子科技有限公司网络侵权责任纠纷案中，法院认为“涉案文章的内容基本上是对原告离婚后其与前妻各自社交动态的一般性描述与评价，没有侮辱等情形，亦没有降低原告的社会评价；原告作为公众人物对社会公众、媒体的评论应有一定容忍义务”。由此可见，虽然大多数法院能意识到判定名誉权受到侵害的标准是权利人的社会评价降低，但其在裁判的过程中对于社会评价是否降低的举证证明责任标准不一，亦未能体现裁判者对尺度的把握。针对开放或封闭互联网空间，权利人对社会评价降低的举证责任亦应当存在区别，在张某与吴某超网络侵权责任纠纷一案中，法院认为“张某、吴某超均系同一小区的业主，两人因日常琐事纠纷产生矛盾，吴某超在业主微信群中编造张某系嫖娼被公安机关处理人员的不实言论，构成诽谤。虽然张某未直接提出其社会评价降低的证据，但根据公序良俗判断，该言论具有明显贬损性，会导致张某的社会评价降低”。在该案中，涉案网络平台属于封闭式网络平台，侵权言论传播具有一定闭合性，但是由于平台内成员都是在同一小区居住的业主，造成的侵权后果是显而易见的，在这种情况下即使权利人未提供社会评价降低的证据，法院仍可以认定其社会评价降低的损害后果。而对于开放式的互联网空间，权利人应当对社会评价降低承担何种程度的举证责任，目前实践中存在一定争议。在新源公司与李某磊网络侵权责任纠纷一案中，法院认为“虽然李某磊言论缺乏事实根据，但根据一般常识判断，李某磊发布的涉案言论不具有明显的贬损性，且新源公司未能有效举证证明因涉案言论造成其社会评价显著降低，故李某磊不构成侵权”。在该案中，新源公司举证证明因李某磊在微博中转发新源公司实际控制人因不当行为接受有关机关调查的不实信息，该公司股票价格下跌，而法院认为这一证据并不能直接证明是侵权行为造成社会评价降低的后果。对于开放的互联网平台，判断权利人社会评价降低确实较为复杂，在司法实践中也并未对这一举证责任的分配及标准形成共识，不利于名誉权的保护。

（三）平台监管不到位

随着实践发展和消费者需求的增加，平台经济模式治理机制和服务方式应当不断创新，才能适应社会对平台的需求。网络的外部性和规模经济效应使得“赢者通吃”成为可能，在平台经济模式下，平台占主导优势，用户仅是平台经济中的一员，且需同意并遵守平台所设立的规则才能在该“社区”内注册使用。

平台自治相具有一定优势，如平台的管理能力较强，平台可以为成千上万的用户提供日常服务和管理；平台企业的监管手段更加多元并且成本较低，平台可以利用资质审查、信誉系统、支付机制、算法模型等多元机制实现。但同时也存在一定的劣势。从外部监管来看，平台企业难以得到有序发展是基于平台监管的缺失与错位。

平台具有开放性、聚集性等特点，客观上导致不特定的多数人都在此聚集，同时，平台具有物理空间所不能触及的特性，缺少面对面的交流，使平台对用户的认知相对较少，无法全面、客观地理解用户。平台进入的门槛较低，无审核或者审核不严的情况时有发生，导致平台内的用户参差不齐，进而导致司法层面上盗号、借用账号导致侵权的行为频发，如再审申请人沈某某与被申请人胡某某、广州某公司网络侵权责任纠纷一案中，再审申请人沈某某认为自己的身份信息被盗用，系发现银行卡被冻结才得知自己成了民事案件的被告，广州某公司作为网络平台没有核实涉案账号系由被盗用的信息所注册，因一审法院也未查明其是否系涉案文章的实际发布人，故将案件发回重审。① 平台本身监管缺位，大数据追踪机制不健全，平台往往更注重自身的扩张性发展，在追求规模的同时，忽视运营和管理方面的投入，缺少对平台数据的排查机制，对一些显而易见的风险或者违法行为未能主动地予以屏蔽或者跟踪，如平台为了片面增加注册用户的数量，对一人注册多个账号、“小号”的情形并未认真核查，导致该情形多发。在上诉人李某某因与被上诉人广州某公司网络侵权责任纠纷一案中，李某某使用的账号因存在违规行为被封后，李某某又利用自己的其他手机号注册多个账号，还利用他人的手机号注册账户并自己使用，该账号都属于“小号”的范围，但因平台缺乏核查机制，导致该类情形多发。②

三、网络虚拟主体名誉侵权诉讼的优化路径

按照网络虚拟主体与现实主体“映射”关系的不同，网络虚拟主体可以分为单纯网络虚拟主体与复合网络虚拟主体。单纯网络虚拟主体，指完全以虚拟的网络身份进行网络活动，网络身份存在的唯一目的是建立单纯的网络形象，在建立网络形象过程中不披露其真实身份与现实个体生活，与网络参与者所处的现实社会现象毫无关联。复合网络虚拟主体，指在网络中直接披露其真实的现实社会民事主体人格名称、肖像、家庭、工作环境以及其所处的现实的社会生活环境，以现实的民事主体人格身份与虚拟网络紧密结合的形式存在的一种网络身份。通说认为，复合网络虚拟主体可以凭借“名誉权”保护自己的网络名誉与现实名誉。而单纯网络虚拟主体因无法证实虚拟主体与现实主体的关联性，即无法证实自己现实利益受损，故很难用名誉权侵权的路径予以保护。笔者认为，虽然无法以“名誉权”保护单纯网络虚拟主体的“名誉”，但可以“人格尊严权”来保护单纯网络虚拟主体的“人格”，救济其因网络名誉受损而造成的现实主体身体、精神所受损害。

① 参见北京市第四中级人民法院（2021）京04民再4号民事裁定书。

② 参见北京市第四中级人民法院（2023）京04民终178号民事判决书。

（一）立法层面

1. 变司法协查责任为民事责任

《民法典》第一千一百九十五条第二款规定："网络服务提供者接到通知后，应当及时将该通知转送相关网络用户，并根据构成侵权的初步证据和服务类型采取必要措施；未及时采取必要措施的，对损害的扩大部分与该网络用户承担连带责任。"该款规定的是网络侵权领域网络平台的反通知规则，反通知的义务主体是网络服务提供者，因此反通知的效果就是网络服务提供者依照反通知的要求，对已经采取必要措施的网络信息撤销删除、屏蔽或者断开链接等措施，使侵权网络用户在网络上的行为得以恢复，即"反通知—恢复"。要求网络平台在反通知的同时对侵权行为采取一定的措施，包括但不限于对可能构成侵权的行为采取屏蔽、断开链接等方式，法律规定的出发点是好的，有利于防止侵权行为的进一步扩大，但现实生活中，平台为了减少自身责任，通常会采用"通知—反通知—必要措施"模式，即在反通知后确定存在侵权行为时才主动采取必要措施，而非《民法典》所规定的"通知—必要措施—反通知—恢复"模式，平台此种做法的出发点是减小自己成为被告的可能性，但该行为无形中增加了被侵权人的维权难度，也延长了维权周期。因此建议立法采用"通知—反通知—必要措施"的模式，将反通知后的披露义务由司法协查责任改为民事责任，即在纠纷发生后，平台经反通知，对双方证据进行优势证据的判断后，赋予其披露义务，以及违反披露义务应承担的相应责任。将司法协查责任变更为民事责任，一是可以加强平台的监管力度；二是对被害人的救济更充分，即对因平台违反实名制要求导致无法披露侵权人信息，权利人救济无门时，其损失可以通过平台承担民事责任的形式予以补偿。在制度设计上，如果存在上述侵权行为，平台发送反通知后，可以采取暂时性的限制防止损失进一步扩大，如限制平台的留言、发送等功能，但在限制的同时，应该明确告知当事人，同时，因该限制涉及当事人的实体权益，且存在平台滥用权利的可能性，应以立法的形式将该权利明确，同时也应明确限制的主体、范围、时间等因素，防止平台权限扩大变相侵犯当事人权益。

2. 适当扩大平台的实质性审查责任

我国关于网络服务者审查义务的法律规定有《民法典》侵权责任编、《电子商务法》、《民法典》第一千一百九十五条等，总体来说明确了电商平台在应知的情形下应当承担一定的侵权责任，蕴含了平台有一定程度的事前审查义务。但对于审查的程度，以及具体的审查标准还缺乏一些规定，不同类型的平台审查义务没有细化区分。事前审查应该是一般预先审查义务，“避风港”原则的设定使平台没有明确规定事前审查义务，通常司法裁判中认为履行了通知义务就给予免责，会使平台缺乏在事前主动发现侵权的积极性。尤其是在侵权责任案件中，对涉及借用身份信息、冒用身份信息、盗用身份信息进行注册等行为屡禁不止，就是因为平台对账号注册时的审查义务不到位，仅进行形式审查，导致很多通过违法获得的信息实现账号的顺利注册并使用，因此，建议通过立法的形式改变程序性审查为部分实质性审查，采取优势证据的方式，提高平台的监管义务。从长远来看，这更有利于平台的健康、有序发展。

（二）司法层面

1. 加强对人格尊严的保护

在网络侵权中，侵权行为是否导致虚拟主体对应的民事主体现实社会评价降低是认定侵犯名誉权的关键因素。如前所述，单纯网络虚拟主体无法证实自己名誉权受损的，可以援引人格尊严的规定予以救济。《民法典》第九百九十条规定，“人格权是民事主体享有的生命权、身体权、健康权、姓名权、名称权、肖像权、名誉权、荣誉权、隐私权等权利。除前款规定的人格权外，自然人享有基于人身自由、人格尊严产生的其他人格权益”。如在上诉人师某与被上诉人刘某某、上海某科技公司网络侵权责任纠纷一案中，[①] 法院认定，刘某某的涉案言论针对师某知乎注册的虚拟账号，师某提交的证据不能证明刘某某涉案言论导致师某本人社会评价降低，故而难以认定刘某某侵犯师某的名誉权。但是名誉权与人格尊严权存在差别，加害行为有时不构成对名誉权的侵害，却损害了人格尊严。人格尊严是指

① 参见北京市第四中级人民法院（2023）京04民终292号民事判决书。

民事主体作为一个人所应有的起码的社会地位和应受到的基本尊重，包括人格自尊和人格受尊重。所以《民法典》和《最高人民法院关于确定民事侵权精神损害赔偿责任若干问题的解释》都将其列为一项人格权予以保护。加害行为未造成社会评价降低，但使被害人感到屈辱，人格尊严受到损害，也构成对人格尊严的侵害。该案中，师某的知乎虚拟账号系实名认证账号，经过其持续使用，该虚拟主体投放的人格信息可以彰显其观点、爱好、审美、修养等人格信息。同时，师某也通过该账号与其他网友交流联系，体现自身价值，获得社交认同感。刘某某在直播中的部分涉案言论，超越意见表达范畴，直接指向发文人人格尊严，且言语超过容忍义务范畴，涉案言论虽未造成师某本人社会评价降低的后果，但构成对师某人格尊严的侵害。

需要说明的是，此类案件，当事人往往以名誉权起诉，在一审时，法官应对此类案件进行释明，引导当事人选择正确诉由，对权利进行救济。

2. 激活人格权诉前禁令制度

人格权诉前禁令制度作为一项制度创新，进一步增强了人格权编的预防功能，适应了互联网、高科技时代的制度需求和人格权侵权的特征。可以预见，该制度的实施将使人格权保护的时间提前，维度被扩大，保护的范围也将从实际遭受侵害的状态扩张到有损害之虞的状态。

《民法典》第九百九十七条规定，民事主体有证据证明行为人正在实施或者即将实施侵害其人格权的违法行为，不及时制止将使其合法权益受到难以弥补的损害的，有权依法向人民法院申请采取责令行为人停止有关行为的措施。在中国裁判文书网上以“人格权侵害禁令”为关键词检索，共检索到13篇文书，可见人格权侵害禁令的制度作用还没有完全发挥出来，适用率较低。

人格权禁令作为《民法典》人格权编新设的一项法律制度，对其性质与功能的定位，学界尚存在不同的看法：有的把它视为停止侵害这一民事责任的具体表现；有的把它视为民事诉讼法上的行为保全制度，[①] 或者认

---

① 陈甦、谢鸿飞主编：《民法典评注：人格权编》，中国法制出版社2020年版，第60页。

为其与英美法中的禁令近似。[①] 但通过对其立法溯源的考察可以发现，人格权禁令与上述制度之间存在和而不同的特点。2020 年 5 月 28 日《民法典》颁布以来，已有部分民法学者和民诉法学者对该制度进行研究，由于该制度横跨实体法与程序法，问题众多且繁杂，如何进行功能定位将直接影响其实施效果，因此，对其进行立法溯源和比较研究显得尤为重要。

人格权禁令是因人格权请求权在新时代需加强预防性保护而得以确立的。人格权禁令兼具预防与保护的功能，且人格权禁令本身规定在《民法典》人格权编，其在性质上应属于实体性权利，但基于人格权禁令的特殊价值与功能，其在实现程序上有自己的特殊性，可以根据人格权禁令的不同功能和需要而在程序上有所差异。比如对于纯粹预防型的人格权禁令，由于其本身可以通过禁令达到预防的目的，无须通过诉讼程序实现权利内容，因此无须与诉讼程序相关联，且许多预防型人格权禁令的适用都具有紧迫性，需要法官自由裁量及时作出裁决。而对于意在预防损害扩大的禁令则可以参照诉前行为保全理论，因为该禁令是针对已经发生的损害，禁令只是起到防止损害进一步扩大的作用，事后一般会通过诉讼解决纠纷，因此，该禁令在性质上与诉前行为保全相一致，可以适用诉前行为保全的相关制度规则，以实现制度之间的协调。人格权禁令在性质上属于实体权利，但权利的实现既可以通过诉讼程序，也可以通过非诉程序，这取决于人格权禁令的功能。因此，权利本身与权利的实现程序是两个不同的问题，需要区分开来。

鉴于我国民法理论对于停止侵权请求权的主流定义尚未将预防性侵权责任作为区别于传统停止侵害责任的独立类型，从而建立一套指向未来侵权行为的请求权要件，而若依据现有民事侵权理论的四要件说或后果说，则《民法典》第九百九十七条确定的针对“将要发生的”人格权侵害行使的紧急救济请求权就会落空。

因此，可将《民法典》所规定的侵权预防性救济作为一类案由，统一适用禁令程序，以根据程序动态信息作出统一裁量。比如，立案程序统一

---

① 黄薇主编:《中华人民共和国民法典释义》(下)，法律出版社 2020 年版，第 1826 页。

采用非讼或保全式的快捷审查，先根据诉求的紧迫性和时机性及实体性证据进行形式审查；若根据单方证据和形式审查无法决定是否签发临时紧急命令，一方证明足以达到实体胜诉标准，即作出终局性速裁判决，并据此发出永久禁令；如果听证结果表明一方的证明程度无法达到终局判决但足以满足前述实体性临时救济条件，则作出裁定，并据此发出临时或中间禁令，进一步将实体审理转入普通审判程序。[①]

不同法院对于适用“人格权行为禁令”的案件持有不同的观点。[②]

【案例索引】（法院未作出“人格权行为禁令”）

广东省高级人民法院发布第二批8起贯彻实施民法典典型案例之二：王某香与某地产公司等名誉权纠纷案

【法院观点】

法院认为，判断人格权侵害禁令申请是否符合法律规定应该综合考量四个方面的因素。

（1）请求保护的权利种类，申请人请求保护的权利应当属于其依法享有的人格权。

法院认为，网络传播速度快、受众广、影响范围大，网络不实言论或信息容易对法人商业信用、股价、产品或服务声誉、营业活动等带来不利影响，导致公众对该法人社会评价的降低或者带来此种风险，从而侵害或即将侵害法人名誉权。某地产公司向法院提交禁令申请，是其基于对涉案事实和情势的判断，行使《民法典》赋予的人格权请求权。

（2）侵害行为的存续，要有证据证明被申请人正在实施或者即将实施侵害申请人人格权的行为，在证明标准上，采用“较大可能性”的标准。法院认为，行为人此前发布的10篇文章中存在针对某地产公司的过激言论及不文明用语，但已被删除。从此后新发布的文章内容来看，尽管双方对文章描述的有关事实是否属实存在争议，但上述言论仍属购房者对购房体验和感受的主观描述，出于维权目的而发布的可能性较大，不同于故意捏

---

① 傅向宇：《人格权紧急救济之诉的程序机制与阶梯式证明》，载《国家检察官学院学报》2022年第6期。

② 徐军：《关于〈民法典〉“人格权行为禁令”司法实践的几点思考》，载光大律师事务所网2022年5月26日，http：//everbrightlaw. com/CN/07/df3dd4158cd192f8. aspx？M_ ID=01。

造事实、恶意诽谤，某地产公司作为房地产开发商对此应当予以必要的容忍。

（3）现实紧迫性，不及时制止将使申请人人格权受到难以弥补的损害。法院认为，从文章的阅读量来看，被申请人发布的涉案言论影响范围有限，即使存在部分针对某地产公司的负面评价，对某地产公司也难以产生不能弥补的影响。不及时制止被申请人的行为，给某房地产公司造成难以弥补的损害的可能性较小，故涉案情势不具有作出禁令的现实紧迫性。

（4）利益衡量，既要考量申请人与被申请人之间的利益平衡，又要考虑禁令对社会公共利益的影响。法院认为，结合本案情形，若作出禁令，可能会产生房地产开发商可以利用人格权侵害禁令阻止购房者发布相关言论的不良示范效应，作出禁令可能会有损社会公共利益，故法院对某地产公司提出的“人格权侵害禁令”申请不予支持。

上述案件被广东省高级人民法院称为“人格权侵害禁令第一案”（2021年1月），其对《民法典》“人格权行为禁令”申请适用程序进行了探索，并被广东省高级人民法院选为典型案例，法院的裁判观点将为后续同类案件的司法裁判提供一定启示作用，具有较强的参考意义。

【案例索引】（法院未作出“人格权行为禁令”）

申请人周某某与被申请人徐某某、被申请人朱某某侵犯名誉权纠纷案［（2021）苏0106民初1106号，申请人此前已经提起名誉权侵权诉讼，诉讼案件案号为（2021）苏0106民初514号］

【法院观点】

法院认为，《民法典》第九百九十七条规定，民事主体有证据证明行为人正在实施或者即将实施侵害其人格权的违法行为，不及时制止将使其合法权益受到难以弥补的损害的，有权依法向人民法院申请采取责令行为人停止有关行为的措施。本案中，申请人已经向法院提起诉讼，其诉讼请求已经涵盖了本案禁令申请的内容，两被申请人的行为依法可以在诉讼中进行评价，申请人提供的证据尚不足以证明不及时制止将使其合法权益受到难以弥补的损害，故申请人的申请不符合发出侵害人格权行为禁令的条件，法院对申请人的申请不予支持。

【案例索引】（法院未作出"人格权行为禁令"）

陶某1等与陶某2民事纠纷案件［（2021）京0114民保令16号］

【法院观点】

法院认为，该案中，陶某1已经向法院提起诉讼，其诉讼请求包含该案禁令申请的内容，陶某2的行为依法可以在诉讼中进行评价，且现有证据尚不足以证明不及时制止陶某2的行为将使陶某1的合法权益受到难以弥补的损害，裁定驳回申请。

3. 探索确认网络侵权适格被告的新路径

与传统的确认侵权纠纷案件被告真实身份信息主要找公安部门核实不同，确认侵权法领域的网络用户的真实身份信息应按以下几个步骤进行，进而确定适格的网络侵权被告。

首先，关于实施网络侵权行为人的真实身份，可以通过相关网站经营者掌握的网络用户注册登记材料进行查询。如果不能要求相关网站经营者提供通过该网站实施侵权行为的网络用户的注册资料，则查明网络侵权行为人真实身份及其侵权证据将十分困难。网络侵权行为一经发生，基于维护网络社会秩序并增进公共利益之目的，网站经营者负有披露侵权人的身份信息的义务，以利于侵权行为的受害者依法追究侵权行为人的民事侵权责任。

江西省高级人民法院开创性地推出以IP地址或网名做预立案的被告的做法，为这一问题的解决作了极好的探索。网络侵权行为受害者在提起民事诉讼时不能提供被告真实身份的，法院根据案件实际，以电子证据中标记的IP地址或者网络名称作为被告进行预立案，然后由原告申请法院调查被告的真实身份信息。法院在预立案时，应对侵权行为受害者提供的在该网站受到侵权行为伤害的损害事实进行审查，主要审查两个基本要件，一是预立案的原告是受到网络侵权行为伤害的权利人，二是提供的证据能初步证明可能存在侵权。被侵权人向法院提出网络侵权行为造成的损害事实，仅有该网络用户的网络IP地址或网名，但无法提供明确的被告，法院进行形式审查，核实是否发生网络侵权行为，进而预立案。相关网站经营者在法院要求协助查询被告真实身份时，倘无正当理由，应该向法院提供实施侵权行为的网络用户的注册资料，否则应承担相应的侵权责任。

4. 盗用、冒用、混用的裁判规则

网络账号的背后有一定的经济价值，对网络盗号行为，用户有妥善保管自己账号和密码的义务，同时，平台通过大数据等多种形式可以轻松掌握用户的使用习惯、使用倾向等，建立用户画像，故对用户的反常行为，也应有一定的意识并尽可能地减少网络盗号情形的发生。网络账号背后涉及虚拟财产，在责任分配上，应加大对平台的责任，将识别风险、财产保护的责任向平台方倾斜，要求平台采取主动或被动措施来保障用户虚拟财产的所有权，也应基于技术条件，尽可能地防范用户账号被他人盗用。

若仍从实施侵权行为的账号入手查明实际侵权行为人的身份，在借用、混用账号的情形中，账号所有者知道实际侵权行为人为何人而故意不告知该人的真实身份，则账号所有者为实际侵权行为人的侵权行为提供了便利，且具有主观过错，应当承担相应的侵权责任。在盗用、冒用账号的情形中，由于账号的注册名和密码系被他人盗取，账号的所有者不具有主观过错。因此，若账号所有者能提供充足的证据证明自己的账号在网络侵权行为发生时已被盗，则应当将账号被盗用、冒用作为抗辩承担网络侵权责任的正当理由。若账号所有者提供的证据不足以证明账号被盗用或冒用的事实，则仍应认为其作为账号所有者，未尽到妥善保管账号及其密码，严防他人盗用、冒用自己的账号侵害他人权益的义务，判决其承担网络侵权责任。①

5. 运用律师调查令制度

妥善运用律师调查令制度，由当事人及其代理律师向人民法院提出申请，人民法院经审查认为确有必要的，签发调查令，由持令律师在授权范围内向接受调查人调查收集证据。出于保障个人信息的考虑，限定申请主体为律师、限定时间为立案审查阶段，限定取证范围为网络账号的实名信息，即仅限于确定“明确的被告”，限定要求存在侵权的高度盖然性。② 同

---

① 徐军：《关于〈民法典〉“人格权行为禁令”司法实践的几点思考》，载光大律师事务所网 2022 年 5 月 26 日，http：//everbrightlaw. com/CN/07/df3dd4158cd192f8. aspx？M_ ID=01。

② 李文超、张乃毓：《网络虚拟主体诉讼资格的正当性基础与认定标准探究》，全国法院系统第三十三届学术讨论会征文。

时还应将律师调查令的案件录入数据库，这不仅是为了记录和备查，也是对律师的调查行为进行监管，防止当事人滥用律师调查令制度获取其他信息。

6. 明确各方当事人的举证责任和证明标准

完善网上侵害名誉和商誉案件的举证规则。一方面，可以放宽互联网侵害名誉和商誉案件中被侵权方的举证责任，如被侵权方对侵权行为、因果关系、损害结果、赔偿责任等提出初步证据后，可综合案情将下一步举证责任分配给被诉侵权人；另一方面，加重影响力大的网络用户在反驳侵害名誉和商誉时的举证责任，如影响力大的网络用户应举证证明其在发布或转发信息时尽到了必要的审核义务。

不同的网络侵权责任案件中各方当事人的举证责任不同，虚拟账户是否构成名誉侵权，取决于该主体的社会评价是否降低。不同于常规的名誉侵权情况下，被侵权人除了举证证明侵权人对自己实行了侮辱、诽谤的行为，还应举证证明自己的社会评价降低，即第三人知晓在网络环境下的网络昵称所对应的真实信息，这是普通侵权案件中所缺乏的程序，如果被侵权人缺乏该项证据，则名誉侵权案件难以成立，故在虚拟主体案件中，被侵权人的举证责任更大。

在账号被冒用、借用的情形下，因冒用身份信息、借用账号本身属于被冒用人、被借用人所明知的一种行为，虽然借用或冒用后的行为及后果难以预知，但这类似于“应当预见”，此时的举证责任应该由被冒用人或被借用人承担，除非其举证证明自己对借用或冒用行为不知情，否则应当与侵权人承担连带责任。如今平台多种多样，我们注册的账号繁多，有时确实对注册的账号难以完善管理，账号被盗用后存在侵权情节的，侵权人应注重举证证明账号未被自己实际控制，否则也应承担举证不能的后果。

但是在开放性平台中，被侵权人的举证责任有所不同，正如前文所述上诉人岳某某与七里河区某美容店网络侵权责任纠纷案中，原告在大众点评内以虚拟账号发表言论，该虚拟账号的实际注册人信息并不被公众知悉，未提供证据证明其名誉权受损，应当承担举证不能的责任。故认定侵权行为成立时，被侵权人应证明自己的社会评价降低。如果在开放性平台中，没有证据证明第三人知晓侵权人侵权行为的指向，则达不到侵权案件的构成要件，但该侵权行为可能造成被侵权人的名誉感降低。

（三）社会层面

1. 有机统一行业自治、行政监管与司法监督

网络中主体权责不清晰，尚未形成社会普遍认同和遵守的网络平台自治行为规范和管理规范。一方面，在侵权人利用网络平台实施侵害名誉、商誉的行为时，网络平台是否应主动固定侵权证据、是否应被动或主动介入调处、如何决定调处结果和处罚标准等尚不统一明确；另一方面，对网络平台采取自治行为或制定自治规则规制网上侵害商誉行为的合法性缺乏全面、统一的司法审查。

规范网络平台自治行为和自治规则。平台应主动行使平台治理权，优化平台内容，加强对涉虚假信息、商业诋毁等侵害名誉、商誉内容的智能预警、分析、识别、屏蔽、删除。

推动构建预防性法律制度，为行业自治树立司法导向。一方面，司法要通过审理名誉、商誉保护案件不断输出裁判规则，为统一法律适用提供标尺，为市场主体提供价值导向和行为指引；另一方面，司法要推动构建预防性法律制度，强化科技赋能。如进一步深化司法区块链和智能合约在知识产权、电子商务等领域的应用，从源头遏制网上侵权行为的发生，减少纠纷数量。①

2. 探索多元化纠纷解决机制（平台介入调解）

网络平台应对平台内用户的行为进行指导、规范，避免用户利用平台实施侵害名誉、商誉的行为，同时应主动健全侵权判断、甄别机制，及时履行“通知—删除”义务，必要时主动介入调处，对实施侵害名誉权行为的网络用户采取查验内容、警示提醒、限制功能、降低权限、关闭账号等处置措施。

3. 诉前调解阶段司法协查，减少披露案件的周期和成本

在纠纷调解阶段，网络平台作为中间方引入司法协查，以帮助确认涉

① 洪学军：《侵害企业商誉案件的司法大数据分析报告》，载《人民司法》2022年第1期。

案主体身份和侵权程度，为调解提供更为全面和权威的依据。平台需与司法机关达成信息共享协议，确保用户隐私的安全，避免信息泄露，同时建立网络平台、互联网企业与司法机关之间的合作机制，确保司法协查的顺利进行。

构建在线电子调解平台，实现纠纷调解的信息化和数字化，减少披露案件的周期和成本。用户可通过平台进行调解申请、提交证据等，互相质证；引入人工智能技术，为纠纷调解提供快速定性和评估服务，提高调解效率；设立在线调解专家团队，为纠纷调解提供专业指导和快速响应服务，缩短解决周期等。

此外，网络平台应探索引入中立的社会第三方作为平台调处、处罚机制失效后网络用户的申诉、救济渠道。引入中立的社会第三方作为算法决策结果公正性的仲裁者，以保护网络用户的正当权益。

4. 加强平台的监管措施

（1）平台应落实《数据安全法》《个人信息保护法》等法律规范，建设和完善平台对数据分类分级的合规体系，常态化地开展对平台内各类数据（包括但不限于注册账号、非正常直播打赏、账号买卖、账号借用等）的审核和风险监测评估，健全平台内数据合规制度，不断提升合规能力和水平，防范相关风险，促进平台内数据的收集、存储、使用、加工、传输、提供等各环节合法合规；随着互联网技术的发展，技术预防的现实性逐渐凸显，就是利用大数据，通过有效的数据采集和数据分析的方式，动态、静态结合进行风险识别，对网络盗号行为进行监测和预防。如与网络平台合作，利用大数据进行群防群治，加强网络系统的监管，打造网络治理联防队，建立统一的协调处理机制，健全个人信息保护机制，健全网络平台管理机制。

（2）对网络平台设置合理的权限。平台要坚持“合法、必要”的原则面向用户开放，不能为了盲目扩张、扩大市场份额，就无节制地允许用户注册使用，增加平台使用目的、权限等的透明度，减少用户盲目注册的风险，防止账号注册后成为“僵尸账号”而被盗用。

（3）建立平台的严格准入机制。如今平台数量众多，各大平台如雨后春笋般崛起，消费者手机内下载的平台数量不计其数，平台用户可能都不记得自己注册了哪些账号，要建立网络平台的准入机制，政府和第三方平台都要建立信用评估系统，全面审查网络平台的注册能力、审核能力、侵权的处理能力等，平台拥有足够的处理能力后才可以逐步开放。加强对平台内规章制度的审核力度，完善平台的责任边界，防止平台无限制地扩大自己的权利、贬损用户的权利，保证平台规章制度的完整性和稳定性，对需要修改的规章制度及时报备。同时还应增加平台经营抽查力度，对存在违规经营的行为予以及时制止和惩处。

（4）落实境外账户实名制。一方面，可以强制要求实名认证，通过立法或相关法规明确要求平台，境外用户注册账户的，必须进行除手机号码外的实名认证，包括真实姓名、身份证号码或护照号码等，以确定到个人。另一方面，可以设置相应的处罚机制，对于未实名认证的账户进行限制性处罚，如限制账户功能、限制资金交易等。平台或服务提供商未按规定执行境外账户实名认证的，给予相应的行政处罚。

北京法院关于“直播带货虚假宣传”的调研报告

为助力提升北京市党建引领“接诉即办”改革法治化水平，着力优化政策制定“最初一公里”，北京法院从源头治理角度出发，紧扣2023年“每月一题”中“直播带货虚假宣传”具体问题，探索与直播带货纠纷特点相适应的司法裁判规则，为营造健康公平的网络消费环境，促进数字经济健康持续发展提供司法助力。以实现增强消费能力，改善消费条件，创新消费场景，使消费潜力充分释放出来为目标，形成专项调研报告，为议题办理提供决策参考，以期营造健康公平的网络消费环境，促进数字经济健康持续发展，推动重点民生领域矛盾纠纷的源头预防。本文以对直播带货行业的历史发展与行业现状的实证调研为基础，通过类型化总结直播带货虚假宣传的案件特征与审理难点，结合行业态势与政策导向，有针对性地提出直播带货合规的发展建议和解决思路，确保在优化相关纠纷解决路径、提高行业纠纷解决能力的同时，促进行业自律，助力新业态持续、健康发展。

一、直播带货虚假宣传纠纷情况和发展态势

（一）市民热线“12345”与北京法院受理投诉及案件情况

市委“接诉即办”改革专项小组办公室《2023年“每月一题”问题解决建议方案》（以下简称《市委建议方案》）显示，2022年，“12345”市民服务热线共接到有关“直播带货问题”的诉求7858件，多为投诉商家未按约定提供商品或服务、配送不及时、虚假商业宣传、商品质量、涉嫌销售假冒商品、消费者个人原因、商家不履行服务合同约定、服务质量

不达标、食品质量、拖延不退款。经统计，诉求主要涉及抖音、快手等直播平台入驻商家，主要有以下问题：一是收到商品与直播介绍不相符 2198 件，占比 27.97%；二是配送不及时 870 件，占比 11.07%；三是商家涉嫌虚假商业宣传 825 件，占比 10.50%。

（二）涉直播带货的法律属性认定及案件情况

1. 法律属性认定

目前，法学界对于直播带货行为是否具有商业广告性质、是否能够适用《广告法》存在争议，主要观点如下。

第一种：直播带货是一种商业广告活动，与传统的商品代言行为逻辑一致，系商家利用主播的影响力介绍商品、提高销售量，应受到《广告法》的规制。

第二种：直播带货是一种网络销售行为，是传统的线下推销行为的在线化、电子化，根据线上线下一致原则，不属于商业广告性质。

第三种：直播带货虽然具有鲜明的商业广告色彩，但其同时具有传统商业广告所不具备的特质，某一特定的直播带货行为是否构成商业广告、进而受《广告法》规制，应根据直播主体、直播内容等因素具体分析具体认定。

如前所述，直播带货行为实现形式复杂。关于第一种观点，在代播行为中，主播仅为商家引流、不以自身名义进行推荐的直播带货显然不符合广告的基本属性。关于第二种观点，在代播但直播间商品链接指向他人店铺页面的直播带货行为中，直播带货者并不具有商品销售者的身份，这同样与传统的线下推销模式并不相符，存在以偏概全的嫌疑。综上所述，调研组认为采纳第三种观点更为适宜。

2. 案件情况

2021 年至 2023 年，北京法院共审理涉直播带货类案件 300 余件，其中 2021 年案件较多，案件数量占比近 60%，2022 年案件数量有所减少。除传统电商平台之外，新兴直播平台相关纠纷也较多，涉及直播平台的购物类案件达 158 件。就结案方式而言，近四成案件通过当事人自行和解或法院组织调解的方式得以圆满解决。

从案件标的上看，直播带货中涉及的商品种类繁多，涵盖吃、穿、用、住等各个消费领域，从实体商品到虚拟服务，从物质享受到精神需求都有涉及。其中，较多奢侈品类目下的商品进入诉讼当中，如珠宝、玉石、皮包、手表、文玩藏品等，个案标的额也较传统电商形态中的标的额有所增加，间接体现出直播带货领域消费需求逐渐提升、消费水平不断提高。

从涉诉主体上看，直播带货模式与传统电子商务模式较为简单的法律关系不同，通常涉及多方主体参与，包括直播运营平台、直播间运营者、主播、买卖交易平台、销售店铺及品牌方等。就平台而言，目前涉诉平台主体涵盖多类型、多领域，包括传统电商平台、短视频平台等。就消费者维权对象而言，消费者往往选择将参与直播带货的主体均列为被告，个案中有消费者起诉5个主体的情况，即将短视频平台、电商平台、销售者、主播、MCN机构均列为被告，涉及案件主体非常复杂。

从涉诉样态上看，一是直播带货群体性诉讼特点明显，“头部”主播直播间中单品消费数量往往上万，在一对多的销售情形下，一旦产品存在质量问题，就会导致大量消费者权益受损，受理的案件中不乏多数消费者针对同一直播间商品进行集中维权的情况。二是直播时效性强，导致证据留存难。消费者基于直播间主播的宣传介绍下单购买商品后，往往因直播内容难以追溯导致举证能力减弱，需要直播平台配合提供视频证据。三是直播营销手段存在夸大宣传、打“擦边球”现象。直播带货中出现了PK带货、人气战斗、情景演绎、互动问答等诸多新型宣传形式，虽然给消费者带来了新鲜体验，但在追求高流量和高人气时，主播往往会通过夸大的宣传表述、煽动性的语气营造激发消费欲望的氛围来介绍商品，消费者基于信任下单购买，后续却问题不断。

（三）直播带货发展态势和变化

1. 直播电商发展历程

我国直播电商发展历史最早可以追溯到2016年。2016年直播电商伴随直播风口应运而生，诞生的初衷为试图打通“直播+内容+电商”，提高用户粘性，即用户平台停留时间，将流量变现。经过近几年的发展，我国直播电商行业已经走过了初创期和快速发展期，未来将继续走向成熟期，最终实现不同模式的分化。

我国直播电商行业快速发展，目前可分为以下五个阶段。

第一阶段：直播平台应运而生。2016 年为直播元年，这一年里我国提供互联网直播平台服务的企业有 200 多家，直播市场总量超过了 250 亿元。

第二阶段：2017 年为行业分化并向精细化方向发展的阶段，这一年国内直播电商市场交易规模为 196.4 亿元，市场初具规模。

第三阶段：行业开始向产业链的上下游进行资源整合。2018 年快手电商和抖音直播纷纷上线，主播崛起。2019 年淘宝直播间用户达 4 亿，年交易额破亿主播有 117 位，直播间商品超过 4000 万个，参与商家同比增加 268%，整年成交额突破 2000 亿元。

第四阶段：2020 年电商平台两大主播分别带货 310.9 亿元和 218.6 亿元，疫情期间直播电商快速发展，不同直播电商模式逐渐分化。

第五阶段：直播电商作为一种重要业态，相关部门高度重视，出台了一系列扶持政策和监管规范政策。2021 年“头部”主播流量转移到“腰部”主播和企业自播，同时直播电商市场交易规模达 23 615.1 亿元，从 2017 年开始仅用 4 年时间就完成了万亿元增长。2022 年 6 月“东方甄选”直播间走红，6 月 18 日单日观看人次高达 6167 万，截至 2022 年粉丝高达 2896 万，单日观看人次多在千万量级，近 180 天内累计带货 25 亿元至 50 亿元。2022 年 4 月，《国务院办公厅关于进一步释放消费潜力促进消费持续恢复的意见》指出，要有序引导网络直播等规范发展。

2. 直播电商发展新特征

中国大视听产业加速发展，直播电商作为大视听产业融合延伸的产物，成为时下新兴经济的重要增长模式和竞争赛道，也为大视听产业带来了新机遇与新变革。近年来，在短视频快速发展的推动下，各类网络直播发展热度不断升高，直播电商商业模式逐步成熟并持续爆发式增长，产业体系不断完善。我国直播电商整体热度不减，呈现出以下几个发展新特征。

一是大视听赋能直播电商，形成视听服务新业态，助力数字经济新消费。商务部数据显示，2022 年重点监测电商平台累计直播场次超 1. 2 亿场，累计观看超 1. 1 万亿人次，直播商品超 9500 万个，活跃主播近 110 万人。而 2020 年重点监测电商平台累计直播场次为 2400 万场，两年时间电商直播场次增长 4 倍。另据淘宝直播此前发布的《2022 直播电商白皮书》，2022 年全网直播电商商品交易总额预计能够达到 3. 5 万亿元，同比增长约 48. 2%。这表明视听服务形态已经从资讯娱乐服务向生活服务、产业服务拓展，大视听产业结构和生产模式已发生巨大变革。

二是视听新技术推动直播电商业态不断丰富、蓬勃发展。随着直播电商渗透的行业和品类持续扩大，覆盖场景也愈加多元化。直播电商产业链逐渐向提升视听体验方向拓展，各大平台纷纷加强新技术新应用的研究和推进，“虚拟人+虚拟场景” 成为竞争新赛道，如 2022 年 “双十一” 大促销期间，阿里引入元宇宙技术，消费者可在其中创造虚拟数字分身，获得消费新体验。京东云团队推出以 AI 为驱动的 “灵小播虚拟数字人” 直播产品，该产品拥有多变的形象和多种直播间场景，能够给进入直播间的观众提供丰富多彩的视觉和交互体验。随着 5G 网络环境的优化和沉浸式技术的日趋成熟，各种视听新技术将会更多地运用到直播电商当中，展现新场景新体验。

三是监管部门入局，直播电商行业发展日益规范化（见表 2. 1）。2022 年，行业主管部门进一步加强直播电商行业的监管与服务，直播电商各领域标准制定渐次展开，呈现多层次、全方位、标准化态势。多家直播电商平台也积极更新完善平台规则，推出管理规范、负面清单、处罚规则等细则，促进各方合规经营，推动直播电商行业生态规范化进程。直播带货主体责任落实、主播行为规范、直播产品品质保障、市场准入资质、直播带货程序等方面更加有规可依。

表 2.1 涉直播电商行业监管部门及其规范性文件

时间	发文机关	文件名称	主要内容
2022 年 3 月	最高人民法院	《关于审理网络消费纠纷案件适用法律若干问题的规定（一）》	正确审理网络消费纠纷案件，依法保护消费者合法权益，促进网络经济健康持续发展，该规定自 2022 年 3 月 15 日起施行。该规定涉及网络消费格式条款、7 日内无理由退货、电商平台自营误导的法律后果、网络直播带货等
2022 年 3 月	国家互联网信息办公室、国家税务总局、国家市场监督管理总局	《关于进一步规范网络直播营利行为促进行业健康发展的意见》	该意见的实施，将有利于进一步构建跨部门协同监管长效机制，加强网络直播营利行为规范性引导，鼓励支持网络直播依法合规经营，促进网络直播行业在发展中规范，在规范中发展
2022 年 5 月	中央文明办、文化和旅游部、国家广播电视总局、国家互联网信息办公室	《关于规范网络直播打赏加强未成年人保护的意见》	该意见提出禁止未成年人参与直播打赏、严控未成年人从事主播、优化升级“青少年模式”、建立专门服务团队、规范重点功能应用、加强高峰时段管理等工作举措
2022 年 6 月	国家广播电视总局文化和旅游部	《网络主播行为规范》	该规范对网络主播的具体直播行为提出了要求。在第十四条中，该规范列举了网络主播在提供网络表演及视听节目服务过程中不得出现的 31 种行为。结合当前新技术发展，该规范还将利用人工智能技术合成的虚拟主播列入了参照执行的范围。而对于需具备专业性的直播内容，该规范也对主播提出要持证上岗等更高要求
2022 年 12 月	中共中央、国务院	《扩大内需战略规划纲要(2022-2035 年)》	支持社交电商、网络直播等多样化经营模式，鼓励发展基于知识传播、经验分享的创新平台。支持线上多样化社交、短视频平台规范有序发展，鼓励微应用、微产品、微电影等创新
2023 年 2 月	中共中央、国务院	《质量强国建设纲要》	增加优质服务供给，提高生产服务专业化水平，规范发展网上销售、直播电商等新业态新模式

3. 直播电商生态主体类型

（1）MCN。

MCN（Multi-Channel Network），俗称网红孵化机构，是一种多频道网络的产品形态，其将PGC、UGC、PUGC内容联合起来，在制作、交互推广、合作管理、资本投入等方面的有力支持下，保障内容的持续输出，最终实现商业的稳定变现。

MCN作为内容产业的新兴链路，经过爆发式增长后，机构数量增速放缓。图2.6、图2.7的数据显示，2015年至2021年，国内MCN机构数量从160家增加到3.4万家，每年同比增长率分别为162.5%、304.8%、241.2%、150.0%、93.1%、21.4%。市场规模也从2015年的8亿元增加至2021年的335亿元，增长速度在2016年达到300%，而2017年至2021年增长速度分别为143.8%、43.6%、50.0%、45.8%和36.8%，增速趋于稳定。

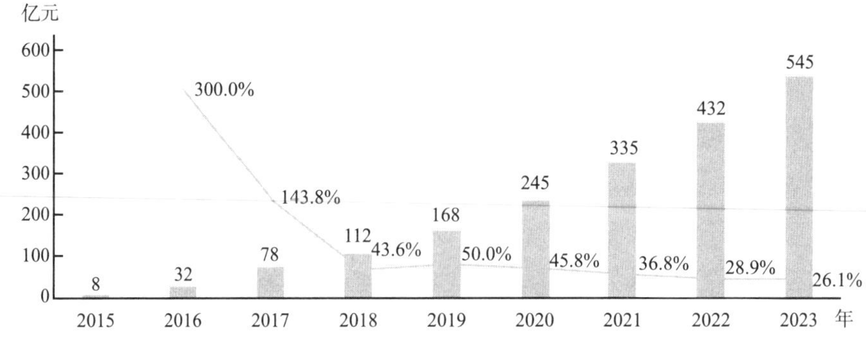

图2.6　2015年至2023年中国MCN市场规模统计

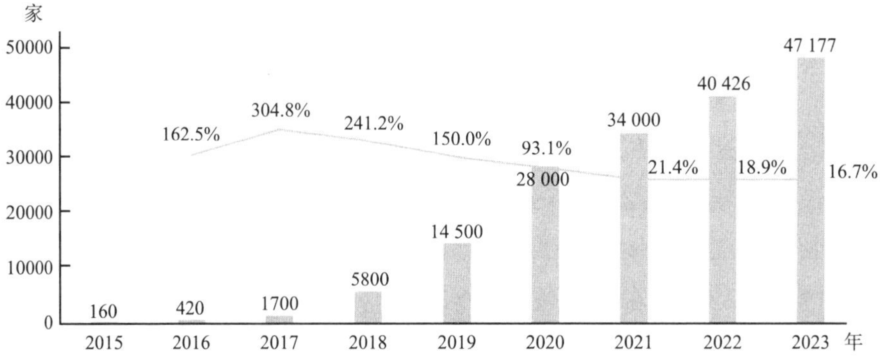

图2.7　2015年至2023年中国MCN机构数量统计

MCN机构竞争加剧，推动内容从“广覆盖”向“深挖潜”垂类增长。短视频、直播电商是MCN机构内容输出的主要渠道，“直播带货”是MCN的主要盈利模式之一。直播电商品类最初以美妆、服饰、美食为主，如今直播内容品类多元化趋势明显，在线课程、图书、药品、扶贫类农副产品等细分领域不断增长并逐渐走向专业化，“直播+”的产品与内容创新不断显现，直播在不同的生活场景中落地生根，直播类型更加多样，直播功能更加细分，直播受众构成更加广泛多元，直播经济效益更加显著。视频、直播是广电媒体的天然优势，广电媒体陆续入局MCN，大胆探索，寻求新的发展机遇。MCN机构Drama TV依托湖南广电强大的内容基因，搭建了相对完善的运营机制，其抖音账号“张丹丹的育儿经”是直播带货业务中一个较为抢眼的案例，通过分享母婴相关知识、绘本教育等收获了大批年轻妈妈粉丝和消费者。长沙广电集团旗下中广天择MCN在各垂直领域培养账号，如特效类“疯狂特效师”、时尚美妆类“晏大小姐Vivi”、潮鞋穿搭类“斯内克杨”等。精细化、专业化、垂直化的MCN经营模式正在拉开帷幕。

视听技术繁荣发展，虚拟主播日益活跃。随着VR、CG等技术不断升级，虚拟偶像的商业价值不断得到挖掘。例如，京东美妆虚拟主播小美现身超20个美妆品牌直播间，进行24小时不断线直播。抖音上也有一批活跃的虚拟主播。B站二次元虚拟主播众多，甚至专门设置了虚拟UP主、虚拟主播专区。还有广电媒体推出的“虚拟主持”——央视小C、湖南小漾、浙江谷小雨等。虚拟偶像主播能够帮助MCN机构进一步释放潜力，这不仅丰富了MCN机构的变现模式，还推动了MCN机构运营模式向多元化方向发展。

（2）平台。

平台在直播电商生态中占据主体地位，能为多元利益相关主体之间进行服务交换和资源整合提供场所和保障机制，在直播电商发展中起到重要作用。

中国直播电商行业市场集中度较高，平台间竞争激烈。我国直播电商行业主要平台有淘宝、抖音、快手、京东、唯品会、蘑菇街、小红书、拼多多、苏宁易购等，其中淘宝、抖音、快手占据较大优势。2022 年上半年三大直播电商占据了我国直播电商行业 99. 7%的份额。2022 年上半年淘宝直播商品交易总额超过 5000 亿元，快手直播达到 8000 亿元，抖音直播达到 10 000 亿元。

平台定位及带货模式各有不同。（见表 2. 2）直播电商领域拥有越来越多的参与者，每家平台都有自己的特色。淘宝、京东等纯电商平台流量来源主要是公域流量，用户产生购物需求才会进入平台。抖音由兴趣电商升级为全域兴趣电商，进一步加强店铺自播，并向传统货架电商拓展。快手继续主打信任电商，强化私域运营。小红书主要是以购物、穿搭、护肤、美妆、美食为主的跨境电商平台。目前 B 站的购物功能还较为简单，仅在主播直播间中加入“小黄车”按钮，商品链接来自不同的购物平台，包括淘宝、京东以及哔哩哔哩会员购。腾讯视频号直播电商的核心策略是串联微信生态，强大的私域能力和用户习惯是腾讯做电商的优势。

表 2. 2　主流直播电商平台带货模式对比

平台	淘宝	抖音	快手	哔哩哔哩	小红书	京东	腾讯
平台属性	电商	社交+内容	社交+内容	内容社区	种草基地	电商	社交+内容
流量来源	公域流量	偏公域	偏公域	公域+私域	公域+私域	公域流量	私域流量
KOL 属性	头部主播集中	头部主播较集中	头部主播较分散	目前小范围测试	头部 KOL 不是很出众，缺乏代表人物	垂直化主播培育	以商家店铺直播为主
商品属性	淘宝体系内全品类	美妆+服装百货	百元内低价商品为主	内容电商+直播带货	美妆类为主	京东电商全品类	服装、美食、数码等有线下店铺的商品
带货模式	商家自播明星直播达人直播	短视频+直播带货+种草转化	达人直播、打榜、连麦等	以视频种草为主	直播+笔记	帮助主播专业内容+品质供应链	公众号+小程序+直播

（3）电商主播。

主播梯队百花齐放，朝着去个人 IP、机构化、重内容方向发展。进入

2022年，超头部主播缺位，直播电商赛道出现供给真空期，观众逐渐对“叫卖式”直播出现审美疲劳。以“东方甄选”为代表的新兴直播电商出现，其内容“3331法则”凸显特色，即30%讲产品知识，30%讲相关百科，30%谈人生观、价值观，聊未来、谈梦想、说情怀，10%出金句。这种直播内容形成了较好的粉丝黏性，对传统“叫卖式”直播间形成冲击。

广电主持人多栖发展，直播带货成为转型新思路。随着媒体竞争格局发生剧变，广电主持人越来越多地进入直播带货领域，主持人作为“主播”进行直播带货，借助自身专业优势及其粉丝资源带动销量，成为主持人转型新思路。央视将主持人资源转变为“主播”团队并进行“网红化”包装，推出多个带货组合，如总台《2023年春节联欢晚会》和《2023年元宵晚会》后，主持人任鲁豫搭档总台记者王冰冰组成“鲁冰花”组合，开启直播带货。2022年年初，中央宣传部办公厅、国家广播电视总局办公厅印发的《关于进一步规范播音员主持人职业行为和社会活动管理的意见》指出，播音员主持人参与商业推广、网络带货等各类商业活动，须经所在播出机构批准，新闻栏目播音员主持人参加此类活动要从严把关。该意见的出台，一方面是对广电主持人涉足直播电商的明确鼓励支持；另一方面是规范管理。广电主持人主持公益助农直播，兼顾经济效益和社会效益，形成了多方面共赢的良好效果。

二、直播带货虚假宣传纠纷案件中存在的问题和原因

（一）直播带货存在的问题

1. 交易参与者难辨识，维权成本增加

直播带货涉及多方主体参与，普通消费者在确认商品实际销售者时即存在一定的困难，一旦发生购物纠纷，由于直播带货主体多样、模式多元，消费者在确认起诉对象和责任主体时存在较大困难。案件审理中发现，部分平台采用提供链接的方式引导消费者进入商户直播间进行消费，消费者存在误以为平台方为实际销售者的情况；部分直播间未明确公示商品实际销售者信息，普通消费者往往会认为主播即商品的实际销售者；部分消费者因平台支付设限，在客服的引导下或主动提出通过微信支付货款。

上述情形易导致消费者起诉主体错误，使维权成本增加，陷入维权困境。

2. 直播滤镜厚、话术多，易陷入带货套路

直播带货突破了传统的网络购物模式，更加凸显直播的实时性及商家与消费者的互动性，因此直播间的吸引力往往成为商家在直播带货中胜出的关键。在案件审理中发现，部分直播间在追求流量和人气时，往往会使用夸张的语言、戏剧化的形式宣传商品，如夸大商品品质价值，承诺商品为“上市公司一线品牌”等来吸引消费者购买，而商品实际并非与宣传一致；虚构商品实时销量与库存，诱导消费者冲动下单；通过滤镜和特定角度展示商品，故意不展示瑕疵，导致货不对版；展示虚假图文并虚构介绍，导致实物与介绍不符合。上述情形易导致消费者陷入直播带货套路，进行冲动消费，使权益受损。

3. 直播带“货”花样多，易遇射幸交易风险

随着直播带货行业的不断发展，带货商品种类也层出不穷，除了普通消费品，古玩、原石等商品也加入了直播带货大军。与普通消费品不同，上述行业鱼龙混杂，普通消费者缺乏一定的专业知识与辨识能力，直播带货的模式也限制了消费者对货品细节的查看和手感的确认，消费者冲动下单后往往会遇到各种问题，网购古玩、原石纠纷也成为消费者维权案件数量的增长点。案件审理中发现，部分直播间宣传原石“大涨大漏”“爆色”，消费者购买后发现“种水”品质低于宣传；部分消费者在直播间购买石料后直接通过商家订制手镯吊坠，到货后发现为“假皮料”；部分消费者直播购买古玩，到货后鉴定为赝品。上述情形中，消费者普遍将赌石、古董交易认作一般买卖合同，未认识到上述交易属射幸合同，易冲动下单造成较大财产损失。

（二）直播带货存在虚假宣传问题的原因

1. 主体身份多样、责任认定难

对于直播带货的直播间和主播，不同经营模式之下涉及的法律定位也不同，可能同时具有多重身份，如广告经营者、产品销售者、产品生产者等。直播带货平台相较于传统平台更加复合多元，兼具直播平台与电商平台的特性，导致平台性质混同和责任交叉的问题出现。

2. 主播准入门槛低、法律意识不足

直播带货作为新兴业态，对于主播资质未设置明确的标准及准入门槛。部分个人经营者“自售自播”，未经培训即进行直播带货，专业知识不足、选品不严导致虚假宣传、售假行为频发；部分主播为了规避平台监管，还存在私下带货、诱导场外交易等违规带货行为；部分MCN机构受利益驱使，对主播的培训多围绕如何拉动销量和“吸粉”进行，而对与消费者权益相关的商家资质、产品质量等审查不严、重视程度较低，消费者基于对主播信任购买产品或服务后，极易产生纠纷。

3. 平台管理不严、治理能力有限

直播带货平台具有市场主体和监督主体的双重身份，对平台内直播带货行为负有治理责任。在准入方面，部分违规直播带货平台准入门槛低，未严格按照“后台实名、前台自愿”原则落实网络实名制信息备案要求，导致纠纷发生后不能准确提供平台内经营者的身份信息和有效联系方式。在直播实时治理方面，直播存在瞬时传播与快速扩散的特性，平台仅设置人工巡查进行核实与监测，缺乏对商家引导消费者线下交易的监督，导致监管的延迟与滞后，仍需强化大数据、云计算等技术手段实施监测；平台告知消费者风险、公示实际销售者信息的方式、途径仍不够清晰、明确，易使消费者陷入直播带货套路；平台未按照《电子商务法》规定对直播视频进行保存，导致消费者维权困难；对于引导消费者进行线下交易的监管力度不足，在违法违规行为治理方面，平台对经营者侵害他人合法权益的行为处罚或惩戒手段偏轻，亦导致经营者违法违规成本低，造成损害后果扩大、乱象屡禁不止。

三、直播带货合规发展的建议和解决思路

直播带货类纠纷的妥善解决，关系消费者合法权益的保护，更是网络空间清朗治理、社会治理的重要方面，为妥善解决直播带货类消费纠纷，调研组有以下建议。

（一）优化多元联动监管，促进行业有序发展

强化多元合作监管，将非政府组织等其他主体纳入网络直播合作监管

范畴，夯实监管的主体基础，集中优势资源、节省监管成本，实现监管跨部门、跨层级的整体性运作。

1. 各方协作形成多部门联动监管

鉴于网络直播营销的实时性和复杂性，市场监督管理部门在对网络直播营销中的违法犯罪行为、损害消费者权利的行为进行监管的过程中，可能发现的多领域违法犯罪情况，需要税务部、商务部等其他部门给予配合和支持，为了避免出现相互推诿的现象，应当明确部门间的管理权限，建立跨部门、跨区域协同监管机制。完善信用监管体制，对涉嫌违法失信的电商平台和经营企业在国家企业信用信息公示系统上进行公示，加重涉事企业的违法成本。

同时，监管部门应当联合电商平台对直播营销内容进行实时监控，通过设置话题红区、敏感词屏蔽等，提高即时阻断直播的技术能力。要求电商平台提供公共数据进行数据共享，对网络直播营销后台数据实施动态监管，扩大监管范围，实现数据信息跨区域共享，加快建立健全全方位、多层次、立体化监管体系，实现事前事中事后全链条、全领域监管，提高监管效能，推动有效市场和有为政府更好结合，促进网络直播营销市场良性发展。

2. 技术创新推动实现内容全方位监管

对网络直播的监管必须加强技术的应用和创新。一方面，建立由视频识别、文字识别、音源识别、流量值识别、热点监控、事前预警、投诉管理、人工处理、数据存储等模块构成的网络直播监测系统来突破监管技术难题，提升实时监测效果。如运用信息系统实现“智能信息过滤”，在系统中建立敏感词汇、敏感图片数据库，数据库中包含大量“不良词条”与“不良图片”的负面清单，对直播间中的文字、音源与图片实施自动鉴别。

另一方面，建立数据共享机制。针对直播平台自身监管力量薄弱，对违规直播但盈利能力强又没有造成社会事故的主播“睁一只眼、闭一只眼”，甚至对以淫秽色情为手段盈利的直播平台“不监管”的现象，政府监管部门应化被动为主动，不仅要求直播平台进行自觉监管、上报，而且主动建立专业的大数据库，将所有网络直播服务提供者的地址、域名信息、直播内容等信息全部接入政府监管数据库，做到数据共享与全网络监测，使直播平台不敢包庇、停止违规经营。显然，这有助于第一时间发现违法违规直播并展开调查，省去间隔报批程序，实现“多主体监管—发现问题—消除违规信息—调查取证—结案判罚”的“一站式”监管服务。

此外，政府也应当将数据共享到社会第三方，驱使网络服务接入者、应用商店以直播平台黑名单为依据不得为其提供网络服务；驱使直播平台以主播黑名单为依据，全网全平台对违法违规主播进行封杀。

3. 监督规范各方行为整合利益关系

在网络直播规制中存在3对较为紧密的利益主体关系，分别是观众与主播、主播与平台、平台与政府，三者之间相互影响。如“用户为了满足猎奇心理，诱导主播违法直播”“主播为了博观众眼球，游走在灰色地带”“平台为了盈利，放任甚至诱导主播违规”“主播依赖平台，被动服从平台不正当要求”等现象较为严重。此类扭曲的关系或利益链的存在主要是源于观众、主播、平台各自不正当的价值观和利益诉求，规范其各自行为，提高认知水平，才是治本之策。

首先，加强对直播受众的行为规范管理。政府监管方面，应当重视对观众的管理，不仅要设置主播和平台“黑名单”，也要对用户违规行为进行记录，建立网络行为与个人诚信挂钩制度，使直播用户深刻意识到自己的一言一行将产生社会影响，促使用户自觉、自主规范言行。直播平台方应当加强对观众的言行监管，且应对所有用户一视同仁，不能区别对待“贵族用户”“用户”等，将言行失范行为及时打码、屏蔽、封禁。

其次，加强对主播直播行为的规范管理。大多数直播平台对主播没有限制，全民皆可当主播造成了主播素质良莠不齐、群体鱼龙混杂的局面。因此，对主播的监督、管理与激励，构建一套适合主播发展的管理体系十分重要。可采取的措施包括：一是建立网络主播从业资格考核制度。只有参加网络直播行业从业培训并获得网络直播表演服务从业资格证的人，才能成为“持证主播”并进入直播间进行直播。二是设立网络主播培训制度。培训内容不仅应包括专业内容，还应包含法制教育与思想教育。运用主播违规判罚的案例对主播进行教育，通过思想教育引导主播加强个人涵养与公共意识，引导主播自觉抵制不良诱惑，主动开展绿色健康的直播，树立和巩固积极向上的价值观。三是树立主播典范，积极宣传正能量。直播平台要引导粉丝数量较多、名气较大的主播积极投身社会公益，通过一系列的正面事件，树立正面、积极的主播形象，净化并引导网络环境和平台风气。

最后，引导直播行业自律。直播平台与主播属于利益共同体，二者按比例对观众的打赏金进行分成，平台越大，用户基础越好、主播粉丝越多，平台流量越大，二者相互依赖，相互影响。因此，政府可以设立关联责任机制或直播平台问责制，将平台与主播二者设为责任共同体，主播违法直播，也要追究直播平台的责任，并且加大处罚力度，提高平台的违规成本，这种“双罚”制度可以最大限度地发挥平台的监管作用、提高平台自律性。

此外，政府应为直播平台制定考核标准，包括直播平台的组织文化、自查自纠机制、数据共享机制、“黑名单”建设情况、培训开展情况、主播违法违规状况、正能量内容宣传等内容。适时组织第三方评估机构或政府相关监管部门定期对直播平台进行考核，设立直播平台“黑白名单”，对考核不合格的平台予以警告或约谈，经警告仍不整改或整改无效的平台可被互联网接入服务商永久下线。

4. 发挥行业协会领头作用促进持续发展

行业协会应当发挥其行业规范和行业领头人的作用，制定统一适用的行业规范，加强对网络直播营销从业人员相关法律法规的培训，规范从业人员行为举止，并与行政主管部门形成有效联动，正确引导和保护网络直播营销行业健康有序地发展。

根据《消费者权益保护法》的规定，对于在电商平台中出现的虚假宣传、商品质量问题、不公平条款、个人信息保护等侵犯消费者权益的行为，中国消费者协会和省级以上消费者协会可以提起消费民事公益诉讼。

同时，检察机关应当充分发挥检察职能，可以通过支持诉讼的方式参与案件，向消费者协会提供专业的法律支持，积极探索惩罚性赔偿制度在消费民事公益诉讼中的适用，加重经营者和电商平台的违法成本，促进网络经济健康持续发展。

（二）直播平台加强管理，促进直播带货行业的规范运行

1. 直播平台严格审查销售者入驻资质

严格落实网络实名制信息备案要求，并定期进行核验，同时加强直播行业的合规经营，明确各方主体责任。在直播中，要在显著位置公示实际销售者信息，做好信息披露工作，并对可能产生的消费风险予以提示。对直播过程要加强动态监督，提升识别、屏蔽违法言行的技术手段。建立专门的纠纷处理团队，处理直播间网购产生的纠纷，确保及时、有效地保障消费者的合法权益。对于出现侵害消费者合法权益的商家和主播，要严格进行处罚并及时公示。

2. 加强对直播营销人员的监督管理

为确保网络直播营销行业健康持续发展，电商平台应当对网络直播营销人员进行资质审核和诚信评价，采用罚款、禁播、封号等惩戒手段约束直播营销人员的带货行为；网络直播营销人员应当自觉学习知识产权、电子商务、个人信息保护、网络消费等相关法律知识，树立对消费者和社会的责任感。

直播间要想有长期稳定的粉丝数量、提高销售额，选品环节至关重要。夸大宣传、虚假广告只能换来一场直播的销量，而网络直播营销人员的形象和口碑会一落千丈，长此以往消费者也不会再买单。直播营销人员必须把好商品质量关，提高对商品性能的鉴别能力，从商品的品牌、质量、性能、价格、体验感等多维度测试，精准测评，亲身试验，杜绝“给钱就播”、质量把关不严的情况。

3. 建立自动化信息报送机制

电商平台天然具有垄断的特征，应当自觉规范电商平台的数据收集、流通和使用，建立严密的消费者个人信息保护机制，鼓励平台建立公共数据库，并依法向市场监督管理部门报送相关信息。电商平台不得滥用其市场支配地位，排除、限制竞争，杜绝“平台坑两家，坑完顾客坑店家”的情况，严查电商平台设置不公平的格式条款，将宣传消费者权益保护知识作为平台的法定义务，切实保护消费者合法权益。

（三）司法机关明确裁判尺度，提供维权引导

1. 明确直播带货责任分配，为消费者维权提供明确指引

直播带货参与主体众多，普通消费者在具体维权中难以厘清不同带货模式下主播、直播间、平台的法律关系，必然影响消费者合理维权。明确直播带货中各主体责任分配，为消费者维权提供明确指引，切实维护消费者的合法权益，是该类案件遵循的基本准则。确立代播模式下运营者未尽标明义务应承担销售者责任的裁判规则。

对于直播过程中作出的承诺，主播应予履行并承担相应责任。在闫某诉黄某、某科技公司信息网络买卖合同纠纷案中，法院认定主播黄某虽在直播中公示了商品销售方信息，但闫某基于主播“有问题来找我”的承诺进行购物，双方之间形成信赖关系，黄某应就虚假宣传商品承担责任。在直播间实际销售者信息公示不明的情况下，直播间运营方应承担销售者责任。在张某诉某直播间运营公司信息网络买卖合同纠纷案中，法院认定虽然某直播间运营公司通过直播间为其他公司开设的店铺进行销售宣传，但在未采用足以使消费者辨别的方式标明其并非销售者及实际销售者的信息的情况下，直播间运营者应承担销售者责任。

2. 准确认定直播带货违法行为，维护诚信公平的市场秩序

我国网络直播用户规模达庞大，直播电商市场规模破万亿，在直播购物已成为我国公民重要消费方式的情况下，如何更好地保护消费者权益，促进行业有序发展亦是司法领域关注的重要问题。调研组认为，遏制欺诈消费者的不诚信行为，借助裁判规则引导经营者通过提高商品和服务质量获得竞争优势，促进经营者诚实守信经营，保障消费者明明白白消费，是审理直播带货案件的出发点和落脚点。

直播带货中商家应负有更高的注意义务，直播中故意隐瞒涉及商品品质的重大瑕疵，应承担违约责任。在某珠宝公司诉王某、某网络公司信息网络买卖合同纠纷案中，法院认定由于直播带货中商品展示受直播间滤镜、展示角度等因素的影响，某珠宝公司更应履行全面、如实展示商品的义务，对于未全面如实展示的瑕疵珠宝，某珠宝公司应向王某退款。直播带货中商家应如实宣传商品，若存在故意告知消费者虚假情况、隐瞒真实情况，诱使消费者下单购买商品的行为，商家行为属欺诈，应承担惩罚性

赔偿责任。在田某诉某网店信息网络买卖合同纠纷案中，法院认定某网店在直播中承诺二手手机为“99新”，田某基于直播宣传购买手机，而手机实际存在明显划痕，未达成色标准，某网店构成欺诈，应向田某退货退款并予3倍赔偿。

3. 坚持利益平衡理念明确平台责任，寻求消费者权益维护与行业发展的有机统一

利益平衡原则要求，在案件中涉及各方利益和价值判断时，不仅要考虑案件主体的利益保护，更要考虑审理规则对经济发展的影响。北京法院在审理直播带货消费者维权案件时，亦坚持利益平衡理念，既为直播带货平台的发展预留空间，又坚持督促平台采取有效措施维护消费者利益，以促进直播带货行业的良性健康发展。

当直播带货平台作为网络信息服务提供者时，坚持以过错责任原则判断责任承担。在直播带货平台有效公示直播间、销售者主体信息的情况下，法院审理一般认定直播带货平台作为网络服务提供者，已经尽到其应负的义务，在证据不足以证明平台知道或应当知道直播间、销售者等经营主体存在侵害消费者合法权益的行为时，平台不承担责任；在平台未能提交平台内经营者相关资质、未尽到审核义务的情况下，平台构成“应知”，应与经营者承担连带责任。当直播带货平台作为《电子商务法》下的网络直播平台时，平台未尽到相应义务是判断责任承担的关键。在案件审理中，应审查平台是否尽到核验登记与信息报送、提示义务及电子商务交易安全保障义务。此外，平台应当对平台内经营者和用户进行合规监督，平台对平台内经营者的违规行为是否采取有效的惩戒措施，往往也是判断平台是否承担责任的一个重要因素。

（四）强化消费者权益保护宣传，促进直播带货经济的良性发展

集中各方智慧、凝聚各方力量，通过普法短视频、公众号集中宣传典型案件并邀请法官出镜解读等方式，提升社会公众及商业主体的法律意识，促进直播带货经济的良性发展，引导直播带货经济的规范化，为推动发展数字经济提供助力。作为消费者，也要理性消费，避免陷入直播带货的套路而冲动下单，在合法权益受到侵害时，要注意及时保存订单信息、交易快照、直播视频等证据材料，为维权做好前期准备。

理论前沿

未成年人网络充值打赏纠纷中的身份查明及行为效力认定

高兴堂[*]　赵　赫[**]

论文提要：

随着互联网技术的发展，未成年人比以往任何时期都更有机会利用和接触互联网，由此引发的纠纷也与日俱增，尤其是涉未成年人网络充值、直播打赏的纠纷居高不下，人民法院一直高度重视对未成年人权益的保护，但司法实践中对该类案件的处理，在案由、诉讼主体、管辖、行为效力认定等诸多方面存在裁判标准不统一的问题，尤其是未成年人的身份查明、未成年人网络直播打赏的行为效力认定成为该类案件审理的重点、难点。本文从该类案件的审判难点出发，结合涉未成年人案件综合审判机制，融入未成年人保护的理念，剖析网络充值打赏未成年交易主体识别的参考因素，对“与年龄、智力相适应的民事法律行为”判断标准进行解释，提出涉未成年人网络司法保护规则优化路径，为未成年人充值打赏纠纷的审判提供参考思路。切实有效地助力未成年人网络保护。

主要创新观点：

1. 以未成年人网络充值打赏纠纷中的身份查明及行为效力认定为主要研究对象，对近年来司法实践中的判例进行实证研究分析，探究我国既有规则下法院在处理未成年人网络充值打赏纠纷时所面临的司法困境，厘清

---

* 高兴堂，北京市第四中级人民法院立案庭法官助理。

** 赵赫，北京市第四中级人民法院立案庭法官助理。

问题症结所在。

2. 就司法实践中涉未成年人网络充值打赏纠纷身份查明的司法困境，从既有规则出发，剖析网络充值打赏未成年交易主体识别的参考因素，在外观主义原则与优先保护未成年人原则之间寻求平衡。

3. 以民事法律行为效力的基本分析作为逻辑起点，剖析未成年人虚构消费身份或者冒用身份时的行为效力，明确限制民事行为能力人“与年龄、智力、精神健康状况相适应”的行为的判断标准，从而提出未成年人网络充值打赏行为效力认定规则的优化路径。

以下正文：

近几年，随着互联网技术的不断发展，未成年人触网低龄化日趋明显，未成年网民数不断增多，互联网进一步向未成年群体渗透。根据中国互联网络信息中心第51次《中国互联网络发展状况统计报告》，截至2022年12月，我国网民规模达10.67亿，较2021年12月增长3549万，互联网普及率达75.6%。[①] 数据显示，10岁以下、10－19岁网民占比分别为4.4%、14.3%。[②] 在互联网在线支付技术和网络娱乐服务行业迅猛发展的今天，网络游戏与网络直播对未成年人的影响不断加深，特别是高额充值、游戏诈骗等现象对未成年人的负面影响日益显著。越来越多的未成年人参与互联网交易行为，成为交易行为的一方主体，未成年人直播打赏、虚拟充值等消费纠纷屡见不鲜，司法实践中出现了相当数量的未成年人在网络游戏中大额充值或在网络直播中打赏主播而产生的纠纷。

未成年人网络保护问题是全社会关注的热点问题。从政策导向层面看，2022年5月，中央文明办、文化和旅游部、国家广播电视总局、国家互联网信息办公室四部门联合印发了《关于规范网络直播打赏 加强未成年人保护的意见》，明确规定禁止未成年人参与网络充值打赏，网络平台不得为未满16周岁的未成年人提供网络主播服务等要求。从法律规范层面看，《未成年人保护法》以“网络保护”专章的形式，对网络直播、网络游戏等未成年人触网的热点问题作出规定。《最高人民法院关于依法妥善

① 参见中国互联网络信息中心：《第51次中国互联网络发展状况统计报告》，第1、23页。

② 参见中国互联网络信息中心：《第51次中国互联网络发展状况统计报告》，第31页。

审理涉新冠肺炎疫情民事案件若干问题的指导意见（二）》（以下简称《涉新冠疫情民事案件指导意见（二）》）明确了未成年人参与网络充值打赏类纠纷的处理方式，为法院切实保护未成年人合法权益提供了基本的法律遵循。从司法实践层面看，最高人民法院通过发布典型案例的形式发挥裁判示范引领作用，切实维护未成年人合法权益。2023年3月15日，最高人民法院发布网络消费典型案例，其中张某某诉某数码科技有限公司网络买卖合同纠纷案，认定未成年人超出其年龄、智力程度进行网络游戏充值的，监护人可依法追回充值款。

本文对当前未成年人网络充值打赏纠纷在审判环节存在的司法困境进行梳理，从既有法律规则出发，从司法大数据角度剖析人民法院在处理该类案件中的审判难点，提出涉未成年人网络司法保护规则优化路径，以期助力未成年人网络保护。

一、现状检视：未成年人网络充值打赏行为效力认定的司法困境

未成年人参与互联网交易行为产生的纠纷主要集中在网络游戏充值、直播打赏领域。为了客观、全面地检视未成年人网络充值打赏纠纷的裁判情况，梳理和透视涉及未成年人网络充值打赏纠纷在司法审判环节存在的问题，笔者在中国裁判文书网上分别以"'未成年人''充值'"和"'未成年人''打赏'"为关键词进行检索，剔除重复、不相关案件，共检索出涉及未成年人网络充值打赏类民事案件100件，将其作为本次实证研究的样本案例，[①] 对案件起诉情况、审理查明的事实、证据情况和裁判结果等进行归类、整理、分析，梳理了该类案件审理的难点。

从时间上看，未成年人网络充值打赏类案件在近年来呈现增长趋势。100件样本案例中，2016年2件，2017年5件，2018年7件，2019年13件，2020年30件，2021年28件，2022年12件，2023年3件。考虑到2022年、2023年仍有正在审理中的该类案件，故未成年人网络充值打赏类

① 考虑到部分涉未成年人网络充值打赏民事案件因调解结案、涉及个人隐私等原因未公开裁判文书，2022年、2023年应仍有正在审理中的该类案件等因素，未成年人网络充值、直播打赏纠纷进入司法审判环节的案件数量实际应多于笔者检索到的样本数量。本次实证研究的样本确定为可公开查询到裁判文书的案例，包括审结案件以及有管辖裁定的未结案件。

案件数量总体呈现增长趋势。(见图 3.1)

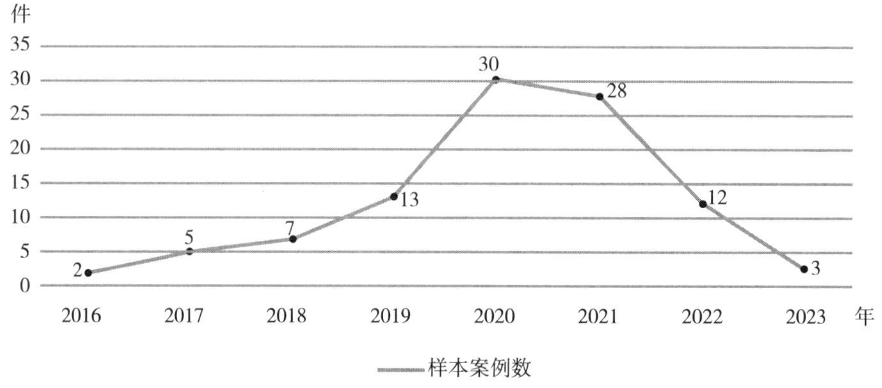

图 3.1　样本案例时间分布

总的来看，当前未成年人网络充值打赏纠纷类审判中存在的司法困境主要包括移送管辖案件数量多①、案由认定不一致②、诉讼主体不一致③、未成年人身份查明标准不统一、未成年人充值打赏行为效力认定不一致、当事人过错程度衡量标准及返还比例酌定标准模糊等。因本文主要聚焦该类案件中的身份查明及行为效力认定两方面的问题，故本文将着重从充值打赏行为实施主体的认定及未成年人充值打赏行为效力两个方面展开分析。

（一）充值打赏行为是否为未成年人作出的认定标准不统一

未成年人网络充值打赏类案件，原告的诉讼请求通常为确认原告与网络平台订立的合同无效、要求网络平台返还充值款项。行为主体是否为无民事行为能力人或限制民事行为能力人将直接影响民事行为的有效与否，

---

① 样本案例中的 37 件涉及管辖裁定的案件，有 3 件驳回被告网络平台提出的管辖异议，有 19 件认定被告网络平台提出的管辖异议成立并将案件移送至有管辖权的法院，有 15 件案件裁定移送有管辖权的法院。

② 样本案件中，有 20 件案件的案由被认定为合同纠纷；部分案件中法院将未成年人起诉网络平台要求退还充值款的案件案由认定为网络服务合同纠纷或服务合同纠纷，而部分案件中法院则将该类案件认定为信息网络买卖合同纠纷或网络购物合同纠纷；同为原告起诉要求确认合同无效的案件，有的案件被确定为确认合同效力纠纷，有的案件则被认定为确认合同无效纠纷。

③ 未成年人及其监护人在诉讼中所处的法律地位在个案中不一致，主要分为四种类型：(1) 未成年人作为案件原告、监护人作为法定代理人；(2) 监护人作为案件原告；(3) 未成年人与监护人均作为案件原告；(4) 监护人作为案件原告，未成年人及网络平台作为案件被告。

从而决定原告的诉讼请求能否得到支持。该类案件审理中的难点为如何认定网络充值打赏行为系由未成年人作出，亦即原告所提交的证据是否足以证明是由未成年人在网络游戏或网络直播平台中充值并打赏。

从样本案例中的48件判决案件来看，未成年人进行网络充值打赏行为均是在监护人的实名认证账户中进行的，该网络充值打赏行为通常难以通过直接证据加以证明，原告通常向法院提供监控或录音资料、未成年人使用网络平台的照片或截图、报警记录、银行流水账单、微信或支付宝账单、主播信息等证据用以证明充值打赏行为实际由未成年人实施。在认定充值打赏行为主体时，法院通常会结合账号注册、使用情况，充值打赏的时间、金额、频次，网络游戏、网络直播节目的主要受众人群及内容，聊天对话记录，当事人在庭审中的陈述，未成年人的消费习惯及偏好等进行判断，但司法审判实践并未形成统一的认定标准。

在29件判决驳回原告诉讼请求的样本案例中，有23件为法院在判决中认定原告无充分证据证明网络充值打赏行为系由未成年人实施，原告主张返还充值款项缺乏事实依据，但不同法院对于“无充分证据证明充值打赏交易行为主体系未成年人”的判断标准不一，缺少相对客观的标准。存在样本案例说理不充分的情况，在19件全部或者部分支持了原告退还充值款项的诉讼请求的样本案例中，部分判决对“充值打赏行为是否由未成年人实施”未作论述，直接在判决中认定行为主体为未成年人；部分判决的说理较为概括、泛化、笼统，法官对于“充值打赏交易行为主体系未成年人”这一事实的心证形成过程展现得不够充分、具体。

（二）未成年人充值打赏行为效力的认定标准不统一

《涉新冠疫情民事案件指导意见（二）》明确规定，限制民事行为能力人未经其监护人同意，参与网络付费游戏或者网络直播平台打赏等方式支出与其年龄、智力不相适应的款项，监护人请求网络服务提供者返还该款项的，人民法院应予支持。结合《民法典》中关于民事法律行为效力的相关规定及《涉新冠疫情民事案件指导意见（二）》的规定，8周岁以上的未成年人在参与网络付费游戏或者观看网络直播的过程中，通过充值、打赏等方式支出的款项如果与其年龄、智力不相适应，则未成年人的付款行为属于效力待定的行为，需要未成年人的法定代理人同意或者追认后方能发生效力，如果其法定代理人对于未成年人的付款行为不同意或者不予追认，则该付款行为无效，交易相对方因该行为所取得的财产，应当予以返还；不满8周岁的未成年人属于无民事行为能力人，其所参与网络游戏或观看网络直播所支出的款项一律应该退还。上述规范为人民法院依法妥善处理司法实践中的未成年人网络充值打赏纠纷提供了法律依据。

关于对“与年龄、智力相适应的民事法律行为”的理解，在很大程度上受到充值打赏金额、地域等因素的影响，在个案中存在一定的差别，缺乏统一的裁判标准和尺度。在张某1与广州爱九游信息技术有限公司网络服务合同纠纷案中，法院认为“张某1主张的充值金额为每次3元至328元不等，总额为810元，考虑到充值时张某1的年龄、教育经历和其所处地区的消费水平，张某1应能够理解其为游戏角色充值的行为和相应的后果，该充值行为与其年龄和智力相适应”①。而在温某与北京思享时光科技有限公司网络服务合同纠纷案中，法院认为“结合其当时冒充女子身份并伪造医疗收费票据诈骗他人的事实，以及涉案平台充值款大部分来自诈骗所得等情况，可以认定当时原告已拥有较为丰富的社会生活经验，具备较高的认知和独立判断能力，其当时的年龄和智力水平已能与其主张的金额50至5000元不等的多次充值行为相适应，无需其法定代理人代理或追认”②。上述两案可以看出司法实践对未成年人充值打赏行为效力的认定标准较为主观，并未形成统一的客观标准。

二、理论溯源：身份查明及行为效力认定的法理辨析

（一）外观主义原则与优先保护未成年人原则之间的平衡

在传统的商务活动中，当事人一方通常情况下凭借直观感觉就能判断出交易相对方的行为能力。然而，在电子商务合同订立的过程中，网络空间的交易使法院对当事人民事行为能力的确认具有一定的难度，不利于实

① 广州互联网法院（2019）粤0192民初1726号民事判决书。

② 北京互联网法院（2020）京0491民初472号民事判决书。

际交易者的识别。[①] 为此，《电子商务法》对电子商务合同缔约人的民事行为能力作出了推定，该法第四十八条规定："电子商务当事人使用自动信息系统订立或者履行合同的行为对使用该系统的当事人具有法律效力。在电子商务中推定当事人具有相应的民事行为能力。但是，有相反证据足以推翻的除外。"上述规定明确了电子商务中合同当事人身份的"外观主义"原则，其核心要义是公示于外表的事实，纵与真实情况不符，亦须加以保护。

但是，《涉新冠疫情民事案件指导意见（二）》第九条的规定要求，司法实践要尽可能地去查明是否存在"未成年人使用成年人的身份信息作出充值打赏行为"的情形，法院对于未成年人网络充值打赏行为事实的查明应采取更为积极的态度，这在一定程度上突破了"外观主义"原则，体现了在该领域中在对交易安全的保护与对未成年人的保护进行价值权衡与选择时，更加倾向于保护未成年人的利益。[②]

（二）未成年人所作民事法律行为的效力

随着物质文明的发展，当下未成年人从心智和认知上也即行为能力上与同期上一代人相比都有了较大的进展，不同法系对行为能力的认识不一，在大陆法传统中，行为能力是通过自己的意思表示，可以独立、完全有效地从事法律行为的能力，[③] 对未成年人是否具有行为能力，我国法律有明确的划分，即包括未成人所作民事法律行为有效的情形、效力待定的情形、可撤销的情形和无效的情形。

1. 有效和无效的民事法律行为

《民法典》第一百四十五条所规定的限制民事行为能力人实施的纯获利益的行为有效。因未成年人的直播打赏行为并非纯获利益的行为，网络直播打赏未使未成年人受到法律上的不利益，故该情形不属于本文所讨论

---

① 参见王建敏、倪桂芳、李院院：《未成年人网络打赏的法律规制——基于16个典型案例的分析》，载《少年儿童研究》2021年第9期。

② 《未成年人保护法》第四条第一款规定，保护未成年人，应当坚持最有利于未成年人的原则。

③ 参见［德］本德·吕斯特、［德］阿斯特丽德·施塔德勒：《德国民法总论》（第18版），于馨淼、张姝译，法律出版社2017年版，第303页。

的范畴。

《民法典》第一百四十四条规定的无民事行为能力人实施的民事法律行为、第一百四十六条所规定的虚假意思表示行为、第一百五十三条规定的违反强制性规定及公序良俗的行为以及第一百五十四条规定的恶意串通行为均属于无效的民事法律行为。在未成年人充值打赏中，很难存在虚假意思表示行为和恶意串通的情形，而无民事行为能力人所作行为又属于绝对无效的行为，故不在本次讨论之列。

违反法律强制性规定和公序良俗的行为，如涉暴力、淫秽等违法内容，或者网络服务提供者的恶意刷单等违反公序良俗的行为，亦存在充值打赏的可能。对于上述几种情形，无论网络服务提供者是否尽到了认证等义务，亦无论未成年人的监护人或者其他成年人是否尽到了监管的职责，因该行为属于法律明令禁止的违背公共秩序和善良风俗的行为，所以该网络充值打赏行为无效。

2. 可撤销的民事法律行为

《民法典》第一百四十七条规定的重大误解、第一百四十八条规定的欺诈行为、第一百五十条规定的受胁迫的行为以及第一百五十一条规定的显失公平的行为均属于法律规定的可撤销的民事法律行为。网络充值打赏一般都是未成年人的自主行为，该行为一般不构成欺诈和胁迫，充值打赏行为也并非显失公平，唯一可以适用的是重大误解，比如对“火箭”等礼物的价值认知问题，误认为礼物免费而赠送问题等。但在实践中，还没有以重大误解为由提起诉讼要求返还财产的情形，而且此种方式因证明责任较高，也很难获得支持。

3. 效力待定的民事法律行为

《民法典》第一百四十五条规定了民事行为能力瑕疵、第一百七十一条规定了无权代理构成效力待定的法律障碍。在未成年人充值打赏案件中，民事行为能力瑕疵是未成年人本人实施的、法律后果由本人承担的法律障碍，要求民事行为能力与年龄、智力、精神健康状况相适应；在审判实践中，该条也成为判断限制民事行为能力人网络充值打赏是否有效的重要条款。无权代理则是以未成年人的监护人或其他成年人的名义进行的、法律后果由监护人或其他成年人承担的法律障碍。

（三）无权代理的适用

一般情况下，未成年人充值打赏时使用的是监护人或其他成年人的移动终端、账号、银行卡信息等，因该充值打赏的法律效果归于未成年人本人，故此种情形不构成无权代理，而是属于冒名行为，除非网络充值打赏行为的最终受益人为未成年人的监护人或者其他成年人，则该行为构成无权代理，应适用无权代理的规定。但通过对100份裁判文书的梳理，并未发现上述情形，且因充值打赏一般只是给未成年人本人带来观看时的精神刺激以及精神依赖，很少带来除此之外的金钱利益，故此类情况也不是本文讨论的重点。

三、标准厘定：未成年人网络充值打赏行为效力认定的规则完善

对未成年人网络充值打赏行为效力的认定不能简单与传统民事行为效力的判断画等号，需要根据具体的行为发生方式和行为人的具体情况来判断。[①] 法院应当结合各类有助于识别行为主体的参考因素，尽可能积极地查明网络充值打赏行为的交易主体是否为未成年人。对于可以认定行为主体为未成年人的，基于对未成年人保护的原则，应充分考虑“与限制民事行为能力人年龄、智力、精神健康状况相适应”的标准，从而形成对未成年人网络充值打赏行为效力认定的规则体系。

（一）行为主体身份查明的证明责任

监护人或其他代理人在未成年人网络充值打赏纠纷诉讼中“举证难”成为原告败诉的重要原因，因多数监护人发现问题时时间已经过去久远，且难以还原或者收集当时对自己有利的证据，特别是缺少能够证明充值打赏行为主体系未成年人的直接证据，其诉求缺乏充足的证据加以证明。

针对举证难的问题，有观点认为对于举证能力较弱的未成年人一方可以当根据举证责任倒置的规则，由被告即网络平台一方履行举证证明义

① 参见文慧：《论未成年人的网络直播打赏行为》，载《西部学刊》2019年第1期。

务。[①] 具体而言，如果未成年人及其监护人已经尽力提出相关证据来证明未成年人系网络充值打赏行为的实际实施者，此时法院应当在综合考虑案件基本情况后，认定未成年人一方对于充值打赏行为主体的证明已经达到高度盖然性的标准，从而将主观证明责任转移至网络平台一方，这样，一方面更有利于案件事实的查明，另一方面也可以倒逼网络平台主动采取有效的事前预防和存证措施。

然而，需要明确的是，举证责任的倒置应严格遵循法定原则，不应脱离现有实体法而承认倒置适用。[②] 由于不属于举证责任倒置的法定适用范围，在充值打赏行为主体的查明上，法院仍应遵循民事诉讼举证责任的一般规则，由主张充值打赏行为系未成年人作出的原告一方承担举证证明责任，提供证据证明充值打赏行为的主体是未成年人。[③] 当然，在这一过程中，考虑到未成年人一方对于待证事实的举证能力不足的问题，法院可以通过行使释明权的方式，向未成年人一方释明其可以通过依法申请调查取证等方式举证证明充值打赏行为实施主体等待证事实。法院在证据审查及事实认定的过程中，也应当综合原、被告双方收集证据能力的强弱、离证据距离的远近程度等因素，优化关于未成年人充值打赏相关证据的审查认定标准。在认定是否由未成年人独立充值打赏时，法官应根据当事人向法院所提交的有限证据，结合充值打赏的金额、时间、频次，游戏或直播的内容等信息，借助经验法则排除冒充退赏、恶意退赏等合理怀疑后，基于优势证据原则对双方当事人所提交的证据的证明力大小进行判断，从而形成对于网络充值打赏行为主体的自由心证，最终判定当事人的诉讼主张是否成立。

（二）网络充值打赏纠纷中未成年交易主体的识别

如前所述，法院在处理未成年人网络充值打赏纠纷案件时，需要尽可

---

① 参见邓青菁、郭琳：《审视与解困：未成年人直播打赏纠纷的裁判路径——以责任承担为视角》，载《北外法学》2019 年第 2 期。

② 参见夏璇、苏世伟：《未成年人网络打赏效力证明责任再探析》，载《三峡大学学报（人文社会科学版）》2022 年第 2 期。

③ 参见张知博：《未成年人网络充值打赏行为法律问题辨析》，载《少年儿童研究》2021 年第 6 期。

能地查明网络充值打赏是否存在未成年交易主体，这也是该类案件审理的裁判重点及难点。通过对样本案例的梳理可以看出，司法实践中，各地法院对于判断网络充值打赏行为是否为未成年人实施积累了一定的判断方法。

1. 证明充值打赏交易主体系未成年人的直接证据

证明充值打赏交易行为系由未成年人作出的最有力的证据就是能够直接证明未成年人是充值打赏行为实施主体的监控录像或者照片。对于法院的事实认定来讲，如果有监控录像可以证明涉案充值打赏行为是未成年人作出的，自然能够较为容易地实现身份主体的查明。然而，遗憾的是，由于未成年人充值打赏时通常缺少能够完整、清晰地记录整个过程的监控视频，因而该类证据被原告一方作为证据提交并最终作为法院认定案件事实的依据的情形较为罕见，往往需要原告方提交一系列间接证据去证明待证事实。

2. 网络游戏、网络直播账号的实际控制情况

通常来说，利用网络游戏、网络直播账号进行充值、打赏行为是由账号的实际控制人操作的。因此，在认定网络充值打赏行为主体时，有必要审查账号的实际控制情况，特别是需要考虑未成年人对于账号接触或控制的可能性。如果监护人有充分证据证明涉案账号充值打赏行为发生时，监护人自身并不具备条件作出相应的充值打赏行为，比如客观上监护人在充值打赏时段不具备使用手机等移动终端的条件等情况，则应当考虑未成年人充值打赏具有高度盖然性。法院可以通过充值打赏交易行为实际发生的IP地址，结合监护人提供的居住情况的证明，判断充值打赏行为主体。此外，如果确实存在未成年人使用监护人手机进行网上上课等特殊情况，监护人脱离对账号的控制或者本身不具备使用账号的可能性，则该类情况亦可以用于佐证充值打赏行为主体为未成年人。

3. 网络用户的行为分析

网络用户的行为，包括网络交易主体充值、打赏发生的时间、频率、金额，网络游戏、网络直播的内容、受众群体，未成年人的偏好等。每日20时至22时、寒暑假是青少年上网的高峰时段，也是规范网络游戏和网

络直播的重要时点。如果网络充值打赏行为的时间段与未成年人自身在学习、生活中可支配的时间段基本吻合，充值频率高，短时间内多次、大额充值，与青少年无风险意识的心理特征相符，则应当考虑未成年人充值打赏具有高度盖然性。账号的命名符合未成年人的命名偏好，网络游戏、网络直播的内容为未成年人喜爱观看的内容，受众群体面向未成年人，游戏、直播中账号所发表的各类言论符合未成年人的身份等情况也可以佐证充值打赏行为主体。此外，未成年人的监护人发现未成年人有充值打赏行为的过程及采取的应对措施对于证明行为人系未成年人具有重要意义，①如在发现未成年人有充值消费行为后监护人是否采取了诸如自助冻结微信支付账户、重新设置支付密码等补救措施。

4. 网络平台身份识别机制

根据《未成年人保护法》第七十四条的相关要求，网络游戏、网络直播等网络服务提供者应当针对未成年人使用其服务设置相应的时间管理、权限管理、消费管理等功能。网络服务提供者应加强技术支持，可采取生物识别系统，通过有效的指纹识别、人脸识别、人工审核等方式避免未成年人盗用监护人或其他成年人账户；加强大数据分析，对偏离正常范围的直播或打赏行为采用有效的告知、暂时封禁账户等方式，在确认系账户所有权人本人使用的情况后方可继续使用；与账户所有权人沟通后设置每日打赏限额，对超过打赏限额的行为进行制止；对打赏金额实行“延时到账”功能，防止未成年人或其他打赏者不理性消费；加强对网络主播的管理，对诱导未成年人打赏的主播列入“黑名单”处理。上述网络平台身份识别机制的有无，有助于判定网络充值打赏行为的实施主体。如果作为被告的网络平台在目前实施的实名认证体系之下，不能排除未成年人冒用他人身份信息进行认证和注册的情况，或在现有技术规范条件下，网络平台有能力提升该体系以加强防范冒名注册行为（如人脸识别系统，语音识别系统等），但网络平台并未穷尽防范措施，存在疏漏，则该情况应当成为判断充值打赏行为实施主体的重要参考因素。

① 参见北京市第三中级人民法院（2018）京03民终539号民事判决书。

5. 当事人陈述

当事人陈述能够比较充分地反映出未成年人对于网络充值打赏行为的认知、父母或其他监护人与未成年人之间的关系以及未成年人的监护人是否使用过游戏账号、直播账号等情况。如果在法院核实情况的过程中，未成年人可以熟练地操作直播平台的一些特殊设置，对游戏、直播的一些细节可以作出有效陈述，则在有其他证据可以相互印证的情况下，当事人陈述可以作为判断账号实际使用者的证据。

需要指出的是，上述因素不是单一存在的，法院在认定的过程中也不能仅凭借单一因素即认定充值打赏行为系由未成年人作出，而需要综合考虑各类因素，加深法官在认定"充值打赏行为主体系未成年人"的内心确信，形成相对完整的证据链，足以证明未成年人是涉案账户的使用者。否则，在待证事实真伪不明的情况下，法院通常会根据证明责任作出不支持起诉方的判决结果。

（三）未成年人虚构消费身份或者冒用身份时的行为分析

在网络环境中，合同交易双方都是以数据化形式存在的虚拟主体，基于网络上根本无法看到或辨识交易相对人，双方当事人利用按键或鼠标为意思表示，即便网络平台要求交易相对人输入身份证号码、出生日期或信用卡卡号以证实其为成年人，但仍有伪造或提供不实资料的可能性。[①] 为了达到注册网络账号的目的，未成年人很多时候是在隐瞒或者虚构身份信息的情况下注册；更有甚者，因国家管制的力度不断扩大，在网络实名制的影响下，未成年人为了达到注册的目的，往往通过盗用他人的真实身份信息进行注册，或者通过直接使用他人已经注册的真实账号进行登录后使用。

关于对未成年人在隐瞒或虚构身份信息时进行网络充值打赏行为的具体裁判规则，目前除了《涉新冠疫情民事案件指导意见（二）》第九条规定的司法解释外并没有其他相关规定，且上述司法解释与《民法典》第一百五十四条有异曲同工之处，国外法律也没有如此细致的解释，但与此类

① 参见潘伟华：《论电子合同当事人的行为能力》，载《安徽警官职业学院学报》2005 年第 3 期。

似的是德国的“零用钱规则”[①] 和英美法系的“必需品制度”[②]，在上述两种规则下，更加倾向于对未成年人的保护，即未成年人在以欺诈情况下订立的合同更倾向于认定其为可撤销，但我国台湾地区的“民法”所规定的“诈术规则”[③]“电信有效规则”[④] 则与之相反，我国台湾地区“民法”认为上述两种情况都属于有效的情形，故不同国家和地区从适合本国或本地区发展的现实情况出发，所规定的未成年人订立的合同效力不一。我国《民法典》所确立的原则与欧美法系类似，即在能够确定系未成年人采取的网络充值打赏的情况下，其行为效力属于待定的状态，如未成年人的法定代理人予以追认，则有效，如未成年人的法定代理人拒绝追认，则属于无效。

（四）与限制民事行为能力人年龄、智力、精神健康状况相适应的标准

法律和司法解释对限制民事行为能力人所作行为是否有效的认定都是概括性的，有学者认为，在认定限制民事行为能力人所实施的行为是否与其年龄、智力、精神健康状况相适应时，应当采用客观标准，也就是按照社会一般通行的观点以及惯例来考察同年龄段的未成年人是否被认为可从事该民事行为。此外，法律行为与被监护人生活的关联程度以及合同条款本身的公平性也应当成为法院裁判时的考量因素。“与年龄、智力、精神健康状况相适应”实际上是未成年人在实施某项特定的行为时可以理解也能够预见到所实施的法律行为的后果的意思能力。其本质是判断未成年人

---

① 《德国民法典》规定，若未成年人在交易中所使用的金钱乃是其法定代理人经过考虑后给予且允许其自由支配的，那么在交易中只要未成年人将此部分金钱交给交易相对方，即视为其具有完全支配能力，无须经过其法定代理人同意，订立合同之行为具备法律效力。但该条款所涉及的交易标的额也一般较小。

② 必需品是指在销售和交付时符合未成年人或其他相关人实际生活条件和需求的商品。依照判例，对于必需品的判断标准有三条：第一，标的符合未成年人生活条件；第二，订立合同和交付标的时，标的均是未成年人所需的；第三，订立合同和交付标的时，未成年人尚未处于必需品满足的状态。

③ 该法规定，之所以强制法律行为有效，系以限制行为能力人既已能使用诈术，其智虑不薄，而且玩弄手段，无保护的必要。

④ 我国台湾地区“电信法”第九条规定：“无行为能力人或限制行为能力人使用电信之行为，对于电信事业，视为有行为能力的人。”

实施的法律行为与其意思理解能力以及表达能力是否相适应，未成年人能否清楚认识、理解其实施的法律行为并对因法律行为的实施而可能产生的风险有所辨识。① 通常来说，除了极特殊的群体外，每个人的智力能力是随着年龄的增长而逐渐增长的，是一个逐步成熟的过程，智力发育缓慢儿童这类群体都会有医学证明或其他证据予以佐证，所以法律将年龄作为自然人智力和心智的外在表现形式，将作为形式标准的年龄与实质标准的智力发展水平作为共同衡量未成年人是否具有实施具体民事法律行为的尺度。《民法典》的规定证明了行为能力的判断标准并非单一不变，而是随着年龄增长不断变化的，只要当事人具备与法律行为相适应的行为能力即可。

但现实生活复杂多样，法官在认定限制民事行为能力人的直播打赏行为是否有效时，需要当事人充分举证，即未成年人的监护人需要提供证据证明其已尽到了相应的监护义务、未成年人在进行充值打赏时不具备相应的行为能力或者平台方未履行必要的查验义务等。在法律的大框架范围内，也需要结合各种不同的因素进行判断，且网络充值打赏行为与生活的关联程度、充值打赏的金额也是因人而异的，所以还需要内心确认和自由裁量。

根据对100份裁判文书的梳理，在司法实践中，法官一般从未成年人对于消费行为的认知、未成年人的家庭经济状况及消费水平、充值的时间跨度以及单次充值的金额、充值总金额、充值打赏行为对于家庭产生的影响等判断未成年人所作的充值打赏行为是否与未成年人的年龄、智力、精神健康状况相适应；② 另外参考的因素还包括未成年人的监护人是否尽到了监护义务以及平台是否尽到了监管责任等。

---

① 朱广新：《民事行为能力制度的体系性解读》，载《中外法学》2017年第3期。

② 对“年龄、智力、精神健康状况相适应的标准”，《最高人民法院关于适用〈中华人民共和国民法典〉总则编若干问题的解释》第五条的判断标准是：从行为与本人生活相关联的程度，本人的智力能否理解其行为并预见相应的后果，以及标的、数量、价款或者报酬等方面认定。该标准来源于《最高人民法院关于贯彻执行〈中华人民共和国民法通则〉若干问题的意见（试行）》（已失效）第三条：“十周岁以上的未成年人进行的民事活动是否与其年龄、智力状况相适应，可以从行为与本人生活相关联的程度、本人的智力能否理解其行为，并预见相应的行为后果，以及行为标的数额等方面认定。”

对于儿童的保护而言，应当结合亲权制度进行规定，总体上是限制儿童的线上交易。[①] 正如前文所述，现阶段的未成年人的心智发生了巨大变化，年龄已经不再是评判未成年人行为能力的关键因素，但无论哪个时期，监护人均有义务对未成年人进行必要的管理和疏导。目前网络游戏更新速度、短视频的传播速度空前，尤其是疫情期间线下停课，未成年人接触网络的方式更加便捷，监护人疏于监管导致的未成年人网络充值打赏行为应由监护人承担不利后果。单次和总充值、打赏金额的大小也是监护人监管责任的重要体现。

因网络充值、打赏所订立的合同并非面对面合同，平台不可能知道订立合同的相对方是限制民事行为能力人。但是，按照法律规定，即使并非面对面合同，平台也不应该以此来逃避法律责任，平台完全可以通过电子身份验证等方式核验对方当事人身份，以此来确定登录方是否为限制民事行为能力人。但是为了维护网络交易的秩序和安全，网络平台在网络环境下很难通过自动化的识别系统确认消费者具有与年龄、智力、精神健康状况相适应的行为能力，但是《电子商务法》第四十八条第二款又规定了推定程序，[②] 即推定当事人在电子商务中具有行为能力，这点和我国台湾地区“民法”的“电信有效规则”一致，除非监护人举证证明平台知道或应当知道用户为不能独立实施民事法律行为的限制民事行为能力人。

“与年龄、智力、精神健康状况相适应”是一个相对宽泛的概念，不同年龄、不同地域、不同家庭背景下的认定结果存在较大差异。《关于统一法律适用加强类案检索的指导意见（试行）》关于类案的定义为“与待决案件在基本事实、争议焦点、法律适用问题等方面具有相似性，且已经人民法院裁判生效的案件”，从统计的案例来看，确实存在“类案不同判”的情形，目前最高人民法院已上线统一法律适用平台，因此对此类案件，应加强相关案例的发布和统一适用，努力做到对“与年龄、智力、精神健康状况相适应”的相对一致。

---

① 参见杨立新主编：《电子商务侵权法》，知识产权出版社 2005 年版，第 46 页。

② 《电子商务法》第四十八条第二款规定，在电子商务中推定当事人具有相应的民事行为能力。但是，有相反证据足以推翻的除外。

四、结语

未成年人网络充值打赏纠纷在理论和实践中都存在诸多值得探讨的问题。从司法大数据的角度出发，深入挖掘数据背后潜藏的未成年人网络保护信息，让司法审判更有“数”。换位思考，疏胜于堵，变堵为疏才是最终的解决策略，网络充值打赏行为主体的身份查明、行为效力在司法实践中形成的经验有必要加以明确，通过对个案中的判断方法进行梳理归纳形成一套较为全面、可行的身份查明标准，而相关案例的发布和统一适用可以为司法实践中“与年龄、智力、精神健康状况相适应”的判断提供裁判指引，从而平衡交易安全和未成年人的保护之间的关系。

裁判文书

王某与北京某公司信息网络买卖合同纠纷案

北京市第四中级人民法院
民事判决书

（2022）京04民终601号

上诉人（原审原告）：王某。

被上诉人（原审被告）：北京某公司。

上诉人王某因与被上诉人北京某公司信息网络买卖合同纠纷一案，不服北京互联网法院（2021）京0491民初36189号民事判决，向本院提起上诉。本院于2022年11月15日立案后，依法组成合议庭，开庭进行了审理。本案现已审理终结。

王某上诉请求：1. 撤销北京互联网法院（2021）京0491民初36189号民事判决；2. 请求二审法院依法改判，支持王某的全部诉讼请求；3. 一、二审诉讼费用由被上诉人承担。事实和理由：一审法院认定事实有误。北京某公司不仅大数据分析王某在其平台的运营数据，同时将王某在其关联公司的数据一并进行分析，从而作出取消订单的限制操作。一审开庭过程中，王某已经补充证据证实，大部分数据来自一号店平台，北京某公司也予以认可。但是本案一审法院对此未予认定，事实认定错误，而且王某下单后并未付款，合同尚未成立，我方有自由选择权，北京某公司判定王某操作不当不合法。请求二审法院查明北京某公司使用关联公司数据进行大数据杀熟的行为是否合法，是否存在欺诈，支持王某的上诉请求。

北京某公司辩称，一审判决认定事实清楚，适用法律正确，不同意王某的上诉请求，本案不涉及大数据杀熟问题，王某认为北京某公司使用了一号店平台的数据，但是本案仅涉及王某的某账号数据，不涉及一号店平台。北京某公司未曾提供过一号店平台数据，也并未依据一号店平台数据对王某进行过处罚。

王某向一审法院起诉请求：1. 要求北京某公司在王某账户内公开订单编号为××××××××××××的订单信息；2. 要求北京某公司赔偿王某订单金额的 3 倍（85.86 元）或 500 元。

一审法院认定事实：

一、与涉案商品相关的事实

1. 平台及店铺：某平台旗舰店；

2. 商品："金龙鱼甄选长粒香大米 10kg" 3 袋，实付款 28.62 元，订单编号：××××××××××××；

3. 购买时间：2019 年 8 月 13 日；

4. 收货地：福建省漳州市。

二、与王某诉请有关的事实

王某提交的某平台聊天记录截图，显示王某于 2019 年 8 月 13 日在某 App 中下单购买了由某自营的商品"金龙鱼甄选长粒香大米 10kg" 3 袋，付款金额 28.62 元。王某提交的订单查询页面截图显示出在王某下单后，该订单在王某账户内没有任何记录了。同时王某声称，在北京某公司没有任何说明的情况下，付款金额也被退回了。王某主张由于该订单已被北京某公司隐瞒，付款记录也被清除，故王某无法提供具体订单信息。由此，王某主张北京某公司侵害了王某的知情权和公平交易权，且主张根据《中华人民共和国消费者权益保护法》（以下简称消费者权益保护法）第五十五条的规定，北京某公司隐藏订单构成欺诈。

三、与北京某公司抗辩有关的事实

北京某公司提交的两张"某官网—帮助中心"页面截图显示出北京某公司分别于 2017 年 5 月 17 日、12 月 15 日发布了违规订单处理规则、违规行为规则。根据北京某公司提交的后台订单信息截图显示出，王某是于 2019 年 8 月 13 日下单购买的涉案商品，在违规订单处理规则、违规行为规则发布时间之后，应该受到违规订单处理规则与违规行为规则的约束。

违规行为规则显示出某平台将下单不付款的订单定义为“违规占库存”的违规订单，将购买再销售的操作也定义为违规行为。违规订单处理规则显示出某平台对下单不支付的占库存行为、零售商、批发商等以再销售或商业使用为目的的订购行为等违规订单，会采取取消订单、不发货等限制措施。根据北京某公司提交的在某平台的下单明细及部分订单的后台信息情况截图显示，王某在2019年8月13日当日，八次下单涉案同款商品“金龙鱼大米”，订单的商品数量也较大，且针对该日的前两次订单，王某下单后均未及时付款，并自行申请退款，王某的下单操作被某平台风控系统识别为“非法占库存”行为，故某平台对王某的后续下单行为（包括涉案订单）进行了限制。北京某公司提交的王某在2019年1月至2019年8月13日期间的下单明细，显示出王某在此期间多次下单包括洗发水、清洁用品、食用油等生活消费品，数量也较大。据此，北京某公司主张王某的订单超出了正常的生活消费需要。根据北京某公司提交的涉案订单后台订单截图，显示出王某填写的收货地址为“××××××××”，具有商业性质。据此，北京某公司主张王某其下单操作属于以再销售或商业使用为目的的订购行为，加之王某的占库存行为，均是违反某平台公示的行为规则的，北京某公司有权采取取消订单等操作。

一审法院认为，本案系王某下单购买涉案商品后，因涉案商品的订单被北京某公司单方面取消而引发的纠纷。《中华人民共和国电子商务法》（以下简称电子商务法）第四十九条规定，“电子商务经营者发布的商品或者服务信息符合要约条件的，用户选择该商品或者服务并提交订单成功，合同成立。当事人另有约定的，从其约定。电子商务经营者不得以格式条款等方式约定消费者支付价款后合同不成立；格式条款等含有该内容的，其内容无效。”本案中，王某在北京某公司自营店铺购买涉案商品，成功提交了订单，并支付了购物款，故认定王某和北京某公司之间的购物合同成立。针对北京某公司所辩称的合同成立的约定，属于无效的格式条款，并不产生相应的法律效力，不影响王某与北京某公司合同的成立；根据北京某公司提交的两张“某官网—帮助中心”页面截图，显示出北京某公司在王某下单之前就已经公示了违规订单处理规则与违规行为规则，王某的下单操作应该受到公示规则的约束。根据北京某公司提交的在某平台的下单明细及部分订单的后台信息情况截图显示，王某在 2019 年 8 月 13 日当日确实多次下单涉案同款商品，并存在下单未付款的操作。根据北京某公司提交的王某在 2019 年 1 月至 2019 年 8 月 13 日期间的下单明细，显示出王某在此期间多次下单包括洗发水、食用油等生活消费品，数量也较大，超出了正常的生活需要。结合王某的收货地址为具有经营同类商品性质的超市，可以认定他的下单行为是违反了行为规则的，北京某公司有权依照违规订单处理规则来进行取消订单等限制操作。北京某公司的相关限制行为并不构成消费者权益保护法第五十五条中所规定的欺诈。因此，对于王某的全部诉讼请求，缺乏依据，一审法院不予支持。据此，一审法院判决：驳回王某的全部诉讼请求。

本院二审期间，当事人围绕上诉请求依法提交了证据。本院组织当事人进行了证据交换和质证。北京某公司提交《某用户注册协议》（2019 年 8 月 24 日–2019 年 8 月 31 日）、《某用户注册协议》（2020 年 5 月 16 日生效）、《某隐私政策》（2019 年 10 月 3 日–2019 年 12 月 8 日）、《某隐私政策》（2022 年 10 月 26 日生效），拟证明王某违规下单，违反某平台协议约定，应当依照某平台规则处理。王某不认可上述证据的真实性、合法性及关联性，王某认为上述证据均是涉案订单之后的协议，与本案无关。本院认可北京某公司提交的上述证据的真实性。本院认为，本案二审争议事实是北京某公司是否使用了王某在某一号店的交易数据进行数据分析并处罚，北京某公司提交的上述证据与待证事实无关，本院不予采信。

结合双方当事人在一审期间已经质证的证据，本院补充查明事实如下：

1. 北京某公司提交的王某在 2019 年 1 月至 2019 年 8 月 13 日期间的下单明细显示的用户账户名称为：××××××××，该账户为王某在某平台注册账户。

2. 王某提交的王某在 2019 年 7 月 26 日至 2019 年 8 月 28 日期间的下单明细显示的用户账户名称。王某陈述上述订单记录包括在北京某公司运营的某平台和上海某才奥电子商务有限公司运营的一号店平台的订单记录。

就双方当事人争议的事实，本院认定如下：王某认为某平台与一号店平台的数据已经实现共享，北京某公司当庭认可某平台与一号店平台的数据实现共享，但是北京某公司对王某处罚并未使用一号店平台的相关数据。本院认为，依据现有证据和当事人陈述不能证明北京某公司已经自认使用王某在一号店平台的交易数据对王某进行处罚。

本院查明的其他事实与一审法院查明的事实一致，本院予以确认。

结合双方当事人的诉辩意见，本案在二审期间的争议焦点为：一、北京某公司是否有权依据违规订单处理规则、违规行为规则取消涉案订单；二、王某是否有权要求北京某公司恢复涉案订单信息；三、北京某公司取消涉案订单是否构成欺诈。本院将分别予以论述。

一、北京某公司是否有权依据违规订单处理规则、违规行为规则取消涉案订单

王某与北京某公司签订了《某用户注册协议》《某隐私政策》成为某平台用户进而在某平台下单购买涉案商品。北京某公司作为电子商务平台经营者，为规范电子商务平台经营秩序，在其运营的电子商务平台上发布了违规订单处理规则、违规行为规则。在审查北京某公司取消涉案订单的合法性时需要从三个层次进行考察：第一，上述规则是否对王某发生效力；第二，上述规则的内容是否符合法律规定；第三，北京某公司取消涉案订单是否符合法律规定。

第一，根据商务部《网络零售第三方平台交易规则制定程序规定（试行）》（以下简称交易规则制定程序规定）第三条关于“交易规则，是指网络零售第三方平台经营者制定、修改、实施的适用于使用平台服务的不特定主体、涉及社会公共利益的公开规则”之规定，订单处理规则、违规行为规则属于电子商务平台经营者制定的交易规则，上述规定适用的对象包括电子商务平台经营者、电子商务平台内经营者、消费者等各类主体。上述规则对使用电子商务平台的各类主体发生法律效力的原因在于各类主体就接受该交易规则形成了一致的意思表示。因此上述交易规则对王某是否生效在于是否经过王某的同意。考虑到电子商务活动的特性，其缔结合同的形式已经突破了传统的“要约—承诺”的形式。关于电子商务平台经

营者制定、修改交易规则，电子商务法进行了特殊的规定。电子商务法第三十三条规定，“电子商务平台经营者应当在其首页显著位置持续公示平台服务协议和交易规则信息或者上述信息的链接标识，并保证经营者和消费者能够便利、完整地阅览和下载”。第三十四条规定，“电子商务平台经营者修改平台服务协议和交易规则，应当在其首页显著位置公开征求意见，采取合理措施确保有关各方能够及时充分表达意见。修改内容应当至少在实施前七日予以公示。平台内经营者不接受修改内容，要求退出平台的，电子商务平台经营者不得阻止，并按照修改前的服务协议和交易规则承担相关责任。”上述规定可以归纳为电子商务平台经营者制定的交易规则应当予以公示，修改时应当征求意见，并赋予平台内经营者不同意时的退出权利。本院认为，结合查明的事实，订单处理规则、违规行为规则在王某成为某平台用户时已经予以公示，王某并未对上述规则提出反对意见，亦未退出某平台，应当视为王某同意接受上述交易规则的约束。

第二，根据电子商务法第四十九条关于“电子商务经营者发布的商品或者服务信息符合要约条件的，用户选择该商品或者服务并提交订单成功，合同成立”的规定，王某提交订单后，涉案合同即成立，王某是否付款并不影响合同的成立，王某和北京某公司履行买卖合同时受到违规行为规则和订单处理规则的约束。违规订单处理规则规定违规订单的情况包括：“1. 一人或多人合意使用一个或多个某账户下单不支付、不完全支付或者选择延迟发货等方式违规占库存；……4. 代购、中间商、零售商或批发商等人员或群体、公司等，以再销售或商业使用为目的的订购行为”，同时违规订单处理规则约定“用户承诺自愿接受某或商家对违规订单进行以下任一项或多项操作：1. 取消订单；2. 不发货”等。本院认为，上述约定的内容系对合同解除权及违约后果的约定，上述约定在性质上属于格式条款，内容并未违反市场竞争秩序及消费者权益保护方面的强制性规定，应当认定合法有效。因此违规订单处理规则、违规行为规则的内容符合法律规定，双方应当予以遵守。

第三，北京某公司取消涉案订单是否符合法律规定。结合查明的事实来看，王某在2019年8月13日，8次下单涉案同款商品，且有2次订单在下单后未付款，同时北京某公司也提交证据证明王某使用某平台同一注册用户在2019年1月至2019年8月13日频繁购入生活消费品且收货地址为超市。

本院认为，应当从两方面审查北京某公司取消涉案订单的合法性。一方面，北京某公司取消涉案订单是否有合同依据或者法律依据，在违规订单处理规则、违规行为规则对北京某公司和王某均有约束力的前提下，北京某公司结合王某下单商品的品类、次数、未付款情形、收货人地址等信息由平台风控系统判定王某存在“非法占库存”行为，且超出了正常的生活消费需要，北京某公司通过对上述信息的分析产生对王某并非因生活消费购买商品或服务的怀疑，进而依据上述交易规则行使合同解除权并取消涉案订单，北京某公司取消涉案订单有相应的合同依据。

另一方面，北京某公司在取消涉案订单时是否有违反法律规定侵害王某权益的情形。王某主张北京某公司系利用其个人信息进行大数据杀熟取消涉案订单。根据《中华人民共和国网络安全法》（以下简称网络安全法）关于“个人信息是指以电子或其他方式记录的能够单独或与其他信息结合识别自然人个人身份的各种信息”之规定，北京某公司在取消涉案订单时使用的王某账户信息、收货人联系方式、收货地址等信息，均属于个人信息的范畴。涉案行为发生时正在实施的《中华人民共和国民法总则》（以下简称民法总则）第一百一十条规定，“自然人的个人信息受法律保护。任何组织和个人需要获取他人个人信息的，应当依法取得并确保信息安全，不得非法收集、使用、加工、传输他人个人信息，不得非法买卖、提供或者公开他人个人信息”。网络安全法第四十一条规定：“网络运营者收集、使用个人信息，应当遵循合法、正当、必要的原则，公开收集、使用规则，明示收集、使用信息的目的、方式和范围，并经被收集者同意。”上述规定明确了网络运营者收集、使用个人信息应当遵循合法、正当、必要的原则，也就是说处理个人信息需要具有合法性基础。

就本案的事实而言，王某不认可北京某公司提交的《某用户注册协议》《某隐私政策》，因北京某公司提交的《某用户注册协议》《某隐私政策》并非王某注册成为某平台用户时的协议也非涉案行为发生时有效的协议，本院不以北京某公司提交的《某用户注册协议》《某隐私政策》作为北京某公司处理个人信息的事实基础。在无法确定北京某公司处理王某个人信息是否已经征得王某同意的情况下，需要进一步结合本案涉及的个人信息使用场景来认定北京某公司使用王某个人信息的合法性。结合本案查明的事实，王某作为某平台注册用户，其与北京某公司缔结并履行信息网络买卖合同，在该电子商务交易场景中，北京某公司从事自营业务，其既是电子商务平台经营者又是信息网络买卖合同的出卖人，也就是说北京某公司作为电子商务平台的服务提供者和信息网络买卖合同出卖人在履行其与王某之间缔结的网络服务协议和信息网络买卖合同时收集王某账户信息、收货人联系方式、收货地址等信息。涉案行为发生时依然生效的《信息安全技术个人信息安全规范》（GB/T35273-2017）（以下简称个人信息安全规范）5.4条对征得授权同意的例外进行如下规定“以下情形中，个人信息控制者收集、使用个人信息无需征得个人信息主体的授权同意：g）根据个人信息主体要求签订和履行合同所必需的”。第7.3条对个人信息使用目的限制进行如下规定“使用个人信息时，不得超出与收集个人信息所声称的目的具有直接或合理关联的范围”。也就是说，签订和履行合同所必需时收集处理个人信息，可以无需征得个人信息主体的授权，但是使用个人信息时不得超出直接或合理的关联范围。虽然国家标准不能直接作为法律渊源予以适用，但对判断具体个人信息处理行为是否具有合法、正当、必要有必要参考作用。就本案而言，即使北京某公司收集王某的上述信息未经过王某的同意，但是王某账户信息、收货人联系方式、收货地址等信息属于履行信息网络买卖合同所必需的信息，北京某公司在履行信息网络买卖合同时处理上述信息并依据订单规则作出处罚时亦未超出违规订单处理规则、违规行为规则中是否构成“违规占库存”等违规行为的范畴，未超出合同履行目的，因此北京某公司使用王某信息的行为符合个人信息收集的合法、正当、必要原则。

另外，从个人信息保护的发展来看，涉案行为发生时，民法典及《中华人民共和国个人信息保护法》（以下简称个人信息保护法）均未颁布实施，民法典及个人信息保护法中关于个人信息使用及保护的规定不直接适用于本案，但是依照《最高人民法院关于适用〈中华人民共和国民法典〉时间效力的若干规定》第四条关于“民法典施行前的法律事实引起的民事纠纷案件，当时的法律、司法解释仅有原则性规定而民法典有具体规定的，适用当时的法律、司法解释的规定，但是可以依据民法典具体规定进行裁判说理”之规定，民法典和个人信息保护法对法律概念的定义及相关规范精神可以在本案中作为裁判说理之依据。民法典第一千零三十五条确立了个人信息处理规则的基本框架，即合法、正当、必要原则和“知情—同意”原则。个人信息保护法进一步对“知情—同意”的法定例外情形和同意的有效性判断标准进行了明确，取得个人信息处理合法性基础的具体情形主要分为两类：一是基于同意的处理，即告知并取得信息主体的同意；二是基于法定许可的处理，一般指在法律、行政法规另有规定的情况下，无须取得同意即可实施个人信息处理活动。基于同意的处理因相关事实无法明确，本案主要探讨北京某公司是否存在法定许可的例外事由。个人信息保护法第十三条第一款第（二）项规定，为订立、履行作为一方当事人的合同所必须，可作为处理个人信息的合法事由之一。可见，订立、履行合同所必须，符合民法典作为“知情—同意”例外事由的规定。本院结合相关行业规范和产品功能设置等判定涉案个人信息处理行为是否属于订立、履行合同所必需：

第一，从相关行业规范和标准上看，虽涉案收集行为发生当时，并无明确法律法规对必要收集信息的具体范围进行规定，但 2021 年 3 月 12 日，主管部门发布的《常见类型移动互联网应用程序必要个人信息范围规定》明确规定，网上购物类 App 基本功能服务为“购买商品”，必要个人信息为“1. 注册用户移动电话号码；2. 收货人姓名（名称）、地址、联系电话；3. 支付时间、支付金额、支付渠道等支付信息”。虽该规定于 2021 年 5 月 1 日实施，但可作为本案“必要性”标准的参考。从该规定可见，北京某公司运营的某平台作为网上购物类软件，必要个人信息收集范围包括注册用户移动电话号码、收货人姓名（名称）、地址、联系电话，由此可见，北京某公司收集的上述个人信息属于必要个人信息收集的范畴，符合必要性的要求。

第二，从某平台网站功能设置本身上看，履行合同所必须的范围，应限定在软件或网络运营者提供的基本服务功能，或用户在有选择的基础上自主选择增加的附加功能。若收集的个人信息与该项基础服务和附加功能有直接关联，缺乏上述个人信息将导致相关功能无法实现，“履行服务所必须”之必要性才得以成立。本案中，北京某公司收集用户上述个人信息系为履行网络购物需求之必要，同时其分析用户上述个人信息亦为了履行订单处理规则、违规行为规则之必要，因此北京某公司收集上述个人信息属于履行合同之必要范围。

因此王某主张北京某公司利用大数据杀熟在取消涉案订单时侵害其权益的主张不能成立。北京某公司取消涉案订单并不违反法律规定，一审法院认定正确，本院予以维持。

综上所述，订单处理规则、违规行为规则属于电子商务平台经营者制定的交易规则，电子商务平台经营者履行了法律规定的公示义务的，平台用户应当受该规则的约束；上述规则内容属于格式条款，不违反法律强制性规定的，应当认定有效；电子商务平台经营者为履行合同之必要收集个人信息并据此依据相关平台规则取消涉案订单，具有合法性基础，电子商务平台经营者以此理由抗辩的，人民法院应予支持。

二、王某是否有权要求北京某公司恢复涉案订单信息

本案中，在北京某公司判定王某涉案交易构成违规后，涉案订单无法在王某账户中显示，本院认为，应当从涉案订单信息的法律性质及王某的请求能否得到支持两个方面对该问题予以阐述。

第一，涉案订单信息的法律性质

涉案订单信息包括订单编号、账号、支付方式、配送方式、收货人及联系方式、收货地址、订单状态等内容，该订单信息系王某与北京某公司履行合同过程中产生的，对于王某和北京某公司这两个主体而言，涉案订单信息的法律性质并不相同。

就王某而言，如前所述，网络安全法对个人信息的概念予以了界定，同时个人信息安全规范中对个人信息的概念表述为“以电子或者其他方式记录的能够单独或者与其他信息结合识别特定自然人身份或者反映特定自

然人活动情况的各种信息”。由此可见，个人信息的核心特点为“可识别性”，既包括对个体身份的识别，也包括对个体特征的识别；对个体身份的识别确定信息主体“是谁”，对个体特征的识别确定信息主体“是什么样的人”，即该信息能够显现个人自然痕迹或社会痕迹，勾勒出个人人格形象。判定是否属于个人信息，应考虑以下两条路径：一是识别，即从信息到个人，由信息本身的特殊性识别出特定自然人；同时，识别个人的信息可以是单独的信息，也可以是信息组合。可识别性需要从信息特征以及信息处理主体的角度结合具体场景进行判断。二是关联，即从个人到信息，如已知特定自然人，则在该特定自然人活动中产生的信息即为个人信息。符合上述两种情形之一的信息，即应判定为个人信息。

对于订单信息，由于其不属于可单独识别特定自然人的信息，可分别从识别说和关联说的角度，结合其具体的使用场景、处理方式、信息处理主体情况等因素予以判定。从识别说的角度看，涉案订单信息包括订单编号、账号、支付方式、配送方式、收货人及联系方式、收货地址、订单状态等内容，上述信息组合并非经去标识匿名化处理后、单独不可溯源的订单信息，上述信息组合仍可对应到王某这一特定身份自然人，达到了识别的程度。从关联说的角度看，北京某公司分析王某的个人信息包括订单中的组合信息呈现，上述信息已具备识别王某特定自然人身份的能力，而涉案订单信息与特定账户信息对应匹配，属于与已识别自然人相关的信息。因此，涉案订单信息属于王某的个人信息。

对于北京某公司而言，涉案订单信息系北京某公司在电子商务活动过程中形成的数据，北京某公司对其合法处理的数据享有财产权同时也应依照法律规定承担相应的义务。依照电子商务法第三十一条规定，“电子商务平台经营者应当记录、保存平台上发布的商品和服务信息、交易信息，并确保信息的完整性、保密性、可用性。上述信息自交易完成之日起，不得少于三年；法律、行政法规另有规定的，依照其规定”。涉案订单信息虽被取消，但是属于该条规定的交易信息。电子商务法第六十二条规定，在电子商务争议处理中，电子商务经营者应当提供原始合同和交易记录。涉案订单信息作为双方缔结买卖合同的凭证，可以作为争议处理的依据，北京某公司在王某起诉时，应当予以提供。同时，王某作为某平台用户，对其个人信息亦有查询、补充更正的请求权。本案在起诉时，仍在交易缔结的三年之内，王某要求北京某公司恢复其订单信息的诉讼请求，符合上述规定，本院予以支持，同时由于订单状态属于交易信息的组成部分，北京某公司应当一并予以提供，一审法院对王某的该项诉讼请求处理不当，本院予以纠正。

综上所述，订单信息既属于个人信息，也属于电子商务平台经营者的数据，双方对涉案订单信息享有的权益均应当予以保护，平台用户要求电子商务平台恢复订单信息的诉讼请求，于法有据，应当予以支持。

三、北京某公司取消涉案订单是否构成欺诈

民事欺诈行为是指在设立、变更、终止民事权利和民事义务过程中，故意告知对方虚假情况，或者故意隐瞒真实情况，诱使对方做出错误的意思表示的行为。某公司根据订单处理规则、违规行为规则对王某采取取消订单的限制措施，其隐藏或者删除涉案订单的行为虽有不当，但不存在告知虚假情况或隐瞒真实情况，诱使对方做出错误意思表示的情形。故北京某公司的行为不构成欺诈，亦不应当承担因欺诈而产生的惩罚性赔偿责任。王某认为北京某公司大数据杀熟，根据已查明事实可知，无证据证明北京某公司使用其他平台数据处罚王某。本案亦不属于老顾客价格高于新顾客价格的大数据杀熟的情形。对王某的该项上诉理由，本院予以驳回。

综上所述，王某的上诉请求部分成立，本院予以支持。本院依照《中华人民共和国电子商务法》第三十一条、第六十二条，《中华人民共和国民事诉讼法》第一百七十七条第一款第二项规定，判决如下：

一、撤销北京互联网法院（2021）京 0491 民初 36189 号民事判决；

二、北京某公司于本判决生效之日起七日内恢复王某交易订单号××××××××××××信息（包括取消订单原因）；

三、驳回王某的其他诉讼请求。

一审案件受理费 50 元，由王某负担（已交纳）。二审案件受理费 50 元，由北京某公司负担（于判决生效之日起七日内交纳）。

本判决为终审判决。

审 判 长 张勤缘
审 判 员 张 岩
审 判 员 李冬梅

二〇二三年一月十日

法官助理 杨宗腾
书 记 员 秦 爽

何某与某1公司等信息网络买卖合同纠纷案

北京市第四中级人民法院
民事判决书

（2023）京04民终208号

上诉人（原审原告）：何某。

被上诉人（原审被告）：某1公司。

被上诉人（原审被告）：某2公司。

上诉人何某因与被上诉人某1公司、某2公司信息网络买卖合同纠纷一案，不服北京互联网法院（以下简称一审法院）作出的（2022）京0491民初23240号民事判决（以下简称一审判决），向本院提起上诉。本院于2023年3月8日立案后，依法组成合议庭对本案进行了审理。本案现已审理终结。

何某上诉请求：1. 撤销一审判决，发回重审或者改判支持我一审所提所有诉讼请求；2. 改判一审、二审诉讼费用由某1公司、某2公司承担。主要事实和理由：第一，一审法院认定事实存在错误。一审判决认定我在购买商品时确认了对所购商品不支持7天无理由退货，这与事实不符。事实上，我所购买商品标有不支持七天无理由退货的购买须知在商品页很下面的位置，需要下翻才能看到，在其商品页首页并无此标识（商品快照截图可以证明）。而我因为长期网络购买习惯默认商品是可以七天无理由退货（电商平台上几乎所有售卖的商品都是支持七天无理由退货，包括我在内的绝大部分网购消费者已经形成这样的固定认知），购买时只看到商品首页内容并没有注意到该购买须知，某1公司和某2公司也没有在我购买下单时对我是否知晓该商品不支持七天无理由退货予以确认（有我与某1公司、某2公司的交流记录为证，直到我提出退货诉求前某1公司、某2公司与我没有任何信息沟通），同时某1公司、某2公司在一审时也没有提出该事项确认的证明。一审判决认定酒水不允许七天无理由退货是行业共识与事实不符。事实上有非常多的商家是支持酒水七天无理由退货的，只需要在××首页搜索五粮液就能看到很多与上诉人所买同型号酒水支持七天无理由退货，具体可以看我提供的证据。第二，一审判决适用法律错误。一审判决所述“其他根据商品性质并经消费者在购买时确认不宜退货的商品，不适用无理由退货。”，认为我所购商品是贵重酒水而不适用无理由退货，该适用法律错误。首先，如前所述，某1公司、某2公司也没有在我购买下单时对我是否知晓该商品不支持七天无理由退货予以确认。其次，我所购买酒水单价为900元/瓶（商品快照截图为证），很难界定为贵重，而且各大电商平台上都有非常多的单价远高于900元的商品支持七天无理由退货。最后，根据国家工商总局《网络购买商品七日无理由退货暂行办法》第七条的规定，我所购商品没有拆封、激活、试用，商品也离保质期很远，是无瑕疵的完好商品，所购商品性质显然是适用七日无理由退货规定。

某1公司辩称，一审法院认定事实清楚、适用法律正确，请求驳回何某的上诉，维持原判。首先，某1公司不是涉案商品销售者，且销售者已经应诉，售后服务等应由销售者承担。涉案商品已停止销售，某1公司不存在明知或应知销售者利用平台侵害消费者合法权益的情形，依法不应当承担责任。其次，某1公司作为网络交易平台，不参与商家经营活动，商品信息均由商家编辑、发布，发布内容并无法律禁止、限制发布的内容，关于“不适用7天无理由退货”系商家在商品销售界面的提示说明，与某1公司无关。再次，涉案商品详情中已提示酒水商品的特殊性，不支持7天无理由退换。何某确认购买视为与商家就该问题达成一致意见。最后，何某未提供误工损失证明，且本案为信息网络买卖合同纠纷，误工费等缺乏事实和法律依据。

某2公司辩称，一审法院认定事实清楚、适用法律正确，请求驳回何某的上诉，维持原判。何某在一审中当庭确认已看到涉案商品的购买须知中明确标注有“由于酒水的特殊性，商品不支持 7 天无理由退货”的告知信息；涉案商品是名品酒水且具有特殊性，我公司对涉案商品不支持 7 天无理由退货有充足的事实依据。

何某向一审法院起诉请求：1. 判令对我在××平台上发起的网购订单 220820-527486238290593 号进行退款退货；2. 判令某 1 公司和某 2 公司违反七天无理由退货规定，不准在其网页标注酒类商品不能退货字样；3. 判令某 1 公司和某 2 公司赔偿我时间成本和精力成本 10 000 元。

一审法院认定事实：某 1 公司是网络购物平台××的运营者。某 2 公司是××涉案店铺的实际经营者。2022 年 8 月 20 日，何某在涉案店铺购买了“52 度五粮液 1618 白酒 500ml×2（新老包装随机发货）宴请、婚庆”一件（以下简称涉案商品），实付款 1800 元，涉案商品通过顺丰快递邮寄，何某于 8 月 22 日签收。8 月 23 日何某提交七天无理由退货申请，涉案店铺以“由于酒水的特殊性，商品不支持七天无理由退货”为由拒绝。涉案商品销售页面截图显示，购买须知中有记载，由于酒水的特殊性，商品不适用 7 天无理由退换货，为保障您的权益，确认商品无误后再签收，购买须知采取红底黄字进行标注。何某认可其在下单前已看到该告知内容，但何某主张该项规定不合理。某 2 公司提供了××和××平台中涉案商品的销售页面截图，主张贵重酒水不支持七天无理由退货为行业共识。何某对此不予认可，补充某××店铺销售五粮液酒的主页截图，主张有的店铺可以支持七天无理由退货。后经当庭查验，该商家的商品详情页下方标注了不支持七天无理由退货。某 1 公司提供了涉案商品状态截图，涉案商品已停止销售。以上事实有交易订单截图、商品快照截图、商品详情页截图以及当事人陈述等证据在案佐证。

一审法院认为，何某与某 2 公司之间的网络买卖合同系双方真实意思表示，内容未违反法律、行政法规的强制性规定，应属有效。依据《中华人民共和国消费者权益保护法》（以下简称消费者权益保护法）第二十五条第一款、第二款的规定，经营者采用网络、电视、电话、邮购等方式销售商品，消费者有权自收到商品之日起七日内退货，且无需说明理由，但下列商品除外：（一）消费者定作的；（二）鲜活易腐的；（三）在线下载或者消费者拆封的音像制品、计算机软件等数字化商品；（四）交付的报纸、期刊。除前款所列商品外，其他根据商品性质并经消费者在购买时确认不宜退货的商品，不适用无理由退货。本案中，涉案商品为贵重酒水，不属于当然不适用“七天无理由退货”的商品，是否可适用例外规则，应判断涉案商品是否属于根据商品性质并经消费者在购买时确认不宜退货的商品。某2公司作为出卖方，其在网络店铺的商品详情页已标明“由于酒水的特殊性，商品不支持七天无理由退货”，何某作为购买方认可其在下单购买前已看到该提示内容，然后下单购买，说明何某已知悉并接受涉案商品为不适用“七天无理由退货”的商品，考虑到涉案商品为贵重酒水，且何某是在确认并签收后一天后提出的无理由退货退款，涉案商品脱离第三方监控，商品质量处于无法确认的状态，某2公司对涉案商品不支持“七天无理由退货”的约定并无不妥，对何某诉讼请求，一审法院不予支持。关于某1公司是否应当承担连带赔偿责任的问题，因某1公司系提供服务的网络交易平台，且在实际经营者某2公司亦不构成侵权的情况下，某1公司无需承担连带赔偿责任。综上所述，根据《中华人民共和国民法典》第一百四十三条，《中华人民共和国消费者权益保护法》第二十五条，《中华人民共和国民事诉讼法》第六十七条规定，判决如下：驳回何某的全部诉讼请求。

二审期间，何某提交了以下证据：1. ××平台上类似商品支持无理由退货的截图和××平台上同样商品支持七天无理由退货的截图，以证明酒类商品不支持无理由退货不是行业惯例；2. 何某与××平台官方客服的聊天截图和何某与涉案店铺客服的聊天截图，以证明××平台和涉案店铺并没有在何某购买商品时与其确认是否知道涉案商品不支持七天无理由退货；3. ××平台上一个价值17 000元的商品支持七天无理由退货的截图，以证明贵重物品不是不支持七天无理由退货的理由。某1公司、某2公司对何某提交的证据的真实性、合法性和关联性均不予认可。经审查，鉴于何某二审所提全部证据或因与本案待证事实缺乏关联性，或因对本案处理不产生实际影响，故本院均不予采纳。本院经审理查明的其他事实与一审法院查明事实一致。

本院认为，根据《中华人民共和国民法典》第四百九十六条第二项、第四百九十七条规定，采用格式条款订立合同的，提供格式条款的一方应当遵循公平原则确定当事人之间的权利和义务，并采取合理的方式提示对方注意免除或者减轻其责任等与对方有重大利害关系的条款，按照对方的要求，对该条款予以说明。提供格式条款的一方未履行提示或者说明义务，致使对方没有注意或者理解与其有重大利害关系的条款的，对方可以主张该条款不成为合同的内容；有下列情形之一的，该格式条款无效：（一）具有本法第一编第六章第三节和本法第五百零六条规定的无效情形；（二）提供格式条款一方不合理地免除或者减轻其责任、加重对方责任、限制对方主要权利；（三）提供格式条款一方排除对方主要权利。根据消费者权益保护法第二十五条第一款、第二款的规定，经营者采用网络、电视、电话、邮购等方式销售商品，消费者有权自收到商品之日起七日内退货，且无需说明理由，但下列商品除外：（一）消费者定作的；（二）鲜活易腐的；（三）在线下载或者消费者拆封的音像制品、计算机软件等数字化商品；（四）交付的报纸、期刊。除前款所列商品外，其他根据商品性质并经消费者在购买时确认不宜退货的商品，不适用无理由退货。同时，根据国家市场监督管理总局制定的《网络购买商品七日无理由退货暂行办法》（2020 年修订）第七条、第二十条之规定，下列性质的商品经消费者在购买时确认，可以不适用七日无理由退货规定：（一）拆封后易影响人身安全或者生命健康的商品，或者拆封后易导致商品品质发生改变的商品；（二）一经激活或者试用后价值贬损较大的商品；（三）销售时已明示的临近保质期的商品、有瑕疵的商品；网络商品销售者应当采取技术手段或者其他措施，对于符合本办法第七条规定的商品，网络商品销售者应当在商品销售必经流程中设置显著的确认程序，供消费者对单次购买行为进行确认。如无确认，网络商品销售者不得拒绝七日无理由退货。

本案中，涉案商品明显不属于消费者权益保护法所明确列举不适用“七天无理由退货”的商品类别。关于涉案商品是否能够适用“七天无理由退货”，本院认为，一方面需要结合商品性质、包装外观、使用性能、查验习惯、拆封损耗等因素综合判定；另一方面需要审查经营者是否在商品销售必经流程中设置显著的确认程序供消费者对单次购买行为进行确认。经审查，首先，涉案商品系密封白酒，根据生活常识可知，消费者正常的外观查验行为不会导致此类商品性质发生改变，也不必然影响白酒的二次销售，更不会影响其他购买顾客的生命健康。关于某2公司认为涉案商品脱离第三方监控，商品质量处于无法确认的状态，故不应适用“七天无理由退货”的答辩意见，本院认为，在互联网全面融入社会生产生活，网络购物行为愈发普遍的时代背景下，“七天无理由退货”作为网购消费者的一项重要权利应得到法律保护。根据消费者权益保护法等法律法规的立法目的，网购商品原则上均应适用“七天无理由退货”，不适用“七天无理由退货”的商品应当属于例外情形。诚然，某2公司所提出的风险问题在任何种类商品的网购交易中都可能存在，生活中也确有个别不法之徒在网购退货中采取“偷梁换柱”“以假充真”的行为骗取钱财，但一方面某2公司作为专门销售酒类商品的商家，可以采取相应技术性措施查验退货商品真伪以降低风险，另一方面，用虚假、恶意退货的手段骗取钱财的行为已触犯刑法，必然会受到法律的严惩。但网络店铺经营者不应以存在风险为由，拒绝消费者依法行使“七天无理由退货”的权利。同时，某2公司主张的根据行业惯例贵重白酒均不支持“七天无理由退货”的主张亦缺乏事实依据和法律根据。综上，涉案商品不属于根据其性质不宜适用“七天无理由退货”商品的情形。

其次，本案中某2公司主张在销售涉案商品时已向消费者明确告知“由于酒水的特殊性，商品不支持七天无理由退货”内容。经审查，某2公司在涉案商品销售详情页用普通字号的字体标注了上述内容，属于为了重复使用而预先拟定，并未在订立合同时和对方当事人协商的格式条款。本案中，作为提供格式条款的某2公司既没有通过标黑、加粗或其他显著的方式提示消费者，也未在涉案商品结算页供消费者进行再次确认，应当认定其未履行提示或者说明义务。同时，因涉案商品本身不属于不宜适用“七天无理由退货”商品的情形，某2公司关于“由于酒水的特殊性，商品不支持七天无理由退货”的声明不合理地排除、限制消费者主要权利，故该声明亦属无效。何某关于要求解除涉案合同、退货退款的诉讼请求于法有据，应予支持，一审法院适用法律不当之处，本院依法予以纠正。同时，因何某未能提供其因某 2 公司拒绝“七天无理由退货”而遭受经济损失的证据，故其要求某 2 公司向其赔偿 10 000 元的诉讼请求缺乏事实依据和法律根据，不应予以支持。

最后，根据消费者权益保护法第四十四条之规定，消费者通过网络交易平台购买商品或者接受服务，其合法权益受到损害的，可以向销售者或者服务者要求赔偿。网络交易平台提供者不能提供销售者或者服务者的真实名称、地址和有效联系方式的，消费者也可以向网络交易平台提供者要求赔偿；网络交易平台提供者作出更有利于消费者的承诺的，应当履行承诺。网络交易平台提供者赔偿后，有权向销售者或者服务者追偿。网络交易平台提供者明知或者应知销售者或者服务者利用其平台侵害消费者合法权益，未采取必要措施的，依法与该销售者或者服务者承担连带责任。本案中，某 1 公司并非信息网络买卖合同的一方主体，且已向何某提供了涉案店铺的相关信息，依法履行了向消费者提供销售者真实名称、地址等信息的义务，也未向何某作出特殊承诺约定，何某也未能举证证明某 1 公司明知或者应知某 2 公司存在实施侵害消费者合法权益的行为且未采取必要措施的情形，故一审法院判决驳回何某要求某 1 公司承担连带责任的诉讼请求并无不当。综上所述，依照《中华人民共和国民法典》第四百九十六条、第四百九十七条，《中华人民共和国消费者权益保护法》第二十五条第一款、第二款以及《中华人民共和国民事诉讼法》第一百七十七条第一款第（二）项之规定，判决如下：

一、撤销北京互联网法院（2022）京 0491 民初 23240 号民事判决；

二、自本判决生效之日起的七日内，何某向某 2 公司退还涉案商品，某 2 公司在收到涉案商品后的五日内向何某退还购物款 1800 元（退货邮费由何某自行承担，何某应保证退货商品完好无损且不影响二次销售，如商品存在毁坏等情形，何某应按实际损失予以赔偿）；

三、驳回何某其他诉讼请求。

如某 2 公司未按照本判决指定的期间履行金钱给付义务，应当依照

《中华人民共和国民事诉讼法》第二百六十条之规定，加倍向何某支付迟延履行期间的债务利息。

一审案件受理费 95 元，由何某负担（已交纳）；二审案件受理费 95 元，由某 2 公司负担（于本判决生效之日起十日内向本院交纳）。

本判决为终审判决。

审　判　长　　王小虎
审　判　员　　杨晋东
审　判　员　　胡怀松

二〇二三年五月二十五日

法官助理　　王远哲
书　记　员　　赵迎争

刘某与某公司网络侵权责任纠纷案

北京市第四中级人民法院
民事判决书

（2023）京04民终805号

上诉人（原审原告）：刘某。

被上诉人（原审被告）：某公司。

上诉人刘某因与被上诉人某公司网络侵权责任纠纷一案，不服北京互联网法院所作（2022）京0491民初992号民事判决，向本院提起上诉。本院于2023年10月7日立案后，依法组成合议庭公开开庭进行了审理。本案现已审理终结。

刘某上诉请求：撤销一审判决。主要事实和理由：本案事实认定和法律适用均错误。根据我提供的证据，已经证明某公司存在泄露了个人信息的行为；本案为侵权责任纠纷，按照一审判决，个人信息可能是某公司，也可能是物流公司、服务平台等泄露，故上述公司应属于构成共同侵权，我可以选择任一侵权主体起诉，要求其承担侵权责任；我在某平台购买商品，如果没有该订单，我的个人信息不会泄露，即使法院认定某公司承担侵权责任，某公司也可以向其他侵权主体追偿；法院对盖然性的认识错误，是认定某公司不承担责任的原因；按照一审判决，法院认为找到侵权具体的责任者之后可以再行起诉，那个人信息保护法就失去了保护个人信息的意义。

某公司辩称，1. 上诉人一审阶段没有完成自己的举证责任，没有证明存在个人信息泄露，也没有提交证据证明被上诉人存在泄露其个人信息的高度盖然性，被上诉人已经举证证明自己在事前采取了充分合理的保护个人信息的各项管理措施，为此上诉人应承担举证不能的不利后果。2. 上诉人没有证明被上诉人和物流公司、海关、跨境公服平台等机构存在实施被诉侵权的意思联络，没有证明被上诉人与这些主体通过分工合作实施共同侵权，不符合共同侵权的构成要件。即使未来上诉人提交证据证明物流公司、海关、跨境公服平台等某一主体构成侵权，也应该由该主体自行承担责任。3. 本案不属于可以发回重审的情形，上诉人在上诉请求中也没有主张发回重审。4. 上诉人并未提供其他主体泄露信息可能性较低、被上诉人泄露信息可能性更高的任何依据。一审法院关于高度盖然性的证明标准，符合我国证据规则规定。上诉人引用陪审团认定事实规则、引用生活常识认定事实规则，缺乏事实和法律依据。即使个人信息泄露具有一定隐蔽性，上诉人仍应承担起码的举证责任，即证明存在个人信息泄露的事实，证明被上诉人存在泄露信息的较大可能性，才会将举证责任转移至被上诉人。即使关于 SSD 硬盘用户个人信息泄露网页内容真实，这些网页指向的都是购买 SSD 消费者的个人信息泄露，具有特定产品、特定卖家的关联特征，由某平台泄露的可能性更小，如果是平台泄露，平台上有千千万万种商品，就不会出现网民集中只反映购买 SSD 后发生个人信息泄露。被上诉人对于消极事实，即未从被上诉人处发生上诉人个人信息泄露的事实，是无法举证的。5.《中华人民共和国个人信息保护法》（以下简称个人信息保护法）适用过错推定原则，已经对个人信息处理者采取了很高的责任承担立法体例，一审法院也是按照该原则审理案件。我国法院裁判支持个人保护自己个人信息的成功案例非常多，对个人信息保护力度不断加强，上诉人的第 5 点上诉理由中对法院保护力度的指责没有事实依据。6. 尽管上诉人一审败诉，但上诉人的起诉仍然具有积极意义，本案诉讼的发生，再次警醒了被上诉人有效保护用户个人信息的重要性。被上诉人会一如既往地采取各种有效措施保护用户个人信息，随着技术发展不断提升保护水平。

刘某向一审法院起诉请求：1. 请求判令某公司停止对刘某个人信息的泄露；2. 请求判令某公司采取措施，清除已经泄露在外的刘某的个人信息；3. 请求判令某公司向刘某赔礼道歉。

一审法院认定事实如下：刘某提交涉案订单截图，订单详情内容显示下单日 2021 年 11 月 22 日，订单汇总显示商品小计 81.57 元，配送费 0

元，总计 81.57 元；预计送达时间为星期五，订单货物为 Nature’s Eats 半粒山核桃，16 盎司；配送详情显示最新状态：11 月 23 日星期二，上午 2：00 商品已到站（US to HK，CN），配送商为××× Express，跟踪包裹号 #：×××××××××，上午 12：39 发生承运人延迟，配送可能延迟，Hkg，CN，上午 12：16 包裹已发货。刘某提交手机通话记录截图两份，第一份显示+852-84432157（上次使用：主号，香港）曾于“今天”14：50 来电，通话时长三分钟；第二份显示刘某曾于“今天”去电 4408105666，其备注名为“某平台中国客服”，通话时长五分钟。刘某提交手机短信记录截图，显示 962-110 曾于“昨天”15：32 发送给自己内容为“【上海反诈中心】［上海市反电信网络诈骗中心］市民朋友，您可能接到假冒物流公司客服人员的诈骗电话，或登录网购交易诈骗网站，请勿透露个人信息或转款，咨询报案请拨 110，查看反诈宣传短视频请点击 https：//mp. weixin. qq. com/s/rw-HC6oooUEh1HeNePtoxw。”短信一条；于“昨天”17：43、“今天”15：00 连续发送给自己内容为“【上海反诈中心】【上海市反电信网络诈骗中心】市民朋友，您可能接到假冒快递客服诈骗电话，请勿透露个人信息或转账，咨询报案请拨 110。”相同短信三条。庭审中，刘某当庭展示上述短信记录。刘某提交标题为“某平台海外购后，接到诈骗电话”的论坛讨论截图，一楼留言显示“买了一块 ssd，刚才接到来自香港电话，说清关货物丢失，要赔付双倍价格……让加了一个 QQ，语音过来先是发了个二维码，被反诈 App 拦截页面打不开，然后说要求开借呗领取赔付金，找了个理由没有开，对方又让开微信上的微粒贷……基本可以确认是信息泄露，不清楚是某平台海外购还是负责清关的××泄露的，××客服电话也打不通”；用户 UID：×××××××“我也是买 SSD 接的这个电话，一模一样”；用户 UID：××××××××“一模一样，我也是买了 SSD，今天中午的时候接到来自香港的电话”等八名用户分别表示遭遇类似情况。该截图显示共十二条留言讨论。

某公司提交“通用电子商务平台”系统、“物流”系统的信息系统安全等级保护第三级备案证明，证明显示某公司于 2020 年 5 月 21 日取得上述两份备案证明。某公司提交（2023）沪东证经字第 493 号《公证书》及翻译件，其中列出某公司个人信息安全保护管理制度、《权限管理政策》、

《密码政策》、《信息安全风险管理政策》、《零容忍政策》、《数据处理标准》、某平台安全意识（ASA）强制性合规培训要求、员工信息安全培训讲座记录等文件，拟证明某公司员工获取用户个人信息时的身份检验安全性、获取权限最小限缩范围与权限终止安全性、数据安全性、密码安全性、数据分级分类处理合法合规、员工安全意识培训充分。某公司提交《团队管理人员的信息安全培训》《负面行为清单》与系统邮件及其翻译件，显示公司对团队管理者培训的内容包括对团队管理者的信息安全保护要求、公司的信息安全管理规章制度内容、公司保护信息安全曾经采取的行动、公司的零容忍政策等内容，以及公司强制要求信息安全相关人员完成关于信息安全保护的培训及测试。某公司提交某平台网站截图，显示某平台海外购运输各地区支持的国际配送及清关公司与其联系方式。截图附有可信时间戳认证证书，取证时间为2023年1月19日。某公司提交跨境电商公共服务平台《跨境电商1210模式操作指南》截图，显示海关监管方式代码“1210”为跨境贸易电子商务保税备货模式，适用于境内个人或电子商务企业在经海关认可的电子商务平台实现跨境交易，并通过海关特殊监管区域或保税监管场所进出的电子商务零售进出境商品，过程05为电商向物流企业推送订单信息，过程06为向海关申报信息，显示电商企业、物流企业、支付企业分别对申报信息进行加签，连同个人消费者的相关详细身份验证信息等材料，上传至跨境电商公服平台，仓储企业发送清单信息，向海关申报出区。截图附有可信时间戳认证证书，取证时间为2023年1月19日。某公司提交上海跨境公服《跨境电商进口中的“三单对碰”是什么?》网络文章截图，其中03段落标题为“‘三单’包含哪些重要的信息”，内文显示电商企业生成的订单包含订购人信息、订单号、支付单号、物流单号及商品信息等信息，物流企业生成的运单包含物流单号、订单号、商品信息、收货人等信息，支付企业生成的支付单包含支付人信息、支付金额、订单号、支付单号等信息。此外，由仓储/物流企业推送的清单包含“三单”中的订单、商品、支付、物流的相关信息。由海关将“三单”与清单中的订购人信息、收件人信息、商品及价格信息进行数据校验比对，此过程称为“三单对碰”。截图附有可信时间戳认证证书，取证时间为2023年1月19日。某公司提交海关总署2018年第113号《关于修订跨境电子商务统一版信息化系统企业接入报文规范的公告》及其附件部分截图，显示进口业务的运单及运单状态应由物流企业负责向海关申报，运单报文应包含物流运单编号、订单编号、收货人信息、收货人地址、收货人电话等信息。

一审法院认为，本案案由系隐私权、个人信息保护纠纷，刘某主张某公司作为网络跨境电商平台，泄露刘某的购物交易订单及其个人信息，使其遭受诈骗电话骚扰，侵犯了刘某的个人信息权益和隐私权。根据《中华人民共和国民法典》（以下简称民法典）第一千零三十四条规定，自然人的个人信息受法律保护。个人信息是以电子或者其他方式记录的能够单独或者与其他信息结合识别特定自然人的各种信息，包括自然人的姓名、出生日期、身份证件号码、生物识别信息、住址、电话号码、电子邮箱、健康信息、行踪信息等。民法典第一千零三十二条规定，自然人享有隐私权。任何组织或者个人不得以刺探、侵扰、泄露、公开等方式侵害他人的隐私权。隐私是自然人的私人生活安宁和不愿为他人知晓的私密空间、私密活动、私密信息。民法典第一千零三十三条规定，除法律另有规定或者权利人明确同意外，任何组织或者个人不得实施下列行为：（一）以电话、短信、即时通讯工具、电子邮件、传单等方式侵扰他人的私人生活安宁；（二）进入、拍摄、窥视他人的住宅、宾馆房间等私密空间；（三）拍摄、窥视、窃听、公开他人的私密活动；（四）拍摄、窥视他人身体的私密部位；（五）处理他人的私密信息；（六）以其他方式侵害他人的隐私权。本案中，涉案信息为刘某的姓名、电话、订单号码以及送达地址，明确指向特定自然人身份及其私人活动，属于个人信息及隐私权保护范畴。关于刘某要求某公司停止侵害其隐私权、个人信息权的诉讼请求。2021 年 11 月底，刘某多次受到诈骗电话骚扰，诈骗方知晓刘某个人信息的范围为：订单号码、姓名、电话以及送达的地址等。然而，在案证据显示，某公司作为电商平台，仅为网购过程中会接触刘某个人信息的多方主体之一，在物流企业同样拥有物流单号、订单号、商品信息、收货人等信息用于生成运单，且某公司订单、物流企业运单皆需交由海关交叉检验的情况下，个人信息亦可能从物流企业、海关或传输过程中流出，某公司亦提供了其经营中已经采取的保护用户个人信息的做法和措施，目前无证据显示诈骗方知晓的个人信息内容为某公司所独有或者提供，在案证据尚不足以证明某公司泄露了刘某个人信息的事实达到民事证明标准高度盖然性的程度。综上，刘某要求某公司承担相关侵权责任的诉讼请求，无事实依据，不予支持。关于刘某要求某公司采取措施，清除已经泄露在外的个人信息的诉讼请求，本案个人信息泄露影响范围与非法获取主体皆属未知，也无充分证据证明某公司对刘某的个人信息泄露存在过错，故，刘某要求某公司采取措施，清除已经泄露在外的个人信息的诉讼请求，无事实和法律依据，不予支持。刘某如发现第三人非法使用其个人信息侵害其合法权益，可另案诉讼。对于刘某要求判令某公司赔礼道歉的诉讼请求，因在案证据尚不足以支持某公司对刘某存在侵权事实。刘某要求判令某公司赔礼道歉的诉讼请求，无事实依据，不予支持。综上一审法院判决驳回刘某的全部诉讼请求。

二审期间，某公司当庭抗辩，认为刘某并未提交证据证明其个人信息遭到泄露。刘某按法庭要求庭后补充提交了相关证据，双方在线进行了质证。具体情况如下：证据一，2021 年 11 月 28 日下午诈骗电话录音、同日就遭遇电话诈骗分别向某公司反映并报警的录音，拟证明个人信息泄露，某公司消极处理；证据二，两张某平台客户因信息泄露给予差评的截屏，两张不同时期商品评论的截屏，拟证明某平台上有相同经历的消费者反映个人信息泄露的问题，而某平台对相关差评进行了删除处理。某公司对上述证据质证如下：对三份电话录音的真实性、合法性、关联性和证明目的均不认可，三份音频文件未提供原始载体且均超过举证期，应不予采纳。诈骗录音内容与本案缺乏关联性，未出现上诉人主张的“送达地址”，来电人也未要求提供个人账户等一般诈骗行为的特征；通过报警电话内容也可以看出刘某认为信息泄露也可能是物流公司导致。对两张诈骗评论截屏的真实性、合法性、关联性和证明目的均不认可，该证据已超过举证期，应不予采纳，该网页未经公证，时间久远，我公司无法追溯网页内容，网页内容与本案争议事实无关；对两张商品评论的真实性、合法性认可，对关联性和证明目的不认可。

关于刘某个人信息是否泄露的事实，一审期间双方并无争议，被上诉人在二审中对此提出质疑，为查明本案关键事实，本院要求刘某补充提交上述证据，此种情况并非逾期举证的情形，本院对上述证据予以采纳。理由如下：刘某补充提交了与案外人的通话录音，该录音虽并非针对本案订单，但能够证明同时期某平台确有刘某主张的类似情况发生，即通话一方能够确切知道刘某电话、姓名、订单编号等信息，结合刘某投诉和报警电话的录音、上海反诈中心的短信提示、2021 年 9 月其他消费者的评论记录，以及标题为“某平台海外购后，接到诈骗电话”的论坛讨论截图记载的其他消费者相似经历等，虽然某公司否认证据的真实性、关联性，但本院认为上述证据能够形成完整的证据链条，证明刘某所述的电话、姓名以及在某公司订购的信息泄露的事实存在高度可能性。但泄露信息的范围并不包含刘某所述的送货地址信息。

本院结合各方当事人陈述和在案证据补充查明如下：涉案订单配送信息记载的收货人为“刘晨”，而本案刘某主张泄露的个人信息为订单号码、本人姓名、电话等信息。根据某公司提交的三单对碰的流程，物流企业掌握的信息应为物流运单编号、订单编号、收货人信息、收货人地址、收货人电话等信息，即不包括刘某主张泄露的本人姓名和身份信息。对此，某公司主张，境外物流企业为××× Express×××国际物流（以下简称×××），境内物流为顺丰速运，×××负责涉案交易报关事宜，掌握刘某的身份信息，且涉案信息泄露的范围仅凭刘某一方陈述，不能作为定案依据。刘某认为，×××作为境外运输企业，其掌握的个人信息均为拼音，不包括中文姓名，且自己预留的收货人信息非本人真实姓名。信息泄露就是某公司所为，非物流企业。本院对上述争议事实认定如下：关于报关企业，根据《跨境电商 1210 模式操作指南》《海关总署公告 2018 年第 194 号（关于跨境电子商务零售进出口商品有关监管事宜的公告）》显示，交易真实性和消费者（订购人）身份信息真实性的审核责任系电商企业，报关义务也在电商企业，即便电商企业委托物流企业报关，其委托行为的后果亦应由委托人负责。故刘某姓名等个人身份信息的实际控制人应为电商企业，理论上物流企业不应掌握刘某身份信息。本院经审理查明的事实与一审法院查明事实一致。

本院认为，结合诉辩双方意见，本案二审争议焦点为某公司是否侵犯刘某的隐私权和个人信息权益。根据民法典第一千零三十四条规定，自然人的个人信息受法律保护。个人信息是以电子或者其他方式记录的能够单独或者与其他信息结合识别特定自然人的各种信息，包括自然人的姓名、出生日期、身份证件号码、生物识别信息、住址、电话号码、电子邮箱、健康信息、行踪信息等。第一千零三十二条规定，自然人享有隐私权。任何组织或者个人不得以刺探、侵扰、泄露、公开等方式侵害他人的隐私权。隐私是自然人的私人生活安宁和不愿为他人知晓的私密空间、私密活动、私密信息。第一千零三十三条规定，除法律另有规定或者权利人明确同意外，任何组织或者个人不得实施下列行为：（一）以电话、短信、即时通讯工具、电子邮件、传单等方式侵扰他人的私人生活安宁；（二）进入、拍摄、窥视他人的住宅、宾馆房间等私密空间；（三）拍摄、窥视、窃听、公开他人的私密活动；（四）拍摄、窥视他人身体的私密部位；（五）处理他人的私密信息；（六）以其他方式侵害他人的隐私权。本案中，刘某主张自己的姓名、电话、订单信息，属于个人信息的保护范畴。刘某主张上述信息属于私密的隐私信息，本院认为，私密信息中不愿为人所知的判断标准，不以自然人主观意愿为主，应从社会公众一般认知和价值的角度权衡。消费者的姓名、电话及订单信息在网络购物场景中，是必然要准许他人使用的信息，且在日常生活中，姓名和手机号码发挥着身份识别和信息交流的作用，不具有私密的属性；就本次交易中刘某购买的山核桃，亦非一般社会公众认知的不愿为人知的私密信息，更非维护自然人人格利益的个人信息。故上述信息仅为个人信息，而非私密信息。但就本案泄露行为的后果而言，涉案信息的泄露导致了刘某私生活安宁受到侵扰，构成对刘某隐私权的侵犯。对于刘某个人信息的泄露以及导致其隐私权被侵犯的后果，某公司是否承担责任一节。个人信息保护法第六十九条规定，处理个人信息侵害个人信息权益造成损害，个人信息处理者不能证明自己没有过错的，应当承担损害赔偿等侵权责任。本案中，某公司作为刘某的个人信息处理者，提供了 2020 年 5 月 21 日取得的公安部门颁发的“通用电子商务平台”系统、“物流”系统的信息系统安全等级保护第三级备案证明，拟证明自己的信息系统安全可靠。本院认为，本案纠纷发生时间为 2021 年 11 月，据公安部门颁发的备案证明已有一年半之久，该份证据难以说明其纠纷发生时其系统的安全状况。除此之外，某公司还提供了一系列安全保护政策，即个人信息安全保护管理制度、《权限管理政策》、《密码政策》、《信息安全风险管理政策》、《零容忍政策》、《数据处理标准》、某平台安全意识（ASA）强制性合规培训要求、员工信息安全培训讲座记录等文件，拟证明某公司员工获取用户个人信息时的身份检验安全性、获取权限最小限缩范围与权限终止安全性、数据安全性、密码安全性、数据分级分类处理合法合规、员工安全意识培训充分。本院认为上述政策规则，能够从应然层面上证明某公司提供了一般性安全保障义务，但并不能证明实然层面中，针对刘某主张的被泄露的个人信息处理环节中尽到了相应的安全管理职责。上述证据并未达到个人信息保护法第六十九条规定的证明自己没有过错的证明标准。关于其他环节可能泄露刘某信息的抗辩。根据上述查明事实中可知，刘某主张泄露的信息，并非支付信息和收货信息，排除了支付和物流环节，海关和公共服务平台掌握的信息应为全网域电商平台的订单信息，信息泄露不应局限于某平台的订单。本案在案证据中并无其他网站信息泄露的证据，即现有证据不足以证明海关或公共服务平台有泄露信息的可能性。故依照第六十九条之规定，本院推定某公司对刘某信息泄露事件的发生存在过错，应当承担由此造成的刘某隐私权和个人信息权益的损害的赔偿责任。对此，本院认为一审认定的事实和适用法律存在错误，本院予以纠正。

关于本案损害事实的认定，本院认为信息主体因个人信息被泄露而产生的恐惧、焦虑等非物质损害即构成权益的侵害，本案的实际情况是刘某已经接到电话骚扰，骚扰行为已经造成了对刘某安宁生活的侵扰。故对刘某提出的赔礼道歉的请求，本院予以支持。对于赔礼道歉的具体形式和范围，由本院根据侵权事实的损害后果及其影响酌情予以确定。

关于停止信息泄露和清除已泄露的信息的诉讼请求。本院认为，对于已经泄露的信息，属于已完成的行为，无法采取停止侵害的措施予以救济；对于清除已经泄露的信息，属于原则性的请求，缺乏具体的范围、措施的描述，且存在现实和技术上的障碍，属于诉讼请求不清晰。故上述两项诉讼请求本院不予支持。但结合本案实际情况，本院建议某公司汲取教训，针对可能存在的安全风险进行自查和排除隐患。在日常经营中，履行好信息处理者的安全保障义务，按照相关规定定期开展信息系统的等级测评，审慎选择合作对象，采取提高信息安全保障能力等有效措施，来维护消费者的个人安全。

综上，刘某的上诉请求部分成立，本院予以支持。依照《中华人民共和国民法典》第一千零三十二条、第一千零三十三条、第一千零三十四条、《中华人民共和国个人信息保护法》第六十九条、《中华人民共和国民事诉讼法》第一百七十七条第一款第二项之规定，判决如下：

一、撤销北京互联网法院（2022）京0491民初992号民事判决；

二、某公司于本判决生效后十日内在其官方网站首页以公告形式连续三天向刘某赔礼道歉（公告内容需经一审法院核准，如拒不履行该义务，法院将依刘某的申请，在一家全国公开发行的报纸上刊登本判决书的主要内容，费用由某公司负担）；

三、驳回刘某的其他诉讼请求。

一审案件受理费300元，由某公司负担（本判决生效后十日内交纳）；二审案件受理费300元，由某公司负担（本判决生效后十日内交纳）。

本判决为终审判决。

审　判　长　　张勤缘
审　判　员　　王　娟
审　判　员　　胡怀松

二〇二三年十二月二十七日

法官助理　　赵　赫
书　记　员　　赵玉雪

某1公司与某2公司网络侵权责任纠纷案

北京市第四中级人民法院
民事判决书

（2022）京04民终193号

上诉人（原审原告）：某1公司。

被上诉人（原审被告）：某2公司。

上诉人某1公司因与被上诉人某2公司网络侵权责任纠纷一案，不服北京互联网法院（以下简称一审法院）作出的（2021）京0491民初47701号民事判决（以下简称一审判决），向本院提起上诉。本院于2022年3月30日立案后，依法由审判员王小虎独任进行了审理。本案现已审理终结。

某1公司上诉请求：撤销一审判决，改判支持我公司一审所提诉讼请求的第1、2项；改判某2公司向我公司赔偿公证费1230元和律师费5000元；一、二审诉讼费由某2公司承担。主要事实和理由：一、匿名用户在某2公司经营的某平台网上发布的评论存在恶意诋毁的故意，其“事实陈述”严重背离事实情况，“意见表达”具有明显的诋毁性质，产生了侵权的损害结果，一审判决过分强调企业应当具有的容忍义务，否定了我公司作为企业的名誉权价值，且在未核实消费者真实性的情况下，主观判断匿名用户为真实消费者是认定事实不清。二、匿名用户发表的侮辱性内容评论会产生较为明确的指向性，特别是我公司作为本身点评数量不多的初创企业，消费者对消费评论往往是对我公司服务质量、商业信誉最直观的体现，是我公司作为企业最重要的无形资产，消费者享有对服务质量享有作出好评或差评的权利，但前提应是真实的消费者，且评论的内容应客观公正，不能恶意杜撰虚假评价，而我公司在一审时提供的孙相宜的中国壁球协议C级教练证书已能证明匿名用户评价内容的虚假性，给我公司造成了严重的负面影响。三、一审法院以“原告所诉的相关评论并不构成对原告名誉权的侵害为由”未判令某2公司向我公司披露相关用户信息是剥夺我公司正常诉求的体现，如前所述，“差评”应该是基于真实的交易而做出，若消费者根本没有与经营者发生过交易，其评价的前提条件就不存在，涉案匿名用户并非真实的消费者，且结合某2公司已经删除匿名用户于2021年10月26日撰写差评的客观事实亦可以看出侵权事实的存在。因此，我公司有权要求人民法院责令某2公司披露涉嫌侵权的网络用户信息。

某2公司辩称，据一审查明的事实和本案的客观情况可知，涉案的消费评价是消费者作出的，并没有侵犯某1公司的名誉权的情形。一审判决认定事实清楚，适用法律正确，请求驳回某1公司的上诉，维持原判。

某1公司向一审法院起诉请求：判令某2公司1. 立即删除某匿名用户在某平台网中某俱乐部点评区域内发布的所有恶意差评（2条），以及与某2公司庭前沟通的虚假信息（2条），停止侵权行为；2. 向我公司提供发布上述恶意差评的匿名用户的注册信息（包括姓名、手机号、身份证号等）；3. 将我公司在精选评价中被删除的正常好评予以恢复；4. 在某平台网、移动App首页中某俱乐部点评区域内发布致歉声明，为期一个月，并以书面形式向我公司赔礼道歉，以消除影响、恢复名誉；5. 赔偿我公司经济损失20 000元，公证费1230元，律师费5000元。

一审法院认定事实：某1公司提交“某平台”软件截图，证明“某俱乐部”是其在某2公司运营的“某平台网”中经营的店铺。某1公司为证明“某俱乐部”店铺留言中存在恶意差评的情况，提交相关截图，显示：10月26日账号名称为“匿名用户LV1”，打分一星，评价内容为“给这一颗星的原因很简单，第二次再约她竟然跟我说自己不是专业教练，于是问了其他人才知道孙教练连壁球爱好者都算不上竟然也开了一个某体育的壁球，打着香港教练的幌子到处骗人！大家谨慎点吧这年头骗子太多了！”某1公司针对该条评论向某2公司进行投诉，投诉账号××××××，评价编号1000474723，投诉理由：1. 某孙教练的所有学生课后都是开心离开，因为我们是课后收课费，同学们付课费都很主动，无矛盾纠纷情况！2. 某所有专业教练都经过专业培训和严格考核，考核通过都获得官方机构颁发的专业证书！3. 很疑惑如果这个学生第一次体验不好，为什么要预约第二次课程呢？4. 没有任何一个教练会自己跟学生说：我不专业！5. 这个用户的 lv 是 1，感觉平时并不是正常的活跃用户！10 月 28 日某 2 公司平台投诉驳回，理由为“您反馈的评价内容及账号行为已做审核，暂未发现违规，根据法律规定不得删除。平台也会持续收集更多的证据进行审核，一旦发现违规，将按照规则进行处理。建议您可以通过商家后台的商家回应功能对具体情况做些解释和沟通，以便其他网友能了解更多信息。”当日，某 1 公司对该留言进行评论“您好，首先某俱乐部同学们练习之后都是愉快离场的，我们也并未接到任何学生的电话和信息投诉！同时某俱乐部所有教练都经过严格的培训考核并获得正规官方机构颁发的证书！更不会出现教练自己跟学生说：‘我不专业’的情况！如果您对我们的教练不满意，可以考虑其他俱乐部的，我们也尊重您的选择！”某 2 公司主张目前 10 月 26 日的评价已经删除。2020 年 9 月 14 日，账号“匿名用户”打分半星，评价内容“女教练×××就是个骗子，孩子在这里练了半年，动作完全不对，换到另外一个教练那里一看动作、步伐全都是错误的！浪费我们家长的钱还有孩子半年的时间！真是误人子弟！建议后面来学的成人或者孩子家长多看看海淀其他教练吧！太可气了！”，该评论下方商家回复“您好！某俱乐部的所有教练都接受过正规的培训和严格的考核，都考取了正规权威机构的等级证书、如果您对我们的教练不满意，也可以选择其他俱乐部的呢，谢谢您的建议！”该用户于 2020 年 9 月 20 日回复商家“孩子在你们这里学了一个暑假，去其他教练那儿才了解到你根本就不会打壁球，竟然还敢当教练骗人，你说你有等级证书，这就更让人生气了，我想问一个不会打壁球的人如果获取教练证？是否我们家长也能获取教练证？”某 2 公司认可该证据的真实性，不认可证明目的，主张接到某 1 公司的投诉后已经对敏感字眼进行了处理，从涉案内容看也并未侵害某 1 公司的名誉权。针对 2020 年 9 月 14 日的评论，某 1 公司向涉案平台进行投诉，投诉账号×××××，评价编号 784501664，投诉理由：前段时间某俱乐部拒绝了一个同行的合作邀请，因为对方的人品不太好，此后对方经常给某制造麻烦，某俱乐部所有的教练都有资格证书，接受过严格的培训和考核，在业内的口碑非常好，请平台公正处理。9月15日投诉流程显示投诉驳回。某2公司不认可该证据的证明目的，主张接到投诉后已经对评论中的敏感字眼进行了处理，案涉内容并不构成侵权。某1公司主张如下两条评论构成虚假差评，提交截图，显示：2021年12月1日账号“匿名用户LV1”，打分1星半，评论内容“上周上了个一对二，五百/时说实话很不值，女教练比较懒散，一会拍个视频弄个东西，而且给我们喂球的时候姿势也很奇怪，和在电视上看的完全不一样，感觉很不专业，体验感非常不好。问她订场地的事情，她也说不清楚，意思就是你要是不在他那里打球就不能订场地的意思，真是非常无语。后来去前台问了工作人员原来是可以自己订场地打球的，已经跟身边的朋友都说了，不会再去第二次了。”后某1公司针对该评论内容向某2公司进行投诉，投诉账号××××××，评价编号1020179904，投诉理由：此差评为虚假差评！原因上周俱乐部一对二课程只有11月27日，上课的同学表示之前从没有接触过壁球，是第一次！课程中学生与教练沟通气氛轻松愉快，课后反馈非常好！但这条差评配了一张旧图，11月27日上课的同学第一次到球场，不可能有旧图！11月4日前球场在门上贴了补充通知，是白色的纸！可以肯定此差评是虚假信息！投诉流程显示12月3日投诉部分通过。某2公司认可该证据的真实性，不认可证明目的，主张现有证据不能证明涉案言论系虚假性言论。2021年12月3日账号“匿名用户LV1”打分1星半，评论“你也不用吓唬人，怎么也活了三十来岁了，不是被吓大的，格局真的太低了，壁球怎么说也算是高端项目，但是圈子里竟然有格局那么低的人真是让人非常吃惊。还有啊你赶紧维权去吧，如果上了课后连真实的想法也不让发出来，某平台也差不多可以下台了。你把别人想得如此丑恶，是不是也映照了自己就是这么个人呢？看看你的回复真是挺没水准的，咆哮、威胁。也让后面打球的人一起看看吧。这就是壁球教练的样子”。该评论下方有某1公司发布的留言“我们俱乐部经过多方核实，上周只有一天有一对二课程，而且来上课的同学是零基础，明确表示之前没有自己玩过是第一次接触壁球！奇怪的是这张照片！证据会提交平台！而且那天上课的同学与教练沟通良好，课程气氛轻松愉快！这条没来由的差评非常值得怀疑！首先关于动作奇怪的说法，因为学生是零基础，教练一直用最简单的喂球方式：用手喂球！怎样看出动作奇怪?！第二关于订球场的说法，那天上课的同学没有咨询订球场事宜，而且教练始终对所有同学们表示如果只订球场可以直接找前台并热心告知学生球场费以供学生参考！如果你所说属实，那就请你拿出证据！否则你的行为就是编造传播虚假信息！现在我们有理由怀疑此差评与之前的差评是同一人所为！其实我们已经知道你是谁！现在你对我公司连续做出的恶意诋毁不属实！我公司已经报警做完笔录，并且已经付诸法律！而且跟平台已经开始协商，请你做好付出法律代价的一个准备！”。某2公司认可该证据的真实性，不认可证明目的，主张某1公司现有证据并不能证明涉案言论系虚假陈述，且通过评论本身来看，平台无法审核内容的真实性，平台中也并无侮辱性的字眼。某1公司主张某2公司将其店铺中的如下好评进行了删除，并提交好评截图，显示：10月12日账号“大阳小扭扭”，评分4星半，评价内容“教练教的很到位，对于初学者也很有耐心，每个要点都会随时提醒。球场环境也很好，虽然大腿很疼，但是会继续坚持。”10月14日账号“416183905”，评分5星，评价内容“教练讲解的很细心而且耐心辅导，有这样专业的教练，我觉得我应该能很快进步。”某2公司不认可该证据的证明目的，主张其并未删除该两条好评。某1公司提交向某2公司发送的《催告函》、邮件发送截图，投诉虚假差评视频及截图，2021年12月22日取证的（2021）京中信内经证字第86165号公证书及存证截图，证明某2公司针对某1公司所述的恶意差评要求删除的投诉，并未及时进行处理，构成侵权。某2公司认可该证据的真实性，不认可证明目的，主张对于重复多次的差评已经删除，对于评论中的敏感字眼已经做出了处理。某1公司提交中国壁球协会向孙相宜出具的中国壁球协会C级教练证书，证明某1公司所属壁球教学的人员具备相应的资格证书，并非无证人员。某2公司认可该证据的真实性。某2公司提交某1公司名下商户的用户差评被平台主动审核处理的截图，证明对于用户重复撰写的差评，即便某1公司未投诉或起诉，平台也会有自动及主动审核的措施，予以降权或删除，且对于10月26日的用户评论平台已经进行了屏蔽处理。某1公司不认可该证据，主张某2公司对某1公司投诉的差评评论有所修改系某1公司多次投诉反映才能取得一点点进展，某2公司并未对某1公司主张的差评进行删除，仍然保留了如“骗子”“误人子弟”等恶意诋毁的字眼。某2公司提交某1公司名下商户的精选评价情况视频，证明某1公司声称好评被删除的情况不属实，某2公司并未删除某1公司的好评，而是移至全部评价的栏目中，并未损害到某1公司的权益。某1公司认可该证据的真实性，不认可证明目的，主张某2公司将某1公司诉称的2条好评从精选好评移除是打击报复行为，某2公司平台的留言展示规则并未向某1公司进行过披露，某2公司也未在经营管理的平台显著位置进行标注。针对某1公司提交的用户于2021年10月26日的差评，某2公司提交案涉评价被删除记录，证明用户于2021年10月26日撰写的差评已被平台操作删除。某1公司认可该证据的真实性，不认可证明目的，主张该评论是在进入诉讼程序后，某2公司才进行的删除，应承担未删除期间给某1公司造成的损失。某2公司提交案涉评价被标星记录截图，证明用户于2020年9月14日撰写的差评，平台对敏感词进行了标星处理，包含姓名及“骗子”等敏感词。某1公司认可该证据的真实性，不认可证明目的，主张某2公司并未及时对某1公司的投诉进行处理，已经给某1公司造成了负面影响，应承担侵权责任。某2公司提交精选评价规则截图及某1公司诉称的2条好评展示状态，证明精选规则载明，“03.商户下‘精选’页面展示真实评价平台上产生的评价内容经过风控系统的识别和过滤机制后，只有通过了过滤机制的评价，才会在精选评价页面展示。”通过在案证据看出某1公司诉称的2条好评仍在全部评价内展示，平台并未进行删除。某1公司认可该证据的真实性，不认可证明目的，主张某2公司并未向某1公司进行过规则披露，某1公司对该规则并不知情。

一审法院认为，本案的争议焦点为：一、某2公司平台中的四条涉案言论是否侵害了某1公司的名誉权及某2公司是否侵害某1公司的名誉权；二、某2公司是否应向某1公司披露发布四条言论的用户信息；三、某2公司是否应将某1公司店铺中的“全部”栏目中的两条评价恢复至“精选”栏目中。关于第一个争议焦点，言论包括事实陈述和意见表达。事实陈述是指现在或过去的具体历程或状态，具有可以验证其为真伪之性质。相对于事实的概念，可以泛称为意见。意见表达是指行为人表示自己的见解或立场，无论是纯粹的价值判断或单纯的意见表述，均无真伪之别。判断某种言论是否侵害名誉权，对于事实陈述，行为人需举证证明其所言为真实，或经合理查证，有相当理由确信所言为真实。对于意见表达，观点正确与否并非法律评价的范围，但言语上不得存在侮辱他人的情形。本案中某2公司平台中的四条评价系针对某1公司提供的服务进行评论，且根据评论内容可以看出，四条评论的内容属于用户对某1公司提供服务的作出的主观性评价。依据《中华人民共和国消费者权益保护法》（以下简称消费者权益保护法）第十五条："消费者享有对商品和服务以及保护消费者权益工作进行监督的权利。"之规定，消费者在网络平台中对商家的产品和服务进行批评、评论，是消费者的正当权利。本案中，通过在案证据可以看出，某2公司平台中的用户评论是基于某1公司服务本身等综合因素的考量，表达的是用户的主观感受及个人体验，且评价的内容针对的是某1公司的教练的专业程度，并未直接指向某1公司，虽然部分留言中出现了"骗子"等过激言论，但是总体评价的内容并未达到侮辱、诽谤的程度。某1公司作为经营者，应对消费者的商品评价予以必要的容忍，不能苛求评价绝对准确、不带主观情绪，不能要求每一个消费者必须给予好评，且一审法院注意到在某1公司所诉的四条评价中某1公司也均进行了解释说明，某2公司已经对相关评论中的过激言论进行处理。某1公司也未举证证明用户的评价给其带来了损害的事实，应对此承担举证不能的不利后果。据此，某1公司称某2公司平台中的用户评论及某2公司侵害了其名誉权的主张，缺乏事实和法律依据，其要求删除评论并赔偿经济损失20 000元、公证费1230元、律师费5000元的诉讼请求，不予支持。同理，某1公司要求某2公司赔礼道歉的诉讼，亦无事实和法律依据，不予支持。关于第二个争议焦点，《最高人民法院关于审理利用信息网络侵害人身权益民事纠纷案件适用法律若干问题的规定（2020年修正）》第三条："某1公司起诉网络服务提供者，网络服务提供者以涉嫌侵权的信息系网络用户发布为由抗辩的，人民法院可以根据某1公司的请求及案件的具体情况，责令网络服务提供者向人民法院提供能够确定涉嫌侵权的网络用户的姓名（名称）、联系方式、网络地址等信息。”因本案中某1公司所诉的相关评论并不构成对该公司名誉权的侵害，故对于该公司主张披露相关用户信息的诉讼请求，不予支持。关于第三个争议焦点，依据《中华人民共和国电子商务法》（以下简称电子商务法）第三十九条：“电子商务平台经营者应当建立健全信用评价制度，公示信用评价规则，为消费者提供对平台内销售的商品或者提供的服务进行评价的途径。电子商务平台经营者不得删除消费者对其平台内销售的商品或者提供的服务的评价。”可见，赋予消费者评价权利的目的是解决信息不对称的问题，为消费者在购物决策中提供参考，评价机制的设立、评价内容的展示是法律赋予电子商务平台经营者的义务，评价机制的设立不属于平等主体之间因合同而产生的民事关系范畴。本案中，某1公司诉称某2公司将平台中的“精选”栏目中进行删除而移除至“全部”评价中的栏目，侵害了其权益，因该事项属于平台自行设置评论规则的展示方式，并不构成对某1公司权益的侵害。因此对于某1公司该项诉讼请求不予支持。综上所述，依照《中华人民共和国民法典》第一千零二十四条、《中华人民共和国消费者权益保护法》第十五条、《中华人民共和国电子商务法》第三十九条、《最高人民法院关于审理利用信息网络侵害人身权益民事纠纷案件适用法律若干问题的规定（2020年修正）》第三条、《中华人民共和国民事诉讼法》第六十七之规定，判决如下：驳回原告某1公司的诉讼请求。

二审期间，上诉人某1公司提交了以下证据：1. 某1公司自行制作拍摄的反映壁球馆教学、场地环境的照片3张、视频3段，以证明某平台网上的差评照片与真实情况不符；2. 某1公司自行制作的某平台网用户评价截图1张，以证明因恶意差评的存在导致已经没有潜在消费者通过某平台网平台到该公司经营场所消费。某2公司在二审举证期限内未提交证据，对某1公司提交的上述证据的真实性认可，但对关联性和证明目的不认可。经审查，本院认为，因某1公司在二审期间提交的证据与本案待证事实无关联性，故均不予采纳。本院经审理查明的事实与一审法院查明的事实一致。

本院认为，首先，消费者权益保护法第十五条、第十七条以及电子商务法第三十九条规定，消费者享有对商品和服务以及保护消费者权益工作进行监督的权利；经营者应当听取消费者对其提供的商品或者服务的意见，接受消费者的监督；电子商务平台经营者应当建立健全信用评价制度，公示信用评价规则，为消费者提供对平台内销售的商品或者提供的服务进行评价的途径。电子商务平台经营者不得删除消费者对其平台内销售的商品或者提供的服务的评价。根据上述法律的规定，消费者在网络平台上对商家的产品或服务进行客观评价，是消费者的正当权利，只有在消费者的评价存在诋毁、诽谤并损害商家名誉的情况下，才会构成对商家名誉权的侵害。电子商务平台不得删除消费者对商品或服务作出的符合法律强制性规定、社会公序良俗且不违背电子商务平台信用评价规则的评论。其次，言论可区分为“事实陈述”和“价值评判”两部分，前者的内容指向“是什么”，后者的内容指向“怎么看”。经审查，本案中涉案平台上的四条用户评论均指向某1公司提供的服务，系消费者针对服务产生的主观感受及个人体验作出的评价，涉案评论内容主要是对某1公司及部分员工提供的服务水平和质量的批评和质疑，虽然这种批评、质疑可能存在一定主观性或者在言语的修辞和表达上有不当之处，但综合考虑评论的言辞表述、评论内容与服务的关联性等因素，本院认为，涉案用户评论尚未达到对某1公司侮辱、诽谤的程度，某1公司作为服务提供者对此应当给予必要的容忍，既不能苛求所有消费者的评价绝对精准、完全不带主观情绪，也不能要求每一位消费者都必须给予好评，更不能要求电子商务平台评价体系仅向社会大众展现“好评”，故一审法院判决驳回某1公司全部诉讼请求并无不当，应予维持。最后，关于某2公司是否应向某1公司披露发表涉案评论的用户信息的问题，本院认为，鉴于在案的证据不能证明涉案评论构成对某1公司名誉权的侵害，从保护消费者的批评建议权利的角度考虑，一审法院判决驳回某1公司该项诉请并无不当。综上所述，上诉人某1公司的上诉请求不能成立，应予驳回；一审判决认定事实清楚，适用法律正确，应予维持。依照《中华人民共和国民事诉讼法》第一百七十七条第一款第（一）项之规定，判决如下：

驳回上诉，维持原判。

二审案件受理费300元，由某1公司负担（已交纳）。

本判决为终审判决。

审　判　员　　王小虎

二〇二二年七月十八日

法官助理　　王远哲

书　记　员　　赵迎争

王某与北京某公司网络侵权责任纠纷案

北京市第四中级人民法院
民事判决书

（2022）京04民终262号

上诉人（原审被告）：北京某公司。

被上诉人（原审原告）：王某。

上诉人北京某公司因与被上诉人王某网络侵权责任纠纷一案，不服北京互联网法院（2020）京0491民初13063号民事判决，向本院提起上诉。本院于2022年5月17日立案后，依法组成合议庭，对本案进行了审理。本案现已审理终结。

北京某公司上诉请求：1. 请求撤销一审判决第一项、第二项、第三项内容，改判驳回被上诉人王某的全部诉讼请求。2. 本案一审、二审的案件受理费由被上诉人承担。

事实和理由：涉案视频来自“某网”等第三方网站，并非北京某公司上传，相应的内容存储于第三方网站的服务器上。北京某公司提供涉案视频的在线浏览只是搜索并链接了第三方网站原发涉案视频的web网页内容，并不会对被搜索、链接的网页内容作出处理。被上诉人王某提交的证据显示就涉案视频在其浏览页面标明了来源，用户可通过点击“查看原文”链接地址直接访问第三方网页内容，表明北京某公司提供涉案视频在线浏览的本质属于网络搜索、链接服务。北京某公司对于提供在线浏览服务的涉案视频内容并未添加或修改，不存在因北京某公司的故意或过失导致涉案视频内容失实误导公众的情形。北京某公司的短网址、转码均为通用技术，并不是一个“网站”，本质上是以技术手段对第三方网站原有页面、地址的体验优化，不涉及第三方网站原发内容的更改，一审判决认定“某运营的网站”上存在侵权内容，属于认定事实错误。

北京某公司基于提升用户体验的考虑，对不适合在手机上展示的第三方网站 Web 网页进行了技术转码，转化为更利于用户使用手机阅读的 Wap 网页。一审判决以“在被告的证据中，点击‘查看原网页’并未有延时、卡顿等情况，页面之间跳转流畅”认定北京某公司未证明涉案视频采用转码技术的必要性属于认定事实不清。首先，将移动端搜索结果中的 Web 网页转换为适用于移动端浏览的 Wap 网页、通过转码技术去除 Web 网页中不能在移动端浏览的内容并改善 Web 网页不适用移动端的交互功能，是包括北京某公司在内的移动搜索服务提供商普遍采用的技术；其次，使用手机浏览第三方网站 Wap 网页时进行转码是普遍存在的现象，而非仅针对本案的涉案视频，只要使用“手机某”浏览 Web 网页都会进行转码处理，不能因为本案中涉案视频点击‘查看原网页’并未有延时、卡顿等情况，页面之间跳转流畅而否认使用“手机某”浏览第三方网站 Web 网页需要进行转码的必要性。

本案属于名誉侵权纠纷，侵权责任的归责适用过错责任原则。北京某公司作为移动搜索服务提供商，判断其是否应就涉案视频承担侵权责任，应当以北京某公司提供涉案视频“手机某”的浏览服务时主观上是否具有侵权故意为准，与北京某公司就涉案视频进行转码处理并无必然联系。北京某公司在提供涉案视频的“手机某”在线浏览时仅负有形式上的审查义务，不应就涉案视频的真实性进行审查。北京某公司提供涉案视频的搜索链接、技术转码服务，该服务本身并无实质性侵权目的，只是通过“手机某”检索、链接第三方网站的 Web 网页并客观、中立地向用户提供在线浏览服务。北京某公司不是涉案视频的发布者，不是直接侵权人；北京某公司作为网络平台，和被上诉人王某不存在任何关系，亦无任何侵权动机。无论是搜索链接，还是技术转码，北京某公司均不对第三方网站原发的涉案视频做出价值判断，上述转码过程由“手机某”的既有程序根据目标网站的技术特点批量进行的技术操作，且瞬间完成，北京某公司不可能知道涉案视频内容构成侵权，不存在故意侵权的可能。一审判决以北京某公司未证明涉案视频采用转码技术的必要性不予采信北京某公司关于其涉案行为不具有侵权故意的答辩意见属于事实认定不清。

综上，一审判决对于北京某公司主张其就涉案视频仅提供搜索服务、对于搜索到的信息使用转码技术，主观上不具有侵权故意的抗辩意见不予采信属于认定事实不清，在此基础上作出北京某公司的行为构成侵权并承担相应侵权责任的判决应当予以纠正。北京某公司为维护自身合法权益，现上诉请求二审法院撤销一审法院的错误判决并依法改判驳回被上诉人王某的全部诉讼请求。

王某辩称，不同意上诉人上诉请求，事实与理由均不认可。涉案内容均来源某网站，尽管某网站显示了原网页，但需要点击进入才能跳转到第三方网站。被上诉人认为上诉人承担的是侵权责任，就算第三方网站内容是通过技术到了北京某公司网站上，但是侵权内容是独立于第三方网站存在的，相当于登载了侵权内容，且被上诉人也是在某网站找到的侵权内容。

王某向一审法院起诉请求：1. 判令北京某公司立即停止侵害，删除侵权视频；2. 判令北京某公司在其网站（xx. cn）首页中连续30日发布经法院审查的道歉信以向王某公开道歉；3. 判令北京某公司赔偿王某精神损害抚慰金20万元；4. 判令北京某公司承担律师费3000元。案件审理中，王某撤回第1项诉讼请求。

一审法院认定事实：

一、相关主体情况

王某系演员。北京某公司系域名xx. cn的ICP备案主体，该域名对应的网站名称为某短网址，北京某公司亦为xx. com的运营主体。

二、被诉侵权行为的相关事实

王某提交其2019年11月24日IP360取证数据保证证书及视频截图，主张涉案35个视频（具体内容见附件）存在侮辱和诽谤内容，编造王某介入他人婚姻导致他人离婚，多次使用“新欢”“二房”“小三”等严重贬损人格的词汇，同时编造王某与他人结婚、王某出演影片是由于他人出资千万为王某拿下角色等不实内容，王某与视频中所提及的案外人并不认识，王某出演相关影片是凭借自身演技和努力获取角色，涉案视频的不实内容给王某工作和生活造成了严重的影响，使公众误认为王某品行不端，破坏他人婚姻，通过不正当手段获取角色等，严重降低王某社会评价，给王某的名誉造成严重损害，北京某公司应当承担侵权责任。涉案 34 个视频的网址前部分均显示 https：//xx. cn，1 个视频的网址前部分为 https：//xx. com。

三、北京某公司抗辩的相关事实

北京某公司提交公证书，证明其移动搜索技术原理一 WAP 转码技术系移动搜索的附带必要技术，北京某公司并不存储来自第三方网站的内容，也不对被搜索、链接网页内容进行编辑、修改和整理。

北京某公司提交京网协鉴定中心《司法鉴定意见书》，证明其 WAP 转码技术系实时转码，其不存储来自第三方网站的内容，也不对被搜索、链接网页内容进行编辑、修改和整理。该意见书显示，在"手机某"应用程序中选择"小说"分项，选取三本小说进行搜索测试，同时抓取转码服务器中生成的数据包。搜索小说后的页面下方均显示有"原网页""转码声明""链接地址"，点击"原网页"后均等待较长时间，且目录字号很小，难以看清。鉴定中心出具鉴定意见为"1. '手机某'应用程序可对……视频……等各位信息进行搜索，并通过转码服务器转换为适于移动端浏览的 WAP 页面。2. '手机某'应用程序搜索小说时，根据用户请求，按照搜索优化规则进行自动搜索，并将搜索结果通过转码服务器实时转码为适于移动终端浏览的 WAP 页面，返回给用户。未发现'手机某'应用程序的客户端和服务器对……三本小说原网页及转码后的内容进行存储。"

北京某公司提交公证书，证明转码技术是移动搜索服务提供商普遍采用的技术，是一项中立性的技术，具有实质性非侵权用途。

北京某公司提交取证数据保全证书及视频，证明涉案视频来源于第三方网站，其不是直接侵权人，涉案视频已无法通过某服务进行浏览。证据显示复制涉案视频链接后进行访问，网址发生变化，原来链接前部分"https：//xx. cn"变为"m. xx. com"，同时显示"视频播放失败"，点击"查看原网页"，页面跳转至不同网站，亦显示视频不存在，但是跳转过程中并无卡顿、延时等情况，页面显示亦有明显不同。

四、其他相关事实

王某提交其登记时间为 2019 年 12 月的户口本照片，证明王某当时的婚姻状态。

王某提交了采访视频及截图、微博截图，证明其微博中置顶了其他媒体及类似情况发布的致歉声明及不实新闻给其造成的严重影响。

王某提交了委托代理合同和 9000 元律师费发票 1 张，合同写明每个诉讼案件律师代理费为 3000 元。

以上事实，有当事人提交的某百科网页截图、ICP 备案查询截图、数据保全证书及视频、视频截图、公证书、户口本照片、采访视频及截图、微博截图、律师代理合同、发票以及当事人陈述等在案佐证。

一审法院认为，民事主体享有名誉权。任何组织或者个人不得以侮辱、诽谤等方式侵害他人的名誉权。名誉是对民事主体的品德、声望、才能、信用等的社会评价。行为人因过错侵害他人名誉权的，应当承担侵权责任。名誉权受到侵害的，有权要求停止侵害，恢复名誉，消除影响，赔礼道歉及赔偿损失。根据双方诉辩意见及举证质证情况，本案一审的争议焦点为涉案视频是否构成对王某名誉权的侵害，如果构成，北京某公司应承担何种法律责任。

根据法律规定，行为人为公共利益实施舆论监督等行为，影响他人名誉的，不承担民事责任，但使用侮辱性言辞等贬损他人名誉的除外。本案王某系演员，是在社会生活中广为人知的公众人物，享受较多的公众关注及相关利益。基于公共利益和正当公众兴趣等价值利益的考量，对其人格利益应进行合理限制，认定是否侵犯其名誉权的尺度需较涉及普通大众的情形更为宽松，其对来自他人关于其演技、品格、能力等方面的负面评价应给予一定的容忍，以衡平保护其他公民享有的言论自由。但这并不意味着他人可以使用与其行为性质不符的侮辱、贬损言辞对其进行评价，该评价不属于对公众人物进行监督和批评的正当评论。个人品行的评价对演员的商业价值、未来发展具有重要影响，涉案视频中关于王某介入他人婚姻、他人为王某购买角色等内容系较为明显的负面、贬损性言论，会造成公众对王某在道德品行等方面的评价降低，超出了正当评论和批评的边界，构成侵权。

关于北京某公司辩称其使用了转码技术，非涉案视频的发布主体一节。北京某公司虽然提交了公证书和《司法鉴定意见书》，但其并未提交证据证明涉案35个视频亦属采用转码技术进行播放的情况。王某提交的公证书系2014年作出，《司法鉴定意见书》系2015年作出，而王某主张侵权的涉案视频发布时间多为2017年、2018年、2019年，故北京某公司提交的证据只能证明其取证时采用的技术情况，并不能证明涉案视频亦采用了转码技术。退一步讲，即使涉案视频采用了转码技术，王某亦未证明涉案视频采用该技术的必要性，在北京某公司的证据中，点击“查看原网页”并未有延时、卡顿等情况，页面之间跳转流畅。故，对于北京某公司主张其仅提供搜索服务，为了便于用户浏览信息而对搜索到的信息进行转码，其主观上不具有侵权故意的答辩意见，一审法院不予采信。涉案35个视频发布的网址显示域名为xx. cn和xx. com，此二网站均由北京某公司运营，视频中含有关于王某的负面、贬损性的言论，降低了王某的社会评价，北京某公司的行为构成侵权。

自然人的名誉权受到侵害的，有权要求停止侵害、恢复名誉、消除影响、赔礼道歉及赔偿损失。根据北京某公司提交的证据，可以确认涉案视频已删除，王某亦撤回其停止侵权的诉讼请求，一审法院不持异议。对王某要求赔礼道歉的诉讼请求，一审法院予以支持，并根据侵权行为的影响范围确定赔礼道歉的范围。

关于王某主张精神损害抚慰金一节，其该项诉讼请求于法有据，本案予以支持。但其主张的数额过高，一审法院将综合考虑北京某公司的主观过错、涉案视频数量、发布及持续时间、涉案视频已删除及删除时间等因素酌情确定。关于维权合理费用，王某提交委托代理合同和律师费发票，本案主张律师费3000元，一审法院予以支持。

综上，一审法院判决：

一、北京某公司于一审判决生效之日起7日内在涉案网站连续30日公开发布致歉声明，向王某赔礼道歉（声明内容需经一审法院核准，逾期不履行或者因客观事由无法履行的，一审法院将选择一家全国公开发行的报刊公布一审判决的主要内容，费用由北京某公司负担）；二、北京某公司于一审判决生效之日起7日内赔偿王某精神损害抚慰金30 000元；三、北京某公司于一审判决生效之日起7日内赔偿王某合理维权支出律师费损失3000元；四、驳回王某的其他诉讼请求。

本院二审期间，双方没有提供新证据，本院查明事实与一审法院查明事实一致，本院予以确认。一审判决本院认为部分，关于公证书和《司法鉴定书》的提交主体；采用转码技术和提供搜索服务的主体，一审判决均认定有误，应为北京某公司，而非王某。对此本院予以纠正。

本院认为，结合双方当事人的诉辩意见，本案在二审期间的争议焦点为北京某公司是否利用信息网络侵害王某的名誉权。行为人因过错侵害他人名誉权的，应当承担侵权责任。本案的关键是要界定北京某公司在提供本案被诉行为的性质。根据本案现有的证据看，北京某公司作为聚合型平台，本身并不直接生产信息，而是以大数据服务为基础，基于用户指令，通过转码、深度链接等技术对全网的信息进行抓取再展示，从而实现信息发布和传播。被诉侵权视频是在某手机App上传播，展示信息在服务器内存储，其链接显示的域名为北京某公司所有，从用户感知的角度，被诉侵权网站实质替代了被链接网站，但能否认定北京某公司提供的服务为网络内容服务并承担直接侵权责任，应当结合网络服务提供者的性质、预防侵权的成本，信息传播的范围等因素考量北京某公司提供的网络服务是否具有侵害他人人格权的过错。

从网络服务提供者的性质来看，根据用户个人偏好推荐内容的网络技术和商业模式已经模糊了传统的“渠道”和“内容”的界限，北京某公司将抓取的信息通过技术手段呈现给不同的手机用户，使手机用户获得更快更便捷的直观感受。北京某公司提供服务内容已不仅限于提供渠道，还包括了抓取信息，存储和展示信息内容，但北京某公司提供的服务又有别于传统的内容服务商，其不具备对信息进行主动审查、筛选等提前干预的能力。北京某公司虽然提供了搜索链接存储展示的服务，在视频展示界面也设置了第三方网站的来源链接，但是此种服务并不能被传统的转载行为所涵摄。依照《最高人民法院关于审理利用信息网络侵害人身权益民事纠纷案件适用法律若干问题的规定》（2014年6月23日最高人民法院审判委员会第1621次会议通过）第十条规定的转载行为需要具备两个要件，一是转载者需要有表达言论的意愿；二是转载者对所转载信息是否可以进行修改与编辑。北京某公司在提供信息服务的过程中，多使用技术手段，人工介入较少，对信息的筛选也停留于技术自动筛选，不做人工审查，很少人为加工信息。从服务的性质看，在手机用户未下达搜索信息指令前，对于未知信息，北京某公司也不具备对其合法性进行审核的必要，更没有发布和传播该信息的主观意愿。因此北京某公司在本案中提供的服务介于搜索服务和内容服务之间，审查义务应偏向于搜索服务。

从预防侵权的成本来看，王某认为北京某公司提供的服务系使用技术手段截留了其他服务提供商的流量，其截留营利的运营模式使其获得更多利益，所以应当承担更多的审核义务。就此，本院认为，某等聚合型平台对用户的监管和平台内信息的管理控制能力明显低于传统的内容服务平台。其搜索用户不需要注册即可使用搜索服务，就本案而言，其提供的信息也并非注册用户提前上传的信息，而是通过技术设定抓取的全网信息。即便是截留了其他服务提供商的流量，也应根据其提供的服务性质确定其应承担的相应的注意义务和责任，而非承担高于或等于原链接提供者责任。对于截取流量本身，应由利益受损方通过反不正当竞争、知识产权等途径予以救济和主张，而非判决其承担名誉侵权责任。

从信息传播的范围来看，本案中，北京某公司提供的服务也仅针对搜索涉案侵权视频的手机用户本人，这与侵害名誉权构成要件中的发布他人信息扩大传播范围有着本质区别。

综上所述，本院认为，北京某公司在提供涉案服务时并无侵害王某名誉权的故意，其提供涉案信息网络服务也不存在应知或明知的过错，因此一审法院法律适用错误，本院予以纠正。对于王某主张北京某公司提供的网络服务为转载行为的意见，本院不予采纳。

在本案审理过程中，王某援引信息网络传播权的侵权标准作为判断名誉权被侵害的意见，就此，本院回应如下：首先，二者转播的信息性质不同，信息网络传播权被传播的客体是著作权人享有权利的合法信息，而侵害名誉权传播的是违法信息；其次，侵害信息网络传播权与侵害名誉权的构成要件不同，根据《最高人民法院关于审理侵害信息网络传播权民事纠纷案件适用法律若干问题的规定》（2012 年 11 月 26 日最高人民法院审判委员会第 1561 次会议通过）第三条第二款规定，将作品上传到网络服务器，即完成了提供行为，此种未经权利人许可的提供行为，扩大了版权作品的受众范围，而权利人并没有获得额外的市场利益，侵害了版权人的许可权、获酬权。而利用信息网络侵犯名誉权，则要考察信息网络服务者是否存在利用信息网络侵害名誉权的故意或过失，即便其利用信息技术手段将违法信息上传至服务器，也不必然就可以认定其存在侵害他人名誉权的过错，无论是直接侵权抑或间接侵权，都应当以其提供服务的性质确定其注意义务和承担的责任。网络服务提供者未经著作权人许可的传播行为构成侵权，而侮辱和诽谤他人的信息传播构成侵权应当以传播者是否有过错为前提。因此对于王某上述意见，本院不予采纳。北京某公司的上诉理由成立，本院予以支持。

综上所述，北京某公司的上诉请求成立，予以支持。依照《中华人民共和国民法通则》第一百零一条，《中华人民共和国侵权责任法》第三十六条第一款、第三款、《最高人民法院关于审理利用信息网络侵害人身权益民事纠纷案件适用法律若干问题的规定》（2014 年 6 月 23 日最高人民法院审判委员会第 1621 次会议通过）第十一条，《中华人民共和国民事诉讼法》第六十七条第一款、第六十八条第一款、第一百七十七条第一款第二项，《最高人民法院关于适用〈中华人民共和国民事诉讼法〉的解释》第九十条，判决如下：

一、撤销北京互联网法院（2020）京 0491 民初 13063 号民事判决；

二、驳回王某的全部诉讼请求。

一审案件受理费 1305 元，由王某负担（已交纳），二审案件受理费

300 元，由王某负担。

本判决为终审判决。

审　判　长　　张勤缘
审　判　员　　杨晋东
审　判　员　　胡怀松

二〇二二年六月二十八日

法官助理　　王　娟
书　记　员　　秦　爽

马某与某公司网络侵权责任纠纷案

北京市第四中级人民法院
民事判决书

（2023）京04民终928号

上诉人（原审被告）：某公司。

被上诉人（原审原告）：马某。

上诉人某公司因与被上诉人马某网络侵权责任纠纷一案，不服北京互联网法院（2022）京0491民初9352号民事判决，向本院提起上诉。本院于2023年11月14日立案后，依法组成合议庭，开庭对本案进行了审理。本案现已审理终结。

某公司上诉请求：1. 判令撤销一审判决，驳回马某的全部诉讼请求或发回重审；2. 判令马某承担本案一审、二审全部诉讼费用。事实与理由：一、一审中马某的证据未闭合，未证明其系本案App的使用主体，即使本案存在侵害事实，马某未能证明其系被侵权人，一审判决事实未查清。马某起诉状中的地址、电话均系一审代理律师所在律所的住址、电话，并非马某本人的地址电话。马某注册使用的电话号码经查询后发现，该号码实名认证信息并非马某，无证据证明该手机号码是马某在使用，也无证据能够证明注册、登录App的行为是马某所操作。一审未核实过马某本人身份。二、即使马某的主体适格，一审法院要求某公司删除马某的昵称、手机号码、密码、头像、设备信息无任何事实与法律依据。（一）马某并未上传头像，某公司也无法收集其头像信息，故一审法院要求某公司删除其头像信息无事实与法律依据。（二）网络昵称、密码并非法律规定的个人信息，一审法院要求删除无任何法律依据。网络昵称、密码可以随时更改，是网络用户根据自己的心情和想象编造的，无法联系到具体个人，不属于个人信息。且本案中马某的昵称系自动生成，与马某个人特征毫无关联，一审法院要求删除网络昵称、密码无事实与法律依据，也无法执行。（三）某公司要求马某提供电话号码信息否则不向其提供服务是《互联网用户账号信息管理规定》的强制要求，并非某公司违反《中华人民共和国个人信息保护法》（以下简称《个人信息保护法》）侵犯马某个人信息权利。某词典 App（包括安卓版、苹果版）及网站、小程序等的核心特点为词条（内容）均由用户编写产生，用户通过创作内容而产生个体的可识别性，并形成其个人的风格和特点，用户之间因为对方风格独特、有趣相互之间进行交流、社交，且产品内置评论、点赞、内容发布、好友关注等社区属性功能，是开放性的。因此某公司的产品属于《互联网用户账号信息管理规定》中所规定的为互联网用户提供信息发布、即时通讯等服务的产品，其应该根据国家法律的规定要求用户提供电话号码进行注册以进行真实身份信息认证。如果用户不提供的，继续为其提供服务将违反国家法律、法规的规定。本案中，某公司要求马某提供电话号码，否则就不向其提供服务属于《个人信息保护法》第十六条规定的“处理个人信息属于提供产品或者服务所必需的除外”的情形。（四）一审法院要求删除某公司收集的设备信息无任何事实与法律依据。本案中某公司收集马某的设备信息只有手机型号和品牌信息，不属于马某的个人信息，该行为符合行业标准，不具有违法行为。根据工业和信息化部制定的通信行业标准《移动互联网应用程序（App）收集使用个人信息最小必要评估规范第 5 部分：设备信息》主要将设备信息划分为不可变设备标识、可变设备标识及基本设备信息，同时明确最小必要信息评估仅包括不可变设备标识和可变设备标识，而因为基本设备信息无法单独直接标识用户，收集该类信息不可能对用户构成侵权，故不针对基本设备信息开展最小必要评估，上述三类信息详细如下：

设备信息类别	设备信息名称
不可变设备标识	IMEI、PEI（5G 系统）、MEID、设备硬件序列号、固定 MAC 地址、固定蓝牙地址、Android ID 等
可变设备标识	IDFA、IDFV、GAID、OAID、CAID 等
基本设备信息	设备厂商名称、设备型号、CPU 型号、处理器架构、存储空间大小、设备操作系统类型、操作系统版本、屏幕分辨率、MCC、MNC 等

本案中，某公司收集的手机型号和品牌信息属于基本设备信息，不可能识别到自然人的个人信息，不存在侵犯马某个人信息权的可能性，符合行业标准。……三、一审法院要求某公司在一审判决生效六个月内删除马某的用户日志无事实和法律依据。（一）法律对与网络用户的日志保存时间没有限制上限，在不侵犯用户个人权利的情形下，要求删除用户日志无任何事实和法律依据。《中华人民共和国网络安全法》（以下简称《网络安全法》）中没有规定网络日志保存时间的上限，且某词典已停止运营，某公司没有进一步使用马某的相关信息，因此一审判决某公司自一审判决生效之日六个月内删除收集的马某的用户行为信息没有任何事实与法律依据。（二）某公司对用户网络日志的保存主要是为了响应国家对于网络安全保障及打击犯罪的需要，保存六个月仅是最低要求，具体保存多久需要结合企业具体情况及业务类型，一审法院要求六个月内删除，无任何事实与法律依据。网络日志是指网络信息系统的用户访问、运行状态、系统维护等情况的记录，且目的在于追溯非法操作、未经授权的访问和调查网络违法犯罪活动。根据《APP 收集使用个人信息最小必要评估规范 . 应用日志信息》（T/TAF 077. 14-2021）第 8. 2 之 C 的规定，个人信息处理者存储日志超过存储期限后，应当对其持有的应用日志信息进行删除或匿名化处理。即用户上网日志信息，可以删除，也可以匿名化处理，主要是根据用户日志的类型以及监管的要求综合进行判断。根据一审法院的认定，用户日志达到六个月就应该不加区别的删除，将严重扰乱我国关于网络秩序的治理，无任何事实与法律依据。四、一审法院要求某公司对马某进行赔

礼道歉无事实与法律依据。首先本案中，无法确认被上诉人系其本人，系依其本人意愿进行起诉的；其次即使马某依其本人意愿启动本次诉讼，某公司也不存在侵权行为，故不需要赔礼道歉。再次即使某公司对马某存在侵权行为，也不需要进行赔礼道歉。本案中，某公司收集手机号码、设备信息的行为，不可能对马某造成名誉、心理或者情感上的伤害，马某也无任何证据证明其在名誉、心理或者情感上受到了伤害，故虽然法律规定了赔礼道歉的责任承担方式，但有其具体的使用场景，一审法院判决某公司赔礼道歉，无任何事实与法律依据。五、一审法院要求某公司承担3080元公证费无事实与法律依据。本案中马某所指出的公证费用并非合理支出。首先马某最简单、最经济的维权方式就是直接联系某公司，要求删除其相关信息，某公司没有理由拒绝删除。如此，不但节约了取证成本，还节约了司法成本。但是马某并未采取如此简单的维权方式，而是直接起诉某公司，并采取昂贵的手段进行取证，造成了大量社会资源浪费。其次，即使是调查取证也并非必须通过公证的方式，网络取证的方式多种多样，包括网络截图，录屏软件也广泛应用，网络公证也可以实现留存证据的目的，但马某偏偏选择了最昂贵的方式。最重要的是，马某下载某公司的软件后仅登录过6次，除了为办理公证而登录，几乎未进行登录使用过。如果马某的要求被满足，某公司的40万用户都可以起诉某公司要求赔偿，每个人至少花费3080元的公证费，那么总费用会很高，不但极其荒谬还会产生极其恶劣的社会效应。因此马某的公证费支出并非合理支出，一审要求某公司承担此费用无任何事实与法律依据。六、本案是微博利用司法手段打压某公司的工具案件，有极大的虚假诉讼嫌疑，但一审法院未予审查。微博海外版因大量抄袭某公司的内容，与某公司正在进行重大诉讼，在与微博发生争议后，某公司频繁被以侵犯商标权、侵犯个人信息权等方式起诉，在多种压力之下，某公司经营多年的产品已经被迫下线。多年经营的内容、公司多年的努力、用户多年的陪伴，都付诸东流，在经济下行的大环境下，中小企业不但面临外部经济环境变差的压力，还要面对国内巨头无耻的侵权和打压，创业如此之艰，司法机关应该为营造良好的经济发展环境发挥自身应有功能。七、某公司认为一审判决超出马某一审诉讼请求的范围。马某一审诉讼请求第四项，为在某词典 App 安卓版、苹果版首页置顶位置进行道歉，道歉时间不少于 30 日，但一审法院最终判决为某公司向马某书面赔礼道歉。

马某辩称，一审判决认定事实清楚，适用法律正确。请求二审法院维持一审判决，驳回某公司的全部上诉请求。一、侵权行为发生时，马某是涉案手机号码的机主，并使用该手机号码注册了涉案 App。马某代理人在公证处进行了公证保全，并提供了授权委托书、身份证等材料，公证书对此也有明确记录，足以证明涉案手机号是马某所有，由马某使用。某公司如果认为马某并非涉案手机号的机主，一审时应向法院申请调取相关证据，某公司并未向法院调取证据，马某非涉案手机号码机主只是其无端猜测。二审中，马某也补充提交了手机号开户信息截图、话费查询截图、营业厅证明等证据，补强证明侵权行为发生时，马某是涉案手机号码的机主。二、马某的 App 的昵称、头像、密码、设备信息（手机型号、手机品牌）均属于马某个人信息。三、某词典 App 属于典型的实用工具类（词典）App，基本业务为词汇查询，在提供基本业务时无需个人信息，收集手机号码已经超过必要限度。四、一审判决某公司在一审判决生效后六个月内删除马某用户行为信息于法有据。五、某公司侵害了马某人格权，人格权益的侵害当然会使人产生精神上的痛苦，应当以赔礼道歉的方式弥补马某精神痛苦，一审判决书面赔礼道歉，与侵权行为的具体方式和造成的影响范围相当。六、马某主张的公证费已经提供了发票证明实际发生，公证内容与本案相关属于合理开支，上诉人应当依法赔偿。通过诉讼方式维权是法律赋予公民的权利，马某起诉正当。采取何种方式固定证据，同样是马某的权利。公证证据证明力高，公证本身就是维权正常的取证方式，马某采取公证保全证据既有法律依据，也有事实依据。是否有其他用户要求某公司赔偿与本案无关。七、本案并非虚假诉讼，某公司也未提交证据证明本案是虚假诉讼，且一审判决已经将本案是否虚假诉讼作为第一个争议焦点予以论述说明。某公司与案外人的诉讼，马某不知情，也与马某无关。某公司因与其他主体存在争议，就多次污蔑马某虚假诉讼，恰恰反映某公司对其侵害用户个人信息权益的行为并不重视，也不诚心改正。即便马某联系某公司告知其存在侵权行为，也并无作用，只有通过诉讼才能维护马某合法权益，再次证明马某起诉的必要性。

马某向一审法院起诉请求：1. 判令某公司修改某词典 App 的《服务条款》《隐私政策》，修改后的版本不得含有侵犯个人信息权益的条款，修改后版本须经法院审定同意；2. 判令某公司停止收集并删除已经收集的马某个人信息，包括设备信息（手机型号及品牌）、地理位置、用户行为、偏好设置、昵称、手机号码、密码、头像、真实姓名、身份证号、职业、有关身份证明；3. 判令某公司赔偿马某公证费 3080 元，律师费 50 000 元，精神损害抚慰金 46 920 元；4. 判令某公司在某词典（包括安卓版、苹果版）首屏、首页置顶位置向马某赔礼道歉，道歉时间不少于 30 日。

一审法院认定事实：某公司系应用软件某词典 App 的开发者和运营者。

马某在某词典注册有账号，ID 为×××××××（以下简称涉案账号）。涉案账号后台日志显示，涉案账号于 2022 年 3 月 4 日注册。某公司主张马某使用期间，共登录 6 次，使用了 3 部不同的设备，某词典的目标用户为年轻人，马某并非目标人群，且结合马某注册某词典后的行为记录，马某有多处不符合常理的情况，马某存在虚假诉讼的嫌疑。

一、某词典告知用户并取得用户同意处理其个人信息的相关事实

（一）关于取得用户同意的相关事实

2022 年 3 月 8 日，马某进行公证取证，打开某词典首页显示有："欢迎来到某词典，请阅读并同意服务条款及隐私政策"，"同意"按钮为黄色，"拒绝"按钮为灰色。点击"拒绝"按钮，弹出对话框"某词典无法继续运行，将自动退出"。点击进入某词典注册页面，有"□已阅读并同意服务和隐私政策"选择框。不勾选"□已阅读并同意服务和隐私政策"系统弹出提示框"请阅读并同意服务条款及隐私政策同意"，用户无需实际未点击并阅读服务条款及隐私政策，点击手机屏幕任意位置，"请阅读并同意服务条款及隐私政策同意"提示框随即消失，"□已阅读并同意服务和隐私政策"被打勾显示为"☑已阅读并同意服务和隐私政策"。马某

主张某词典关于个人信息告知同意设置属于强迫同意。某公司主张，某词典该设置并非强迫用户同意某公司收集处理用户的个人信息，因为该按钮的表意中，用户点击拒绝既包括了对隐私政策的拒绝，也包括对服务条款的拒绝。如果用户拒绝服务条款，双方未形成网络服务合同关系，某公司有权对不同意服务条款的这类用户拒绝提供服务。

2022 年 4 月 27 日，某公司当庭演示更新版的注册页面。如果点击“拒绝”《服务协议》及《隐私政策》，系统弹出提示框：“如您选择拒绝，App 将自动进入基础模式，在基础模式中您只能使用基础功能，并可能会受到浏览内容数量等限制，您可以随时选择退出基础模式并重新授权，或关闭并删除。”

（二）关于用户个人信息撤回同意的相关事实

马某取证时，某词典设置中无撤回同意的相关设置。某公司主张用户可采取注销账号的方式撤回同意。2022 年 4 月 27 日，某公司当庭展示修改版某词典，程序设置中已添加个人信息撤回同意的设置，在新版《隐私政策》中也新增了关于撤回同意的相关规定。马某主张，在此次版本修改中，某词典虽然新增了撤回同意的相关设置，但马某选择撤回同意后，马某发布的评论等内容仍存在，但评论所对应的账号信息不再显示。马某主张在用户选择撤回同意时，某公司应当将其已经收集的个人信息予以删除。某公司主张，撤回同意并非个人信息删除，在现有程序设置下，如果用户撤回同意，某词典会将基于同意收集使用的个人信息进行匿名化处理，因此马某发布的评论内容仍然保留，但已进行匿名化处理。

二、关于某词典收集个人信息的相关事实

（一）关于某词典可以收集的必要个人信息范围

马某主张某词典属于《常见类型移动互联网应用程序必要个人信息范围规定》第五条之（三十八）规定的“实用工具”，无须个人信息，即可使用基本功能服务。马某提交某词典“关于我们”介绍，其中记载：“某词典是一个网络流行语词典。”马某提交某词典在叮当猫软件园中应用介绍，其中记载：“某词典 App 是一款查网络流行语的词典”马某提交《对

话某词典：一个人均“95后”的网络热梗解答手册，是如何从小程序成长起来的？》《专访某词典创始人：流行梗里的横财密码》网络文章，谈及某词典，某公司法定代表人称：“我们发现每天网络上会产生很多各种各样的梗或流行语……我们就想做一个新华字典解释梗和网络流行语的词典”，马某提交某词典的用户评价，其中有记载：“玩梗达人必备的网络流行语词典”“查网络流行语，就上某词典”，马某主张从上述某词典官方介绍、应用软件中的介绍、网络文章及用户评价等内容看，某词典应定位为查询网络热词的实用工具类App。

某公司主张某词典应属《常见类型移动互联网应用程序必要个人信息范围规定》第五条之（四）规定的“网络社区类”，必要个人信息为注册用户移动电话号码。某公司提交2022年4月18日收到的应用商店站内信，其中记载：“贵司应用App某词典存在：应用运营违规资质问题，经核实该应用属于社交类，需提供《互联网信息服务安全评估》和《落实具有舆论属性或社会动员能力的互联网信息服务安全承诺书》”，某公司自述某词典词条内容均由用户编写产生，且产品内置评论、点赞、内容发布、好友关注等社区属性功能，是开放性的。

（二）关于某词典计划收集和实际收集的个人信息范围

2020年5月9日更新的某词典《隐私政策》显示：1. 为了给您提供各项服务，某词典有可能自动收集您的设备信息（用于个性化推荐及相关适配）、地理位置（用于个性化推送与个性化推荐）、用户行为（如搜索记录）（用于个性化推荐）、偏好设置（用于定制服务）等。2. 在您注册时，某词典会记录所有您提供的账号信息，包括但不限于：昵称、手机号码、密码、头像。3. 依据相关法律法规，在您注册后，某词典将根据您提供的手机号码或三方登录账号（如微信登录）对您进行实名认证，并收集您的真实姓名、身份证号、职业、有关身份证明等信息。4. 除法律法规规定的特殊情况（如犯罪侦查）外，未经您的明示许可，某词典不会公开披露或与第三方共享您的任何真实身份信息。5. 为了给您提供更完善的服务，或出于宣传目的，某词典有可能与合作伙伴共享或公开使用您的公开信息，包括但不限于您的头像、昵称、个人简介。6. 为了给您提供分享等功能，某词典使用了三方平台（MobTech，友盟+，个推等）的相关服务。以下将详细列出我们向您提供产品和/或服务过程中收集和使用的个人信息。这些个人信息的收集仅会在您已同意，且并未提出拒绝接受服务，亦未要求改变授权/删除个人信息/注销账户的前提下进行：我们的基本业务功能及为实现该功能所提供的网络服务需收集部分个人信息，该收集过程会同时在本应用处于前台和后台运行状态下发生，若您拒绝提供，则可能无法使用本产品或其中部分服务，我们获取的个人信息如下：基于我们为您提供的服务，我们会获取：SDK 版本、设备固件信息、系统信息、应用包名及版本、应用前后置信息；基于我们对网络链路的选择与优化，我们会获取运营商信息、WIFI 状态信息；基于我们为您提供的服务统计及对您的设备进行唯一性标识，我们会获取 iOS 广告标识符（IDFA）、网卡（MAC）地址、国际移动设备识别码（IMEI）、匿名设备标识符（OAID）、国际移动用户识别码（IMSI）；基于我们需要生产可信 ID 为您提供可信赖、防作弊的服务，我们会获取：应用列表信息、电池使用情况；基于我们为检测不同区域的服务，我们会获取基站信息；为了提升服务体验，我们会收集个人地理位置。马某主张隐私政策中所列举可能收集的个人信息包括：设备信息、地理位置、用户行为、偏好设置、昵称、手机号码、密码、头像、真实姓名、身份证号、职业有关身份证明等信息，超过必要个人信息范围，某公司应当予以删除。

关于某词典实际收集的个人信息范围，某公司主张某词典实际仅收集了马某的电话号码、设备信息（具体指手机型号和品牌）、用户名、密码、用户行为（具体指用户操作日志），涉案账户中马某并未填写其他信息，因此除上述所列个人信息外，未收集马某其他个人信息。其中，收集手机号是为了落实实名制的要求，收集手机型号和品牌是为满足《网络安全法》第二十一条第（三）项“采取监测、记录网络运行状态、网络安全事件的技术措施，并按照规定留存相关的网络日志不少于六个月”和其他用途（如帮助用户解决 App 问题或解决争议）。某公司主张设备型号和系统版本属于市场公开信息，并不能通过这两项信息识别特定自然人；且在未登录状态下，某词典 App 也无法将设备型号和系统版本与特定自然人进行绑定，所以未登录状态下的设备型号和系统版本属于匿名信息，不属于马某的个人信息。收集的用户行为是用户上网时的自然痕迹即用户日志，也是为了落实《网络安全法》第二十一条而收集。在某词典 App 自 2.14.5 版本（上线时间：2022 年 4 月 15 日）后，所有用户信息均需经过用户授权后才会收集。

经法庭询问，马某认可涉案账号注册使用时未主动填写真实姓名、身份证号、职业有关身份证明等信息，马某无证据证明某公司实际收集了马某哪些个人信息。

2022 年 3 月 24 日，某公司提交某词典新版《隐私政策》，其中对涉及到可能会“收集位置信息、身份证号码”内容，设置了需要用户授权的前提条件。更新的某词典《隐私政策》记载：“1.1.2 某词典的部分功能或服务，为符合法律法规的要求，保障你的账号安全，或为促进功能/服务的安全稳定，需要你进一步进行实名认证。这个过程需要你提交的信息可能涉及真实姓名、身份证号码、身份证照片或人脸信息等，用于完成实名认证。1.2 部分内容或服务可能与你使用的设备所在位置有关，在经过你的授权之后，我们会获取设备相应的地理位置信息（如精确定位信息、基站信息等），以保障相关服务正常运行或相关内容正常显示。你也可以选择拒绝提供位置相关信息，但此类服务和内容将受到一定影响甚至不能使用。拒绝提供地理位置信息，并不影响其他功能与服务的正常使用。针对部分对地理位置精度要求不高的服务，我们可能会使用与网络信息（如 IP）相对应的城市/地区为你提供相应内容或服务。”

三、关于马某主张删除个人信息的相关事实

马某主张因撤回同意以及某词典违法收集个人信息，某公司应当删除马某的个人信息，包括设备信息、地理位置、用户行为、偏好设置、昵称、手机号码、密码、头像、真实姓名、身份证号、职业、有关身份证明。

某公司主张在马某公证取证时，某词典仍在运营，马某可以通过注销账号的方式删除个人信息，账号注销后，用户的账户昵称、密码会被删

除，已发表的评论会显示为“账号已注销”进行匿名化处理，用户评论内容可以单独删除，手机号码与账号解绑，但根据《网络安全法》的相关要求，某词典会在服务器中保留账号过往记录，不少于6个月。用户注销后，IP信息、行为信息会继续进行记录，但是不会与特定用户绑定。某公司主张某词典目前已停止服务，但因为涉及诉讼，相关数据尚未删除，因某词典已经停止服务，马某无法通过注销账号的方式删除个人信息。

经当庭勘验，打开某词典App，显示“出现未知错误，加载失败”，某词典官网显示“暂停运营”。

四、其他事实

马某提交公证费发票2张，金额共计3080元。关于经济损失马某未提交其他证据。

马某提交某词典在酷传网的下载量数据，在安卓端下载量超过300万次，主张某词典侵权影响范围大。某公司主张酷传网的统计不具有权威性。

上述事实，有公证书、某词典操作视频、网页截图、隐私政策、某词典后台日志、发票及当事人陈述等在案佐证。

一审法院认为，案件争议焦点有：一、马某是否构成虚假诉讼；二、某词典收集处理马某个人信息是否有合法性基础；三、某词典是否存在过度收集个人信息；四、某词典撤回同意的相关设置是否侵犯马某的个人信息权益；五、某词典是否应当删除马某的个人信息、应删除哪些个人信息。

一、马某是否构成虚假诉讼

《最高人民法院关于深入开展虚假诉讼整治工作的意见》第二条规定：“单独或者与他人恶意串通，采取伪造证据、虚假陈述等手段，捏造民事案件基本事实，虚构民事纠纷，向人民法院提起民事诉讼，损害国家利益、社会公共利益或者他人合法权益，妨害司法秩序的，构成虚假诉讼。”

第三条规定："对存在下列情形的案件，要高度警惕、严格审查，有效防范虚假诉讼：原告起诉依据的事实、理由不符合常理……" 本案中，马某在某词典注册有账号，因某词典对其个人信息的收集与处理行为提起本案诉讼，诉讼请求中"修改《服务条款》与《隐私政策》""停止收集并删除已收集的马某个人信息""赔偿原告损失""向马某赔礼道歉"等具有马某私人利益指向，某公司虽主张马某系虚假诉讼，但并未提交有力的证据。本案中，马某确有在某词典注册账号的事实，具有下载 App 使用不同设备登录的权利，某词典也未对注册用户的年龄和持有账号时间有限制，某公司仅根据马某持有账号时间、登录设备和频率及马某年龄不符合主要的用户年龄层等，主张马某属于虚假诉讼，证据不足，法院不予采信。

二、某词典收集处理马某个人信息是否有合法性基础

《个人信息保护法》第五条规定："处理个人信息应当遵循合法、正当、必要和诚信原则，不得通过误导、欺诈、胁迫等方式处理个人信息。"第十三条第（一）项规定："符合下列情形之一的，个人信息处理者方可处理个人信息：（一）取得个人的同意；（二）为订立、履行个人作为一方当事人的合同所必需，或者按照依法制定的劳动规章制度和依法签订的集体合同实施人力资源管理所必需；（三）为履行法定职责或者法定义务所必需；（四）为应对突发公共卫生事件，或者紧急情况下为保护自然人的生命健康和财产安全所必需；（五）为公共利益实施新闻报道、舆论监督等行为，在合理的范围内处理个人信息；（六）依照本法规定在合理的范围内处理个人自行公开或者其他已经合法公开的个人信息；"第四十四条规定："个人对其个人信息的处理享有知情权、决定权，有权限制或者拒绝他人对其个人信息进行处理；法律、行政法规另有规定的除外。"本案中，马某主张某公司违法收集处理的个人信息包括：设备信息、地理位置、用户行为、偏好设置、昵称、手机号码、密码、头像、真实姓名、身份证号、职业有关身份证明等信息，其中某公司主张所有信息均为取得用户同意后收集，设备信息（具体指手机型号及品牌）属于为履行法定义务而收集，且设备信息在用户未注册的情况下无法与特定自然人相关联，因

而不属于个人信息。针对某公司主张的两种个人信息收集处理场景，法院分述如下：

某公司收集上述个人信息是否依法取得用户同意。《个人信息保护法》第十四条规定："基于个人同意处理个人信息的，该同意应当由个人在充分知情的前提下自愿、明确作出。法律、行政法规规定处理个人信息应当取得个人单独同意或者书面同意的，从其规定。"上述规定中，强调了用户做出同意应当"自愿""明确"，本案中，法院结合马某主张，法院重点审查某公司对用户告知同意是否符合"自愿""明确"两项要求。

关于进入某词典注册页面一节，某词典注册页面时"同意"按钮为黄色，"拒绝"按钮为灰色，法院认为，某词典注册页按钮虽然将"同意"按钮标为黄色，"拒绝"按钮标为灰色，但从两个按钮的大小、字号、字体等方面看，除颜色差别外，并无其他明显差异，"拒绝"按钮仍然能够被用户清晰识别，并且进行点击操作，不会造成用户误认，未违反《个人信息保护法》相关要求。

关于未阅读和点击返回界面后"□已阅读并同意服务条款和隐私政策"被勾选"☑"一节，法院认为，隐私政策涉及个人信息处理者处理个人信息的范围及方式，应用软件开发者为实现对批量用户的告知而预先拟定了格式化的个人信息处理政策，但作为个人信息处理者，应保证用户对其预先拟定个人信息政策充分知情，在此情况下自愿、主动作出"同意"的肯定性的动作，如主动点击、勾选、填写等。本案中，某公司未设置措施保证用户能够充分知情其隐私政策内容，且在用户未实际阅读的情况下，返回界面后，"□已阅读并同意服务条款和隐私政策"被勾选"☑"，并未让用户主动自愿作出同意的选择，不符合"自愿""明确"的要求。

关于点击拒绝按钮后，某词典退出运行一节，法院认为，《个人信息保护法》第十六条规定："个人信息处理者不得以个人不同意处理其个人信息或者撤回同意为由，拒绝提供产品或者服务；处理个人信息属于提供产品或者服务所必需的除外。"本案中某词典在马某点击"拒绝"按钮后，自动退出，不向用户提供任何服务，某公司虽然抗辩用户点击"拒绝"按钮包括了对《服务协议》及《隐私政策》的双重拒绝，某公司有权利拒绝向不同意《服务协议》的用户提供服务。法院认为，某公司在软件开发设置时将《服务协议》及《隐私政策》的点选按钮设置为同一个按钮，则用户点击“拒绝”按钮存在三种可能：同意《服务协议》不同意《隐私政策》；不同意《服务协议》同意《隐私政策》；不同意《服务协议》不同意《隐私政策》”，对同意《服务协议》不同意《隐私政策》的这一类用户而言，即使其同意《服务协议》，但其作出不同意《隐私政策》的意思表示后，仍然不能被提供服务，因此对某公司主张点选“拒绝”按钮意味着拒绝《服务协议》该项抗辩，法院不予采信。2022 年 3 月 31 日的新版某词典中，马某点击拒绝同意服务条款和隐私政策后，系统弹出提示并进入浏览模式。法院认为，根据在案证据，某词典兼具“查词”和“社交”两种属性，但结合某词典的名称、某词典官方描述、应用商店中的描述以及某公司法定代表人对产品的介绍，均指向流行语词典功能，相比于将名称为“某词典”的应用软件定位为社交软件，使一般公众更容易认为其基本业务是词汇查询的词典，一般用户之所以挑选此产品主要是产品可以查询流行语。虽然在基本业务功能的基础上，产品会发展产生其他拓展功能，如某词典的发布、点赞、评论等社交功能，但在名称、官方描述、应用商店中的描述等基本业务为词汇查询的情况下，不提供查询服务，应属于对基本业务的拒绝，仍侵犯了马某的个人信息权益。

三、某词典是否存在过度收集个人信息

根据《个人信息保护法》第六条规定：“处理个人信息应当具有明确、合理的目的，并应当与处理目的直接相关，采取对个人权益影响最小的方式。收集个人信息，应当限于实现处理目的的最小范围，不得过度收集个人信息。”如前所述，某词典的名称、某词典官方描述、应用商店中的描述等均指向某词典的“词典功能”，在基本业务功能为词汇查询的情况下，某词典收集了马某的手机号码超过最小范围。关于“地理位置、偏好设置、真实姓名、身份证号、职业、有关身份证明”，马某认可未提供过该类信息，也未举证某公司实际收集上述信息，故对马某主张某公司收集其“地理位置、偏好设置、真实姓名、身份证号、职业、有关身份证明”超

过必要限度法院不予支持。关于“设备信息和用户行为”信息，某公司明确本案中的设备信息仅指手机型号和品牌，马某未举证某公司收集了除马某手机型号和品牌外的其他设备信息，法院认定本案中某公司实际收集的马某设备仅为手机型号和手机品牌。关于某公司主张收集设备信息是为落实《网络安全法》第二十一条第（三）项“采取监测、记录网络运行状态、网络安全事件的技术措施，并按照规定留存相关的网络日志不少于六个月”的规定，法院认为，某公司并未充分举证收集马某设备信息与维护网络安全的必要关系，对此抗辩法院不予采信，关于某公司抗辩设备信息在无法识别特定自然人，在未登录的情况下无法与特定自然人绑定，法院认为，在本案情形中，马某已注册登录了某词典，设备信息属于与已识别或者可识别的自然人有关的信息，属于马某的个人信息，故对某公司关于设备信息不属于马某个人信息的抗辩法院不予采信。关于用户行为信息，某公司明确实际收集的用户行为信息为用户上网时的自然痕迹即用户日志，马某未举证某公司收集了除马某用户日志外的其他用户行为信息，法院认定本案中某公司实际收集的马某用户信息仅为用户日志。而用户日志是用户在使用 App 过程中自然形成的使用信息，对于维护网络安全、溯源行为效力等有其必要性，某公司收集该信息不违反法律规定，法院予以认可。

四、某词典撤回同意的相关设置是否侵犯马某的个人信息权益

《个人信息保护法》第十五条第一款规定：“基于个人同意处理个人信息的，个人有权撤回其同意。个人信息处理者应当提供便捷的撤回同意的方式。”马某取证时的某词典版本，未提供撤回同意的选项，某公司虽主张可通过注销账号行使撤回同意，法院认为，撤回同意系个人信息主体撤回对个人信息处理者处理个人信息的授权，个人信息主体撤回同意后，个人信息处理者仍应提供基本业务功能，而注销账号本质上是网络服务合同的终止，如果要求用户以注销账号的方式撤回同意，将产生如果不同意收集个人信息则无法继续使用涉案产品的情形，这既违背了《个人信息保护法》第十六条“个人信息处理者不得以个人不同意处理其个人信息或者撤回同意为由，拒绝提供产品或服务”的规定，也不符合《个人信息保护

法》第十五条中“应当提供便捷的撤回同意的方式”的规定，故法院对某公司关于可通过注销账号行使撤回同意的抗辩不予采信。在2022年3月31日的新版某词典中，增加撤回同意授权功能，法院予以认可。关于马某主张撤回同意后，马某发布的历史信息并未被删除，法院认为，网络服务提供者在提供服务过程中，可能基于用户同意或者其他合法性基础收集、存储多项个人信息，个人撤回某项个人信息的同意，个人信息处理者应按照《个人信息保护法》第四十七条第（三）项的规定，删除该撤回同意所指向的信息，而并非撤回某项同意，则删除个人全部信息，否则与用户注销功能无异。但本案中马某并未明确其主张需要撤回同意的信息范畴，则无法当然得出某公司应删除评论的结论，某公司对该内容采取前台匿名化处理，法院认定并未侵害马某个人信息权益。现某公司自述已经停止服务，应按照《个人信息保护法》的规定，因停止服务而删除个人信息。但马某并未将删除评论在本案中作为诉讼请求提出，法院不予处理。

五、某公司是否应承担责任、如何承担责任

《中华人民共和国民法典》（以下简称《民法典》）第一百七十九条规定：“承担民事责任的方式主要有：（一）停止侵害；（二）排除妨碍；（三）消除危险；（四）返还财产；（五）恢复原状；（六）修理、重作、更换；（七）继续履行；（八）赔偿损失；（九）支付违约金；（十）消除影响、恢复名誉；（十一）赔礼道歉。”

关于马某主张某公司应修改某词典的《服务条款》《隐私政策》不得含有侵犯个人信息权益的条款，停止侵权行为。法院认为，本案系侵害个人信息权益产生的纠纷并非因《服务条款》及《隐私政策》中的内容规定而产生的合同纠纷，从审理情况来看，马某并未举证证明某公司实际违法收集了《隐私政策》中的个人信息，故马某要求某公司修改《服务条款》《隐私政策》诉讼请求于法无据，法院不予支持。

关于马某主张某公司停止收集并删除已经收集的马某个人信息，因某词典已经停止服务，马某要求某公司停止收集其个人信息的诉讼请求已经实现，法院不再处理。某公司应立即删除其收集的马某的昵称、手机号

码、密码、头像信息、设备信息。关于用户行为信息，某公司可依据《网络安全法》第二十一条第（三）项“采取监测、记录网络运行状态、网络安全事件的技术措施，并按照规定留存相关的网络日志不少于六个月”的要求，于一审判决生效之日起6个月内删除。

关于经济损失，根据《民法典》第一千一百八十二条的规定，侵害他人人身权益造成财产损失的，按照被侵权人因此受到的损失或者侵权人因此获得的利益赔偿；被侵权人因此受到的损失以及侵权人因此获得的利益难以确定，被侵权人和侵权人就赔偿数额协商不一致，向人民法院提起诉讼的，由人民法院根据实际情况确定赔偿数额。根据《最高人民法院关于审理利用信息网络侵害人身权益民事纠纷案件适用法律若干问题的规定》第十二条的规定，被侵权人为制止侵权行为所支付的合理开支，可以认定为《民法典》第一千一百八十二条规定的财产损失。合理开支包括被侵权人或者委托代理人对侵权行为进行调查、取证的合理费用。人民法院根据当事人的请求和具体案情，可以将符合国家有关部门规定的律师费用计算在赔偿范围内。被侵权人因人身权益受侵害造成的财产损失以及侵权人因此获得的利益难以确定的，人民法院可以根据具体案情在50万元以下的范围内确定赔偿数额。本案中，马某未举证证明其因侵权行为受到财产损失，故对该项诉讼请求法院不予支持。关于合理开支，马某提交公证费发票能够证明与本案相关性，法院予以支持；关于律师费马某未提交证据证明，法院不予支持。

关于精神损害抚慰金，根据《民法典》第一千一百八十三条的规定，侵害自然人人身权益造成严重精神损害的，被侵权人有权请求精神损害赔偿。本案中，马某注册某词典时间较短，且在马某有专业律师的情况下，亦未举证证明某公司实际收集了马某哪些个人信息，其侵权行为给马某造成何种严重精神损害，故对马某关于赔偿精神损害抚慰金诉讼请求，法院不予支持。

关于赔礼道歉，根据《民法典》第一千条的规定，行为人因侵害人格权承担消除影响、恢复名誉、赔礼道歉等民事责任的，应当与行为的具体方式和造成的影响范围相当。某公司侵犯了马某的个人信息权益，应承担赔礼道歉的责任，因某词典已停止运行，法院将综合考虑某公司的主观过错、侵权情节等因素，合理确定赔礼道歉的方式和范围。

综上，一审法院依照《个人信息保护法》第五条、第六条、第十三条、第十四条、第十五条、第十六条、第四十四条、第四十七条，《民法典》第一百七十九条、第一千条、第一千一百八十二条、第一千一百八十三条，《最高人民法院关于审理利用信息网络侵害人身权益民事纠纷案件适用法律若干问题的规定》第十二条，《最高人民法院关于深入开展虚假诉讼整治工作的意见》第二条之规定判决：一、某公司自一审判决生效之日起立即删除收集的马某的昵称、手机号码、密码、头像、设备信息；自一审判决生效之日起6个月内，删除收集的马某的用户行为信息；二、自一审判决生效之日起七日内，某公司书面向马某赔礼道歉，道歉内容须经一审法院审核（若某公司逾期不履行，一审法院将依马某申请，选择一家全国发行的报刊，刊登判决主要内容，费用由某公司负担）；三、自一审判决生效之日起七日内，某公司赔偿马某合理开支3080元；四、驳回马某的其他诉讼请求。

本院二审期间，当事人围绕上诉请求依法提交了证据，本院组织当事人进行了证据交换和质证。

某公司提交了两组证据，第一组证据是与中国移动官方客服10086通话视频，拟证明涉案电话号码150×××××126的实名登记人并非马某，马某未提交任何证据证明其系该电话号码的实际使用人，不能证明其注册了“某词典”；第二组证据是某公司多次拨打涉案电话150×××××126的5个视频，拟证明该电话号码一直未能接通，马某不能证明其实际使用了该电话号码。

马某的质证意见为，对某公司两组证据的真实性、关联性、合法性及证明目的均不予认可。

马某提交了三组证据，第一组证据是电脑照片截图；第二组证据是涉案手机话费查询截图2张；第三组证据是三河市瑞聚通信设备销售部出具《证明》，以上三组证据拟证明马某是涉案手机号的机主，并使用该手机号注册了某词典App。

某公司的质证意见为，第一组证据和第二组证据的真实性、合法性和证明目的均不认可；对于第三组证据的真实性认可，但合法性、关联性及证明目的不认可，通信设备公司无权证明涉案手机号码的开户情况，也没有能力证明该手机号码的开户情况。

二审期间，本院依职权向中国移动通信集团河北有限公司廊坊分公司发送《协助调查函》，调取涉案手机号 150×××××126，自 2022 年 1 月 1 日起至 2023 年 12 月 11 日止的用户身份信息（包括但不限于真实姓名、身份证号码、联系地址等）。中国移动通信集团河北有限公司廊坊分公司回函显示：手机号码 150×××××126 现任机主王某，2023 年 7 月 18 日开始启用此号码。要查询的期间里，有历史使用者马某，2022 年 10 月 11 日强制退网，我处仅能查询历史使用者的姓名，无法查询其他信息。

本院二审期间补充查明，马某系手机号码 150×××××126 的历史使用者，2022 年 10 月 11 日被强制退网。根据一审中马某提交的公证取证材料，手机号码 150×××××126 用户登录"某词典"App 后，显示昵称"××××××××××××"用户未上传头像图片。二审庭审中经询问，马某认可在注册使用某词典 App 过程中未上传头像或更改昵称。本院二审期间审理查明的其他事实与一审法院查明的事实一致，本院予以确认。

本院认为，第二审人民法院应当对上诉请求有关的事实和适用法律进行审查。本案系网络侵权责任纠纷。根据马某与某公司之间的诉、辩意见以及当事人的举证、质证和庭审调查情况，本案焦点问题有二：一、某公司在某词典 App 中的相关收集、处理行为是否构成对马某个人信息权益的侵害；二、若构成侵权，一审判决某公司承担的侵权责任是否适当。

一、某公司在某词典 App 中的相关收集、处理行为是否构成对马某个人信息权益的侵害。

本院认为关于该项争议焦点主要涉及以下三方面的问题：

1. 某词典所属应用程序类型。本院认为，网络运营者收集的个人信息的类型应与实现产品或服务的业务功能有直接关联，实现功能的目的与信息收集的范围成合理比例，不得收集与其提供的服务无关的个人信息。根据《常见类型移动互联网应用程序必要个人信息范围规定》第五条之

(四) 规定, 网络社区类, 基本功能服务为“博客、论坛、社区等话题讨论、信息分享和关注互动”, 必要个人信息为: 注册用户移动电话号码。第五条之 (三十八) 规定, 实用工具类, 基本功能服务为“日历、天气、词典翻译、计算器、遥控器、手电筒、指南针、时钟闹钟、文件传输、文件管理、壁纸铃声、截图录屏、录音、文档处理、智能家居助手、星座性格测试等”, 无须个人信息, 即可使用基本功能服务。本案中, 结合某词典的名称、官方及应用商店介绍等因素, 流行语查询功能应当是其应用程序的基本功能, 在此功能之上延伸出对于流行语解释的点赞、评论等社交功能属于对基本功能之外的拓展功能。网络用户若仅使用该应用程序中的词典翻译功能, 则应当适用无须个人信息即可使用的规定; 网络用户若在其基础功能之外使用该应用程序的社交功能则某词典有权依据上述规定要求用户提供注册用户移动电话号码。综上, 某词典基本功能应当为查词翻译, 属于实用工具类应用程序。

2. 一审判决认定某公司删除的信息是否属于个人信息。

《民法典》第一千零三十四条第一款、第二款规定“自然人的个人信息受法律保护。个人信息是以电子或者其他方式记录的能够单独或者与其他信息结合识别特定自然人的各种信息, 包括自然人的姓名、出生日期、身份证件号码、生物识别信息、住址、电话号码、电子邮箱、健康信息、行踪信息等。”《个人信息保护法》第四条规定: “个人信息是以电子或者其他方式记录的与已识别或者可识别的自然人有关的各种信息, 不包括匿名化处理后的信息。”《网络安全法》中对于个人信息定义为“以电子或者其他方式记录的能够单独或者与其他信息结合识别自然人个人身份的各种信息, 包括但不限于自然人的姓名、出生日期、身份证件号码、个人生物识别信息、住址、电话号码等。”综合上述法律规定, 受法律保护的个人信息核心要件在于“可识别性”, 即该信息能够单独或者与其他信息结合识别特定自然人, 能够显现个人自然痕迹或社会痕迹, 勾勒出个人人格形象。这种识别既包括对个体身份的识别, 也包括对个体特征的识别。在判断是否具有可识别性时, 应结合具体的信息收集使用场景, 而不能抛开场景和其他信息分别对每一个信息分别进行独立判断。

本案中，马某主张删除的个人信息包括设备信息、地理位置、用户行为、偏好设置、昵称、手机号码、密码、头像、真实姓名、身份证号、职业、有关身份证明。一审判决认定本案中某公司应当删除的个人信息为涉案账号的昵称、手机号码、密码、头像、设备信息和用户行为信息。

关于手机号码。在手机实名制的大背景下“手机号码”具有强识别作用，一般情况下无须借助其他信息即可以直接识别到特定自然人，应当属于个人信息。关于“设备信息”和“用户行为信息”。设备信息是用户在使用App过程中所持有的个人常用设备型号、识别码等信息；用户行为信息，在本案中指向用户上网时的用户日志。以上信息显然是某词典自使用用户处收集到的，可以指向用户的上网记录信息和个人常用设备信息，虽然无法发挥单独识别特定自然人的效果，但与其他信息进行结合就可以识别出特定的自然人，使他人了解特定自然人的浏览偏好等信息，属于个人信息。关于密码，本案中，密码形成于其注册或使用某词典App过程中，结合马某和某公司的陈述及在案证据，密码系马某本人注册时设置，某公司作为App运营商已掌握并存储该信息，该信息属于与网络用户账号相关的个人信息。关于昵称和头像信息，根据已查明的事实，本案中马某在某词典中的昵称和头像信息均形成于注册过程中，均为系统自动分配。系统分配的昵称在整个App用户中具有唯一指向性，该信息与马某账户相关联，结合某词典App在词典基本属性外兼具的社交属性，上述信息在特定使用场景下，结合其他数据可以起到还原用户的特定使用偏好和身份特征信息的作用，实际上也达到了识别性的标准。一般情况下，用户设置的头像和昵称的作用类似，属于具有识别特征的信息，尤其在兼具社交属性的软件中。但本院注意到，本案中，马某在注册某词典后并未上传用户头像，在案证据显示用户头像为系统自动分配头像，该头像信息不属于用户上传信息，亦不具有唯一识别性，但考虑到一方面马某作为某词典的注册用户，其系统默认头像与其他昵称、手机号码等信息结合的情况下仍然可借助其他信息使得该信息成为与已识别的自然人有关的信息；另一方面本案中头像、昵称类信息，是用户可以在使用过程中随时上传、变更的信息，该信息一旦发生变更，即达到与其他的信息结合识别出自然人的具体身份信息的效果，从而构成个人信息。综上，一审法院确认以上某公司从马某处收集的信息属于个人信息的范围，并无明显不当。

3. 某公司在某词典 App 中的相关收集、处理行为是否构成对马某个人信息权益的侵害。

个人信息权益的主要内容是指权利人对个人信息的支配与自主决定，在此基础上还衍生出知情权、更正权、删除权等积极权能。《民法典》第一千零三十五条规定“处理个人信息的，应当遵循合法、正当、必要原则，不得过度处理，并符合下列条件：(一) 征得该自然人或者其监护人同意，但是法律、行政法规另有规定的除外；(二) 公开处理信息的规则；(三) 明示处理信息的目的、方式和范围；(四) 不违反法律、行政法规的规定和双方的约定。个人信息的处理包括个人信息的收集、存储、使用、加工、传输、提供、公开等。”《网络安全法》第四十一条规定“网络运营者收集、使用个人信息，应当遵循合法、正当、必要的原则，公开收集、使用规则，明示收集、使用信息的目的、方式和范围，并经被收集者同意。网络运营者不得收集与其提供的服务无关的个人信息，不得违反法律、行政法规的规定和双方的约定收集、使用个人信息，并应当依照法律、行政法规的规定和与用户的约定，处理其保存的个人信息。”《个人信息保护法》第十五条第一款规定：“基于个人同意处理个人信息的，个人有权撤回其同意。个人信息处理者应当提供便捷的撤回同意的方式。”

依照上述法律规定，网络运营者收集、使用用户所提供的个人信息，应当遵循合法、正当、必要的原则，使用范围限于必要范围，且应当向用户明示收集、使用信息的规则，同时在平台对个人信息处理活动中，用户知情并同意对于保护个人信息具有重要作用，在信息收集和处理中，互联网平台需要获得用户授权并最大限度尊重和保障用户权益。本院认为，本案中，某词典对马某个人信息权益的侵害行为主要体现在以下两个方面：一方面，正如上述第 1 点论述中的结论，本案中，某词典属于词典翻译功能的实用工具类 App，根据其基本服务业务功能，应当适用无须个人信息即可使用的规定。故其在用户注册时拒绝同意《服务协议》和《隐私政策》的情况下直接退出，不提供基本查词服务，应属于对基本业务的拒绝；另一方面，马某注册使用某词典后，基于某词典附加社交属性功能为 App 用户之间的互动社交机会和增强用户使用体验，某词典在根据用户的意愿，取得用户同意的前提下收集、使用包括马某在内的用户相关信息有其合理性。但应当为用户提供便捷的撤回同意的方式。本案中在马某用手机号码注册后至取证时，某词典没有提供撤回同意处理个人信息的方式。某公司的以上行为违反《个人信息保护法》第十五条和第十六条规定，侵犯了马某的个人信息权益。

综合上述三点，某公司在某词典 App 中的相关收集、处理行为构成对马某个人信息权益的侵害，应当承担相应侵权责任。

二、一审判决某公司承担的侵权责任是否适当。

本院认为，根据《民法典》第一百七十九条和第九百九十五条规定，人格权受到侵害的，受害人有权请求行为人承担民事责任。承担民事责任的方式包括停止侵害、赔偿损失、消除影响、赔礼道歉等。同时《个人信息保护法》第六十九条规定，处理个人信息侵害个人信息权益造成损害，个人信息处理者不能证明自己没有过错的，应当承担损害赔偿等侵权责任。本案中马某要求某公司删除已经收集的马某的个人信息具有事实和法律依据。需要特别指出的，关于一审判决删除马某的头像信息，如前所述，虽然该头像信息系系统自动分配，马某未做变更，但考虑该信息具有可变更性，一审判决明确限定删除的信息系某公司收集到的马某的相关个人信息，有利于充分保护当事人权益，及纠纷的一次性实质解决。关于用户行为信息的删除期限问题，本院认为一审法院考虑《网络安全法》对相关信息留存期限的要求，判决某公司于一审判决生效之日起六个月内删除，符合法律规定，本院予以维持。关于某公司主张一审判决赔礼道歉方式超出马某一审诉讼请求的范围。本院认为，人格权受到侵害的，受害人有权请求行为人承担赔礼道歉侵权责任。承担民事责任的方式应当与侵权行为的具体方式和造成的影响范围相当。马某一审诉讼请求第四项为在某词典 App 安卓版、苹果版首页置顶位置进行道歉，道歉时间不少于 30 日。在某词典 App 已经停止运行的情况下，一审法院确定某公司向马某书面赔礼道歉，该判项确定的承担责任方式和影响范围均明显低于马某诉请的方式和范围，并未超出马某的诉讼请求。某公司该上诉理由不能成立。

关于经济损失。《最高人民法院关于审理利用信息网络侵害人身权益民事纠纷案件适用法律若干问题的规定》第十二条规定：被侵权人为制止侵权行为所支付的合理开支，可以认定为民法典第一千一百八十二条规定的财产损失。合理开支包括被侵权人或者委托代理人对侵权行为进行调查、取证的合理费用。一审法院综合在案公证证据对某公司应当赔偿的经济损失酌情予以确定，并无不当。

关于某公司主张本案涉嫌虚假诉讼，一审法院未予审查的上诉理由。本院认为，一审法院明确本案一审争议焦点之一为马某是否构成虚假诉讼，并就该争议焦点问题展开详细论述，本院就该问题的认定与一审法院意见一致。故上诉人该项上诉理由本院不予支持。

此外，本院亦注意到，根据一审的当庭展示，某词典 App 更新版注册页面已经为不进行个人信息授权用户提供基础功能模式，并在程序设置中添加了个人信息撤回同意设置。个人信息保护是一个逐步完善和深化的过程，某公司在后续版本中已经对用户授权方式进行了显著的改进，以充分保证用户的个人信息权益，对此本院予以肯定。

综上所述，某公司的上诉请求不能成立，应予驳回；一审判决认定事实清楚，适用法律正确，应予维持。依照《中华人民共和国民事诉讼法》第一百七十七条第一款第一项规定，判决如下：

驳回上诉，维持原判。

二审案件受理费 300 元，由某公司负担（已交纳）。

本判决为终审判决。

审　判　长　　王　娟
审　判　员　　于颖颖
审　判　员　　胡怀松

二〇二四年二月八日

法官助理　　王艳锋
书　记　员　　金绍博

职能延伸

北京市第四中级人民法院
司法建议书

某网络有限公司：

本院在审理严某诉某国际贸易有限公司网络购物合同纠纷一案中，发现某国际贸易有限公司作为某网平台内店铺的网店经营者，其销售的某款商品存在违反我国食品安全国家标准的如下问题：

一、依据《中华人民共和国食品安全法》（以下简称食品安全法）第九十二条规定，进口的食品、食品添加剂、食品相关产品应当符合我国食品安全国家标准。进口的食品、食品添加剂应当经出入境检验检疫机构依照进出口商品检验相关法律、行政法规的规定检验合格。进口的食品、食品添加剂应当按照国家出入境检验检疫部门的要求随附合格证明材料。某国际贸易有限公司销售的涉案产品原产国为日本，但其并未提供本案所涉产品的相关报关单据、入境检验检疫证明、海关发放的通关证明等进口产品应该具备的资料。

二、依据食品安全法第九十七条规定：进口的预包装食品、食品添加剂应当有中文标签；依法应当有说明书的，还应当有中文说明书。标签、说明书应当符合本法以及我国其他有关法律、行政法规的规定和食品安全国家标准的要求，并载明食品的原产地以及境内代理商的名称、地址、联系方式。预包装食品没有中文标签、中文说明书或者标签、说明书不符合本条规定的，不得进口。本案所涉产品属于预包装产品，但是并没有中文标签。

三、根据某平台公示的营业执照信息、行政许可信息，某国际贸易有限公司的经营范围包括食品销售、从事货物的进出口业务，其持有经营项目为预包装食品销售（含冷藏冷冻食品）、特殊食品销售（保健食品）的食品经营许可证。作为一家专业从事进出口贸易及食品销售的企业，某国际贸易有限公司应当知道我国与进口食品相关的法律行政法规之规定，同时应充分知晓进口食品应当符合我国食品安全国家标准和相关检验检疫要求。但经本院核实，某国际贸易有限公司目前在售的海外产品交易详情页载明，“本店提供的是：海外代理购买服务。……拍下该商品，表示买家……放弃以该商品包装是否有中文标签以及进口检验检疫文书等为由的任何诉求和主张”。某国际贸易有限公司系以代购之名销售现货商品，规避我国进口食品安全管理的法律法规，违反了我国食品安全法、进出口商品检验法的有关规定。

为此，特建议：

一、依据《中华人民共和国电子商务法》（以下简称电子商务法）第三十六条的规定，电子商务平台经营者依据平台服务协议和交易规则对平台内经营者违反法律、法规的行为实施警示、暂停或者终止服务等措施的，应当及时公示。本院建议贵公司对某国际贸易有限公司违反法律、法规的行为实施警示，若某国际贸易有限公司未能在合理期限内整改，应对相关产品予以下架处理，必要时可采取暂停或终止服务措施。

二、因某国际贸易有限公司已于2019年1月16日被上海市市场监督管理局列入经营异常名录，列入原因为通过登记的住所或者经营场所无法联系，而其目前在某平台内仍处于在线营业状态。依据电子商务法第二十七条之规定，本院建议贵公司核验某国际贸易有限公司的地址信息，更新登记档案。

北京市第四中级人民法院
司法建议书

某公司：

本院在审理郑某诉某公司信息网络买卖合同纠纷一案中，某1公司在某平台上经营的“××××旗舰店”销售的西红柿中存在商品质量和缺斤短两问题，某公司作为某网络交易平台的提供者亦存在如下问题：

一、某1公司于2022年1月13日被列入经营异常名录。郑某于2022年1月24日下单后因涉案西红柿存在商品质量和缺斤短两问题申请售后并向12315工商局投诉，2022年2月17日郑某向法院提起诉讼，3月5日某平台进行扣款，3月23日某1公司注销。某平台在某1公司被列入经营异常名录且郑某申请售后、工商投诉及诉讼的过程中，即在平台内经营者与消费者之间纠纷未决的情况下进行了扣款处理，一定程度上导致某1公司注销后郑某难有有效途径予以救济。

二、某1公司在某平台还经营商铺“××××××××专卖店”。在一审诉讼中，某公司在已知该店铺经营主体注销的情况下，二审审理期间“××××××××专卖店”仍在某平台继续贩卖商品，开展经营业务。

为此，特建议：

依据《中华人民共和国电子商务法》第二十七条规定：电子商务平台经营者应当要求申请进入平台销售商品或者提供服务的经营者提交其身份、地址、联系方式、行政许可等真实信息，进行核验、登记，建立登记档案，并定期核验更新。《网络交易监督管理办法》第二十四条规定：网络交易平台经营者应当要求申请进入平台销售商品或者提供服务的经营者提交其身份、地址、联系方式、行政许可等真实信息，进行核验、登记，建立登记档案，并至少每六个月核验更新一次。本院建议，平台应该在合理期限内及时核验商铺经营者的真实信息，商铺经营者被列入经营异常名录的要及时采取相应的监管措施；在平台内经营者与消费者存在未决纠纷时，根据消费者的售后反映等情况采取暂缓扣款等方式保障消费者的合法权益；商铺经营者已注销，不再具有经营资质时，应限制其在平台内的经营行为，避免出现消费者求偿不能的困境。

打造国际商事纠纷化解新模式

自北京法院国际商事纠纷一站式多元解纷中心（以下简称中心）在北京市第四中级人民法院设立以来，中心发挥诉讼、调解、仲裁于一体的优势，秉持意思自治、诚实守信、公平正义、多元解纷、高效便捷、依法保护的基本原则，积极贯彻落实习近平总书记关于统筹推进国内法治和涉外法治的要求，高效化解涉外商事纠纷，为营造市场化、法治化、国际化的营商环境，推进北京国际交往中心建设和高水平对外开放提供有力的司法支持。

目前中心共委托调解组织调解国际商事纠纷200余件，案件涉及美国、德国、英国、韩国、以色列、新加坡等诸多国家及“一带一路”、RCEP（区域全面经济伙伴关系协定）相关成员国，案件类型涵盖民间借贷、金融借款合同、旅游委托合同、保证合同纠纷、展览合同纠纷、股权转让、国际货物买卖、国际货物运输等多种类型的国际商事纠纷，调解标的额超过七亿元，多元化解阶段案件平均用时17.2天。

内部联动加速度

2021年2月25日，中心首次以调解方式成功化解一起涉新冠疫情的国际货物买卖合同纠纷，从收到起诉材料到双方当事人达成调解协议，仅用时25天，在新冠疫情期间国际商事纠纷的解决提供了一条快车道；在一起某银行诉某公司金融借款合同纠纷案件中，中心积极发挥联动作用，从保全申请审查、保全裁定作出、保全执行实施，真正实现以保促调，从保全裁定作出至双方达成调解协议，并由法院出具调解书，仅用时10个工作日。此后，中心又与市台办、涉台商事纠纷调解中心等单位通力合作“当日立、审、结”林某、宁波某公司诉北京某公司涉台商事纠纷。在该案中中心再次发挥立调审的联动优势，在调解组织组织双方当事人达成调解协议的当天，北京四中院即通过“夜间便民法庭”组织各方当事人对案件进行审理并于当晚作出司法确认裁定书，实现了行专调解组织诉前调解的“速度”与人民法院司法确认的“力量”完美结合。

外部协同聚能量

北京四中院依托中心协同整合社会解纷资源，凝聚合力，持续推进“总对总”诉调对接工作。目前中心已经与北京涉台商事纠纷调解中心、中国侨联调解中心等10家“总对总”调解中心完成线上认证与对接工作。中心定期与北京市司法局、北京仲裁委员会、北京市信访办等部门就社会矛盾纠纷化解的实践状况以及矛盾纠纷中的主要问题与解决进路等问题进行探讨和交流，开拓一站式解纷工作的新视野。

北京四中院与北京市贸促会建立沟通协调机制，借助北京市贸促会平台与世界80多个国家、200多个商会建立联系，与北京市贸促会就中国企业在国际贸易中的风险防范、合规审查方面进行合作，加强涉外普法宣传，充分保护中国企业的利益。与中国国际经济贸易仲裁委员会、北京仲裁委员会等高水平国际商事仲裁机构合作，构建诉仲一体新格局，探索实现与调解组织、仲裁组织的共享、共治新局面。

为建立国际化多元调解队伍，中心引入外籍调解员和港澳台居民调解员，并定期对中外调解员开展专题业务培训，规范调解员履职管理；建立“内地调解员+域外调解员”、“法官+调解员”联合调解模式，畅通法院、调解机构、仲裁机构信息沟通、成果分享与工作反馈渠道，促进案件在诉讼、仲裁、调解中保持法律适用的统一。

智慧互联拓渠道

北京四中院依托智慧服务系统，积极打造全国首家地方性国际商事法庭双语网站，网站秉持“平台化、国际化、可视化、时效性、交互性”原则，以双语网站平台化开通为窗口，主动接受群众监督；以国际化标准为导向，满足全球用户需求；以可视化特色为指引，避免中外当事人全球往返；以时效性服务推进解决线上跨境商事纠纷便利度再提速；以交互性服务增强网站实用性和便捷性，及时报道法庭的最新动向。通过网站“一站式服务”板块，当事人可与调解、仲裁机构取得联系，获取诉调诉仲有机衔接的多元化争议解决方式。此外，北京四中院同步上线法庭司法服务微信服务号，包含诉讼指引、法律知识信息查询、线上庭审、线上调解、以及域外法查明等相关信息化服务，与网站协同为当事人提供便捷多元化的线上诉讼渠道。致力实现“云上调解”“云上解纷”，为中外当事人提供多元化智慧司法服务。

同时，北京四中院依托中心和北京国际商事法庭，全面统筹协调立审执部门协作，指定专人负责与“总对总”诉调对接机制项下的各调解组织联络，畅通沟通渠道，实现信息共享，全面实现在线立案、调解、司法确认、送达，实现诉调沟通配合“零时差”，实现国际商事纠纷全流程运转，推进创新涉外商事纠纷实质化解新模式。

规范透明促公正

北京四中院依托院审判委员会，结合国际商事纠纷特点，制定出台《北京法院国际商事纠纷一站式多元解纷中心指南》《司法确认程序工作规范》《诉前调解工作办法》等规范文件，明确中心的工作原则和规则，规范调解工作全流程，依据规范文件制作个性化诉讼材料清单、立案审查清单、先行调解告知清单等辅助性文件，并以“你问我答”的形式通过互联网平台发布“涉外、涉港澳台商事案件解答”系列专题节目，目前已发布“管辖常见问题”“立案审查常见问题”“国际司法协助与区际司法协助案件常见问题”的三期文章累计阅读量已超过1万人次，深受诉讼当事人的欢迎和好评。

中心还定期发布特邀调解组织名录和特邀调解员名录，并公开相关信息，将调解组织、调解员的相关信息向当事人公开，方便当事人查阅和选择，并实时告知当事人案件调解进度和过程信息，实现公平正义“可视化”。

北京四中院将继续以高站位强化司法保障，用实际行动助力“一带一路”倡议实施和京津冀协同发展；以高水平提供司法服务，主动融入北京“两区”建设和首都高水平对外开放大局；以高质量提升司法质效，着力树立国际商事纠纷多元化解新标杆。

编写人：北京市第四中级人民法院　王　瑜

本文发表于《北京法官》2023 年 3/4 月合刊

培训课程被“差评”并被媒体报道

近日，北京市第四中级人民法院审结一起某教育公司诉学员和某报业公司网络侵权责任纠纷案件，判决驳回某教育公司要求赔礼道歉和经济赔偿等全部诉讼请求。

2019 年，方某购买了某教育公司的考研复试班，课程结束后，他不认可此课程质量，并在某网站匿名评价称“……文考虎视眈眈在微信上拉架，谁敢实名必定被网暴……课程质量一般，服务态度恶劣”。后方某向某报业公司投稿，某报业公司报道了这起事件，某教育公司就此诉至北京互联网法院主张某报业公司、方某的行为构成共同侵权，请求：（1）某报业公司立即删除案涉内容；（2）某报业公司、方某公开赔礼道歉，消除恶劣影响；（3）某报业公司、方某共同赔偿经济损失 100 000 元；（4）某报业公司、方某共同承担律师费 10 000 元。

一审法院审理后认为：损害他人名誉的，应认定为侵害他人名誉权。但新闻媒体基于公共利益行使舆论监督的权利亦应受到法律保护。本案报道所涉纠纷为方某作为消费者在某教育公司处购买学习课程感到不满进而披露自己消费评价而引发的双方纠纷，由于该纠纷与考研、消费者权益保护等公众普遍关注的话题相关，因此某报业公司基于社会公共利益的考量，以及其固有的职责，选择对涉案纠纷进行报道、评论、宣传，是合理行使其新闻媒体舆论监督权行为，并无侵害某教育公司企业名誉的主观故意。就其报道行为的真实性、客观性，某报业公司报道的基本内容具有事实依据，其报道内容有另案判决书、国家企业信用信息网站的公示信息、相关通话录音、网页截图所佐证，因此并不属于严重失实的内容，同时经对照相关事实证据与报道内容，一审法院认为某报业公司亦不存在捏造、歪曲、篡改事实等有违媒体报道真实性的行为，某报业公司就相关报道已向多方主体进行核实，并真实记录核实情况，其已经尽到了合理的核实义务。且方某的言论在另案生效判决中已经被认定不构成侵权，某报业公司在标题中使用“差评”一词，来形容方某评价某教育公司的行为不构成捏造歪曲事实的行为。

一审法院判决：驳回某教育公司的全部诉讼请求。

某教育公司不服一审判决，遂提起上诉。

北京市第四中级人民法院二审审理后认为：行为人为公共利益实施新闻报道、舆论监督，影响他人名誉的，不承担民事责任，但文章内容存在侮辱、捏造或歪曲事实、对他人提供的严重失实内容未尽到合理核实义务的除外。本案中，某报业公司在发表案涉文章内容前，对方某进行了必要的采访，方某的相关言论内容有相应聊天记录截图等证据佐证，其结合自身掌握的证据基于个人主观认识在某报业公司采访过程中发表案涉文章中的观点不属于刻意诋毁上诉人的侵权行为，诉讼中，某教育公司对相关聊天记录截图等证据的真实性不持异议，某报业公司在转述方某个人观点的过程中并未偏离方某的意见，且文章也同时报道了另案判决的情况，综合来看，某报业公司发表的案涉文章并不存在捏造、歪曲事实或对他人提供的严重失实内容未尽合理核实义务的情况，案涉文章具有舆论监督意义，某教育公司主张案涉文章内容构成名誉侵权理由不成立，二审法院不予支持。方某的言论是否构成“诽谤”属于另案审理认定的范围，某报业公司作为第三方媒体机构，并无认定相关言论是否属于“诽谤”的权力，在相关案件判决尚未生效的情况下，某报业公司使用“差评”一词提炼概括方某的言论属性并无不妥，且在该案的上诉审理过程中，生效判决并未认定方某的言论构成“诽谤”，基于此，某教育公司主张某报业公司存在偷换概念行为的观点不能成立，二审法院不予采纳。最终二审法院维持了一审判决。

【法官说法】

近年来，由于考学竞争越发激烈，网络教育的需求量增大，网络课程也层出不穷，消费者在购买网络课程后，通常会在网络上就其自身的主观感受发表对网络课程的评价，由此可能引发类似本案的网络侵权责任纠纷。

《民法典》第一千零二十四条规定，民事主体享有名誉权，任何组织或者个人不得以侮辱、诽谤等方式侵害他人的名誉权。名誉是对民事主体的品德、声望、才能、信用等的社会评价。以书面或口头形式侮辱或者诽谤他人，损害他人名誉的，应认定为侵害他人名誉权。《民法典》第一千零二十五条规定，行为人为公共利益实施新闻报道、舆论监督等行为，影响他人名誉的，不承担民事责任，但有下列情形之一的除外：(1) 捏造、歪曲事实；(2) 对他人提供的严重失实内容未尽到合理核实义务；(3) 使用侮辱性言辞等贬损他人名誉。《民法典》第一千零二十六条规定：认定行为人是否尽到前条第二项规定的合理核实义务，应当考虑下列因素：(1) 内容来源的可信度；(2) 对明显引发争议的内容是否进行了必要的调查；(3) 内容的时限性；(4) 内容与公序良俗的关联性；(5) 受害人名誉受贬损的可能性；(6) 核实能力和核实成本。

公民享有言论自由的权利，消费者对于其使用的商品或接受的服务有权发表肯定或否定的言论，但在消费者言论自由与商家名誉权之间，应当存在一个明确的边界。消费者对商家的社会评价，应当基于真实信息，若消费者基于不实信息发布会降低商家的社会评价的言论使商家的名誉权受到损害，则应当承担侵权责任。本案中，方某在某网站发布的对购买的网络课程的评价，个别措辞虽然存在不妥当之处，但该内容并不存在诋毁某教育公司的主观故意，亦未超过消费者表达意见的必要限度；况且，方某的评价的网站浏览量较低，并未引起大范围的社会关注，事实上也不足以造成某教育公司社会评价降低的损害后果。个人对课程产品的使用主观感受因人而异，学员在合理范围之内，发表其主观感受，在消费者表达的必要限度内对课程产品进行评价不会构成诽谤或侮辱，某教育公司作为公众企业和商家，对于消费者发表的商品评价的言论应当具有较高的容忍义务，针对有事实根据的批评、质疑等评论性言论，可以虚心接受。

本案还涉及的新闻媒体事实舆论监督行为也容易引发名誉权纠纷。新闻报道的最基本要求应为传播事实的基本真实以及评论内容的基本正当。

法律保护新闻自由和正当舆论监督，但禁止用侮辱、诽谤等方式侵害企业法人的名誉权。新闻媒体在发布报道时，要在合理的范围内承担必要的审查义务，本案中，由于案件涉及多方面公众普遍关注的话题，某报业公司行使其公共新闻媒体的舆论监督职责，选择对涉案纠纷进行报道，并无侵害某教育公司企业名誉的主观故意，报道内容未超出舆论监督范围的主观评论，因此不构成对某教育公司的名誉侵权。若某报业公司在主观上明知或应知方某所投稿的内容存在不实内容或过激的贬损性语言，仍不经审查核实其真实性而完整报道，属于主观上存在明显的恶意，应就此承担相应的侵害他人名誉权的责任。

在网络课程数量庞大的背景下，消费者在购买网络课程前，应当对课程内容进行多方对比，深入了解后谨慎购买，出于网络课程的目标客户数量较多的产品特性，其目的是适用多数学员，无法因人而异地完全满足某一个学员的所有需求，学员在不满意此课程的情况下，可以首先与售出网络课程的商家沟通，是否更换其他更加适合自己需求的课程或部分退费，尽量在源头化解矛盾。基于网络消费性评论一般具有简短、随意的特点，应当避免在公共网络发表过激言论而引发一系列纠纷。当前，网络作为一个开放的空间，每个人都有表达的自由和权利，但网络并非法外之地，自然人在行使言论自由的权利的同时，不应当侵犯他人的名誉权，享受技术红利的同时，每一位参与者都要谨言慎行，遵守法律规定，不逾越法律红线，网络言论自由需要“表达有边界”，互联网需要正向的引导，对于营造一个安宁和谐的网络环境，每一位公民都有责任。

编写人：北京市第四中级人民法院　王　瑜

本文发表于《人民法院报》2024年1月26日第3版

售卖海绵垫竟胡乱标注硬度蒙骗消费者

近日，北京市第四中级人民法院审结一起消费者诉卖家欺诈的信息网络买卖合同纠纷案件，判决上海某公司退还货款，3倍赔偿张某某共计6839.52元，支付检测费用300元，张某某退还上海某公司案涉产品。

2021年5月，张某某在上海某公司开设的网店中购买了两块“45D”加厚加硬高密度海绵沙发垫，购买时上海某公司介绍“45D”密度的海绵最硬，质量最好。收到货物后张某某发现硬度明显不够，便向客服反馈，但客服不予承认密度不达标，且拒绝退、换货或者补差价的协调方案。后张某某将案涉沙发垫送至北京市建设工程质量第四检测所进行密度检测，检测结果显示密度为38.2。张某某认为根据国家海关部门相关规定，聚氨酯海绵密度大于等于45为高密度，45至18之间为中密度，低于18为低密度，其购买的两块高密度海绵实为中密度海绵，其认为上海某公司的行为构成虚假宣传，遂向北京互联网法院起诉，要求上海某公司退1赔3。

一审法院审理后认为，在案证据能够认定双方建立了信息网络买卖合同关系。案涉产品为定制海绵，其在行业内区分的方法是以密度来划分，密度一般用“D”表示。在采购海绵类商品时，看到商家标注“45D”，一般会认为系对海绵密度的标示。上海某公司虽抗辩称店内所标示的“45D”仅是海绵型号，不涉及其他任何含义，但其作为海绵类行业的从业者，不可能对“45D”在该行业具有的特定含义不知晓。上海某公司在设置商品分类时，故意使用容易让消费者混淆的数字符号，其目的明显系让消费者在购买时认为其所出售的海绵密度较高。因此，对于上海某公司的该抗辩意见，一审法院不予采纳。案涉产品名称为“高密度海绵”，上海某公司标榜销售的系高密度海绵，但未向消费者及法院提供与案涉产品密度相关的任何检测材料。张某某所提交的检测报告显示案涉产品密度为38.2，与公开材料所介绍的密度大于等于45为高密度海绵的分类存在较大差距。因此，上海某公司销售案涉产品时，以行业内惯常的命名标准对所销售的商品赋予其他含义，存在混淆消费者的故意，同时未提供证据证明其所销售的案涉产品符合“高密度”的标准，法院认定构成欺诈。一审法院判决：上海某公司退还货款，赔偿张某某6839.52元并支付检测费用300元，张某某退还上海某公司案涉产品。

上海某公司不服一审判决，遂提起上诉。

二审法院审理后认为，根据本案查明的事实，上海某公司使用“45D”“高密度”字样宣传案涉产品，却不能提供检测数据或其他证据证实上述产品宣传内容属实，考虑到“45D”“高密度”极易令消费者误认为案涉产品已达到某种密度、质量标准要求，进而作出错误购买意思的可能性，法院认为一审据此认定上海某公司的行为构成欺诈并无不妥，上海某公司将“45D”解释为简单的产品型号的说法既缺乏相应事实依据，也难以使人信服，法院不予采纳。对于上海某公司的上诉请求，法院不予支持。最终，二审法院维持了一审判决。

【法官说法】

近年来，随着互联网技术的快速发展，各类网络交易平台应运而生，网络购物已经成为人们日常生活中常用的消费方式。由于商品种类纷繁多样，消费者对其性能、质量等不可能有足够的了解，消费者获取的商品信息来源于商品详情页面上的标注或者客服的答复，如果经营者提供虚假的信息，将会使消费者作出错误的判断，从而引发与本案类似的纠纷。

根据《消费者权益保护法》规定，经营者向消费者提供有关商品或者服务的质量、性能、用途、有效期限等信息，应当真实、全面，不得作虚假或者引人误解的宣传。因经营者利用虚假广告或者其他虚假宣传方式提供商品或者服务，构成欺诈的，消费者可以要求3倍赔偿。

本案中，虽然被告在产品详情页面及原告咨询时均明确表明“45D”仅作为产品型号，并不代表密度，但被告随意将行业内惯常的命名标准赋予其他含义，极易误导消费者，从而使消费者作出错误的意思表示。产品型号的表示可以有多种选择，但被告却选择用在行业内具有惯常意义的“D”来表示，具有故意作出引人误解的宣传的主观意图。此外，案涉产品标明是“高密度”，但被告作为销售者却不能证明其销售的产品符合高密度的标准，反而原告提供了证据证明案涉沙发垫密度仅为38.2，属于中密度，可见被告对产品的描述并不真实客观。本案中，原告正是被卖家宣传的“45D”“高密度”误导才作出购买的意思表示。因此，本案符合构成欺诈应具备的两方面条件，即在客观上欺诈方故意实施了欺诈行为，主观上受欺诈方因此作出了错误意思表示。由此，被告应退货退款并3倍赔偿原告。

在现实生活中，无论是线上还是线下的销售活动，都存在对商品的性能、用途、寿命等正面性宣传甚至一定程度的夸张宣传，消费者应理性对待，不可盲目购物。当购买的物品与经营者宣传不一致时，可以结合日常的生活经验和合理的注意义务标准，综合判断商品错误或存在瑕疵的宣传信息是否足以使自身陷入错误的认识，并基于这种认识作出与原有购物目的不符的意思表示。如若成立则可初步判断经营者的行为构成欺诈，可要求退1赔3。

消费者与经营者发生纠纷时，除了可以向法院起诉以外，还可以先与经营者在平等、自愿、互谅的基础上进行协商，协商不成可向消费者协会投诉，同时也可以向诸如市场监督管理局等行政机关申诉举报。但不论采取何种维权方式，消费者都应该在及时维权的同时保存好证据，如此才能使自己的主张得到支持，使不良商家得到惩罚。

编写人：北京市第四中级人民法院　王　瑜

本文发表于《人民法院报》2023年5月11日第3版

网络发文不当评论他人公司资金安全

近日，北京市第四中级人民法院审结一起电商协会网络侵权责任纠纷案件，判决撤销一审判决判令广东省惠州市某电子商务行业协会以书面形式向北京某网络科技有限公司赔礼道歉并赔偿律师费 20 000 元、公证费 3710 元，共计 23 710 元。北京某网络科技有限公司发现惠州市某电子商务行业协会在其作为主办单位、备案主体的网络平台上于 2021 年 6 月 8 日、2021 年 10 月 19 日、2021 年 12 月 19 日分别发布标题为《“好车互助”遭质疑：究竟是商业创新还是传销骗局?》《好车主互助 APP 遭质疑传销+期权背后或为套路重重?》《从蜂巢互助到好车主互助——回首涂志清的创业历程》《从五级代理到送原始期权——好车主互助暗藏何种玄机》的文章，上述文章内多次出现“好车主互助”推广模式“涉嫌传销" “涉嫌违法”。同时惠州某电子商务公司还发布多组涉嫌抹黑“好车主”的违法图片。北京某网络科技有限公司认为上述文章借网友、用户名义影射其涉嫌分级、非法传销、非法设立资金池、非法集资、非法经营保险业务，向读者暗示、贬损其经济实力和经营稳定性，暗示其公司经营状况出现问题，已经超出了对一般事实的评论，明显带有攻击性质，遂向北京互联网法院起诉，请求惠州市某电子商务行业协会停止侵权行为并赔偿经济损失。

一审法院审理后认为，案涉文章内容与北京某网络科技公司及其经营的“好车主互助”业务有关，而北京某网络科技公司并未提交证据证明案涉文章存在捏造、歪曲事实及报道严重失实的情形。通过阅读相关文章内容，可以看出案涉文章是基于“好车主互助" 服务本身等综合因素的考量，表达的是用户的主观感受及个人见解，且文章的内容针对的是北京某网络科技公司的“好车主互助" 服务本身，对该服务进行商业模式的解构及分析，并未直接指向北京某网络科技公司。虽然部分语句中存在“涉嫌传销”等言论，但是该言论只是猜测性的言论，并非确定无疑的结论，且“传销”的表述方式并非贬义词，案涉文章总体评价的内容并未达到侮辱、诽谤的程度。北京某网络科技公司作为经营者，其提供的“好车主互助”很可能涉及不特定的公众利益，公众有权对其服务本身发表相关意见，这也是公众行使舆论监督权的具体体现。

一审法院认为，案涉文章内容并未侵害北京某网络科技公司的名誉权，判决驳回了北京某网络科技公司的全部诉讼请求。

二审法院审理期间，北京某网络科技公司补充提交了由合作银行出具的《关于与北京某网络科技公司账户合作情况说明》以证明其资金合法。二审法院审理后认为，民事主体享有名誉权；通常情况下，因公益目的实施新闻报道或舆论监督而影响他人名誉的，行为人不需要承担民事责任，但存在捏造、歪曲事实或对他人提供的严重失实内容未尽到合理核实义务等情形的应予除外。本案中，从案涉几篇文章的内容看，部分内容属于对北京某网络科技公司经营的“好车主互助”业务的经营模式及业务风险等进行的第三方评价，相关评论意见虽未必绝对客观、全面，但总体上具有舆论监督、警示提醒社会大众的公益目的，该部分内容可认定为属于依法进行的舆论监督行为。部分内容如“资金池已形成”“跑路”“资金安全无法确认”“非法集资”等与北京某网络科技公司提交的证据不符，易误导社会公众对北京某网络科技公司形成不当评价。在北京某网络科技公司以侵权纠纷起诉的情况下，惠州市某电子商务行业协会无正当理由拒不到庭应诉答辩，也未针对相关评论内容提供任何证据支持，应当认定上述内容不当侵害了北京某网络科技公司的名誉权。关于侵权责任的承担，考虑到案涉文章已删除，且文章部分内容具有一定的公益目的，二审法院酌情对上诉人北京某网络科技公司主张的侵权责任予以支持。最终，二审法院作出了前述判决。

【法官说法】

数字时代，微博、微信公众号、短视频平台等网络社交平台已成为公民进行言论表达的重要阵地，企业、行业协会甚至可以自行设置网络平台进行发声。但互联网不是法外之地，言论自由并非自由言论，言论自由和舆论监督具有基本的“法度”，言论的表达和评价是否基于客观事实是言论自由、舆论监督与侵害名誉权的界限，也就是说，不能突破法律规定和公序良俗的底线。作为一个行业协会，其公共言论具有传播速度快、社会影响大、后果不可逆等特点，相较于普通民众具有更高的审慎注意义务，应当避免借助其本身的影响力以不实或过激言论侵害他人合法权利。《民法典》第一千零二十四条规定，民事主体享有名誉权。任何组织或者个人不得以侮辱、诽谤等方式侵害他人的名誉权。名誉是对民事主体的品德、声望、才能、信用等的社会评价。行为人以上述方式损害他人名誉并足以使他人的社会评价降低的，属侵害名誉权的行为，应承担侵权责任。

本案中，原告作为商事企业，其经济活动、提供的产品和服务会对社会公众的利益产生重大影响，应当允许公众和媒体出于舆论监督而进行评论，对其名誉产生的不利影响应秉持一定限度的容忍，因此对于文章中来自第三方的评价内容可以看作是对企业经营的监督行为，属于言论自由的范畴，不构成对原告名誉权的侵犯。但案涉文章中的部分负面评价内容，已经脱离了基本客观事实和所负有的容忍限度，超出了网络言论自由的边界和正常舆论批评监督的范畴，构成对企业名誉权的侵犯，应当承担侵权责任。

在现实生活中，除了存在像本案这种利用网络言论自由发表损害商业信誉和商品声誉、损害企业的名誉权的情况外，还存在其他各种各样不当言论的表达，诸如对他人进行恶毒谩骂，甚至以“人肉搜索”等网络暴力的方式披露他人个人隐私，侵犯他人隐私权，严重影响他人正常的工作、生活又或者随意跟帖评论，随心所欲发表各种不文明的言论甚至淫秽信息、传播犯罪信息或方法，上传他人或自己的不良图片、视频，污化网络环境，败坏社会风气等，这些也都构成对他人或者企业名誉权的侵害。不论是个人、组织等都应在合法的范围内发表言论，以免陷入侵害他人权利的纠纷中。

编写人：北京市第四中级人民法院　王　瑜

本文发表于《人民法院报》2023 年 3 月 30 日第 3 版

新拖把充电时着火烧毁衣帽间

近日，北京市第四中级人民法院审结一起消费者诉生产商和经销商产品责任纠纷案件，判决深圳某公司、广东某公司连带赔偿高某某经济损失800 000元、公证费1000元。

2020年2月，高某某因家庭生活所需，在广东某公司在淘宝开设的专卖店购买案涉电动拖把一台，该电动拖把的生产者为深圳某公司。收货当天高某某在自己住所的衣帽间为电动拖把充电，充电仅一个小时左右电动拖把突然着火，瞬间将整个衣帽间内的物品全部烧毁，并且对所有房间以及物品造成不同程度的烟熏和水渍损失。后北京市某区消防支队向高某某出具了《火灾事故认定书》，认定起火部位位于房屋室衣帽间佛堂右下侧，火灾原因不排除电动拖把电气线路故障引发火灾，推定此次火灾的起火时间为着火当日下午3时左右。火灾事故发生后，高某某曾多次要求深圳某公司、广东某公司共同赔偿损失，均遭拒绝。故高某某诉至法院，请求深圳某公司、广东某公司共同赔偿财产损失1 133 313.73元、租金损失203 513.2元、公证费1000元及评估费15 000元。

深圳某公司辩称：深圳某公司是涉案产品名义上的生产商和商标权人，与广东某公司是项目合作关系，类似于贴牌销售。广东某公司和案外公司是涉案产品的委托生产者，而非只是销售者。《火灾事故认定书》适用的是排除法，根据火灾事故认定书和鉴定书，无法确定事故原因是涉案产品起火，深圳某公司不应承担相应法律责任。高某某作为涉案产品的使用者，在充电时应尽到谨慎注意义务。关于赔偿金额，本案价格鉴定意见书中的估值明显偏高，高某某列举的其他装修设计费等为无形服务，不会因火灾受损；列举的衣服、包包等无法确认火灾发生时实际在场并已被损毁，从其购买之日起至火灾发生时已历经多年，也无法确认其现有价值。综上，深圳某公司不应当承担责任。

广东某公司辩称：广东某公司仅是涉案产品的销售方，根据广东某公司提供的项目合作协议及授权书可知，广东某公司按照自己的业务销售情况向深圳某公司提货。无论按照合同还是实际经营模式，广东某公司作为深圳某公司的经销商每年保证完成一定销售量，不存在深圳某公司所称的广东某公司和案外公司才是案涉产品生产者的情况。火灾事故认定书作出的依据是《火灾事故调查规定》，该规定第三十条规定，起火原因不能查明的适用排除法，故在事故原因不能查明的情况下，不能直接认为是电动拖把导致火灾发生。高某某未尽到审慎注意义务，应承担一定责任。广东某公司作为涉案产品的销售者，不具有过错，不应承担相应责任。

一审法院审理后认为：本案中，根据在案证据及深圳某公司和广东某公司自认的事实，深圳某公司和广东某公司分别系涉案产品标注的生产者和实际销售者，故高某某有权以销售者与生产者为共同被告起诉。

产品责任实行的是严格责任，举证责任倒置，就外部责任而言，不论生产者、销售者是否具有主观过错，只要产品存在缺陷即可构成侵权责任。在案证据显示，高某某于收到涉案产品当日在其住所的衣帽间为涉案产品的充电器进行充电，当日下午该衣帽间发生火灾。北京市某区公安消防支队出具的火灾事故认定书载明，火灾原因可排除遗留火种和人为放火引发火灾的因素，不排除涉案产品电气线路故障引发火灾的因素。高某某已提交初步证据证明其购买涉案产品，并在签收当天进行使用；至于是否因涉案产品导致损害后果，由于火灾事故损毁严重且电池已爆开，涉案火灾事故认定采用排除法，将其他可能引发火灾的因素全部排除后，综合现场因素无法排除涉案产品引发火灾的可能性，在双方当事人均未提出复核申请的情况下，消防部门作出的该认定结论具有优势证据效力。综上，应视为高某某已完成初步举证，初步证明了缺陷在产品销售当时即已存在、缺陷产品曾被使用或消费以及受害人遭受损害。深圳某公司和广东某公司未提交任何证据证明涉案产品本身不具有缺陷，亦无法证明高某某在使用产品时没有按照产品所标示的使用说明加以使用，因而造成自己的人身或者财产损害。且消费者采取正常方法使用涉案产品而引发火灾，属于非可期待的危险，可以推断涉案产品不符合一般消费者期待的安全使用标准，存在危及他人人身、财产安全的不合理的危险。由此可以认定因涉案产品引发火灾给高某某造成财产损失，符合产品责任基本构成要件，故涉案产品生产者、销售者应承担相应法律责任。

关于损害赔偿的具体金额，一审法院认为，对于经评估鉴定的财产损失部分，鉴于鉴定评估程序合法，双方对除评估价格以外的鉴定事实均予认可，证明力较高，在无相反证据的情况下，一审法院予以适用。对于高某某主张的因火灾毁损严重而未经评估鉴定的财产损失部分，包括衣裤鞋袜等财产损失，一审法院以损失发生时的市场价格为基准，结合在案证据和举证责任等因素判断损失范围，并酌情确定赔偿金额。对于租金部分，考虑到被侵权人不能因损害赔偿而获得超过其损害的利益，一审法院根据本案具体情节及当事人生活所需必要生活条件，综合判断该项诉讼请求的合理性和必要性，酌情确定赔偿数额。一审法院判决：深圳某公司、广东某公司连带赔偿高某某经济损失800 000元、公证费1000元。

深圳某公司不服一审判决，遂提起上诉。

北京市第四中级人民法院二审审理后认为：因产品存在缺陷造成他人损害的，被侵权人可以向产品的生产者请求赔偿，也可以向产品的销售者请求赔偿。本案中，结合消防部门出具的事故认定书、火灾现场勘察情况等，本案火灾事故由案涉电动拖把充电引发具有高度可能性，在深圳某公司不能证明案涉产品不存在产品缺陷的情况下，一审法院判定由深圳某公司作为案涉商品标明的生产者承担产品缺陷损害赔偿责任并无不当，深圳某公司与广东某公司之间的约定内容不足以成为免除深圳某公司在本案中应当承担的侵权责任的正当理由。关于损害赔偿金额，一审法院根据评估鉴定结果以及因火灾损害严重致使部分受损物品无法评估的现实，结合高某某提供的购物凭证、租房凭证等，参照市场价值酌情确定的高某某的损失金额并不过高，二审法院予以确认。现有证据不足以证实高某某对本案事故的发生负有过错，深圳某公司提出的减轻赔偿责任的上诉意见不能成立，二审法院不予采纳。最终二审法院维持了一审判决。

【法官说法】

近年来，因充电故障引发的火灾事件屡见不鲜，除了因高温天气、线路老化、未使用正确充电器等原因外，产品本身存在严重质量问题甚至缺陷，也是导致起火的重要原因，由此可能引发类似本案的产品责任纠纷。产品责任是指产品制造商、销售商因生产、销售缺陷产品致使他人遭受人身伤害、财产损失或有致使他人遭受人身、财产损害的可能而应当承担的民事法律责任。

根据《民法典》第一千二百零二条、第一千二百零三条的规定，因产品存在缺陷造成他人损害的，生产者应当承担赔偿责任。因产品存在缺陷造成他人损害的，被侵权人可以向产品的生产者请求赔偿，也可以向产品的销售者请求赔偿。产品缺陷由生产者造成的，销售者赔偿后，有权向生产者追偿。因销售者的过错使产品存在缺陷的，生产者赔偿后，有权向销售者追偿。

产品责任实行严格责任，只要符合产品责任的构成要件，无论生产者、销售者是否有过错，对外都应该向受害人承担侵权责任。受害者只需要证明缺陷在产品销售当时即已存在、缺陷产品被使用或消费、自己因缺陷产品遭受损害即完成初步举证。生产者、销售者则需要举证证明产品没有缺陷，否则就要承担相应的责任。本案中，深圳某公司和广东某公司作为案涉产品的生产商和销售者，均未提交产品检验报告等证据证明案涉产品不存在缺陷，反而是高某某提交了证据表明自己使用了案涉产品、自己因火灾产生的损失以及具有较高证明力的事故认定书。虽然案涉事故认定书中并未明确表明因案涉产品本身的质量问题引发起火，但其排除了除此之外的其他事由导致起火的可能性。在深圳某公司和广东某公司未能提出相反的具有更强证明力的证据反驳时，由案涉产品引发起火具有高度盖然性，由此可以认定案涉产品存在缺陷。虽然深圳某公司和广东某公司认为引发起火的部分原因是高某某未尽到注意义务，但对产品责任构成具有决定性意义的是产品本身而非被侵权人即高某某的行为。本案中，深圳某公司主张其并非实际生产商，但其与广东某公司之间的内部的关系并不影响其对外作为名义生产商应向被侵权人承担责任。对于由此导致高某某的财产损失，法院遵循损害填补的“完全赔偿”和“禁止得利”原则，按照损失发生时的市场价格以及鉴定损失意见综合进行计算。

在生活中，如果遇到网购产品存在质量问题，除购买者外，产品的实际使用人也可以作为原告起诉产品销售者或生产者或者将二者列为共同被告。在产品质量纠纷中，如果因产品缺陷造成消费者、使用人遭受人身损害、财产损害，除了如本案中高某某一般主张销售者和生产者承担侵权责任，也可以主张销售者承担违约责任，但二者只能择其一。消费者可在维权时从利益最大化的角度选择，考虑双方是否签订了明确的书面合同、遭受损失的种类、损失金额等方面的因素。

消费者在产品质量纠纷中，可以通过订单信息和商品标签明确销售者和生产者；可以通过权威机构出具产品鉴定书等材料初步证明产品在使用性能、安全标准等方面存在瑕疵；可以通过公证处进行证据保全，对财产受损状况进行记录，并对能够评估鉴定的财产进行价格评估；对于由此遭受人身损害的，可以通过医疗费、误工费等作为赔偿依据；最后还可以通过损害发生前后情况对比、专门鉴定意见以及合理推理来证明存在因果关系。

编写人：北京市第四中级人民法院　王　瑜

本文发表于《人民法院报》2023 年 7 月 27 日第 3 版